아이와 엄마에게 들려주는 90가지 잠언

아홉 살 성경

아이와 엄마에게 들려주는 90가지 잠언

우은진 지음

아홉 살 성경

필로

엄마와 아이들이 말씀을 좋아하게 되길 바라는 엄마 잠언

내가 여섯 살이었던가, 지금 내 둘째 아들보다도 더 어린 나이었던 것 같다. 가시가 박힌 갈치를 혼자 먹다가 목에 걸려 훌쩍훌쩍 울고 있었다. 그때는 엄마가 무슨 일 때문에 며칠간 친척 집에 가 있었을 때였다. 게다가 비까지 내리고 있어 더 처량했고, 차림새도 딱 엄마 없는 아이 꼬락서니였다. 어렴풋하게나마 아직 그때 생각이 나는 것을 보면 그때만큼 엄마가 보고 싶었던 적도 없었던 것 같다.

우리 엄마의 인생을 한마디로 요약하면 "내 새끼들과 살기 위해 그 모진 인생을 견디고 살았다"라는 한 문장으로 통할 것 같다. 딸인 내 눈에 비친 엄마의 인생은 모파상의 《여자의 일생》처럼 별로 행복하지 않았다. 그래서 '엄마' 하면 가슴 한쪽이 아직도 아리다. 그것은 "내 새끼들과 살기 위해 그 모진 인생을 견디고 살았다"라는 말이 거짓이 아닌 진실이라는 사실을 결혼 전 35년간 옆에서 생생하게 지켜보고 자랐기 때문이다. "주께서 너희 마음을 인도하여 하나님의 사랑과 그리스도의 인내에 들어가게 하시기를 원하노라"(살후 3:5)는 말씀을 봤을 때, 딱 엄마의 삶과 맞닿게 됐다.

내가 결혼을 하고 자식을 낳아 키워 보니, 나 역시 엄마에 비할 바는 아니지만 "내 새끼들과 살기 위해 그 모진 인생을 견디고 살았다"를 인정할 수밖에 없는 여자의 일생을 걷고 있는 것 같기 때문이다. 청소년 시절에는 크면 무조건 소설가가 돼야지 하는 심정으로 한국현대대표 소설가인 김동인, 김유정, 나도향, 채만식, 염상섭, 김동리, 이태준 등 작은 범우사 문고판을 사서 읽었던 기억이 난다. 넉넉지 않아서 책 살 돈이 없었기 때문에 단편소설을 묶어 놓은 책이 내겐 좋았다. 책을 산다면 엄마가 유일하게 돈을 줬기에 주로 싼 문고판 책들을 샀다. 그런데 염상섭의 《삼대》는 장편소설이라 꽤 두꺼웠고, 가격도 만 원대였던 것 같다. 《삼대》를 읽고 싶기는 한데, 돈이 없어 엄마에게 떼를 쓰다가 한 대 얻어맞고 울었던 기억이 난다. 결국 다음날 딸에게 책 살 돈을 못 줘 마음이 쓰였던 엄마가 다른 집에서 돈을 꾸어서 줬는지, 마침내 《삼대》를 사서 밤새 읽었던 기억이 난다. 그때의 엄마 맘을 엘리야가 떡을 달라고 했을 때의 사르밧 과부의 심정이 아니었을까 싶어 짠하게 다가온다.

소설책을 밤새 읽던 소녀는 어느덧 커서 두 아이 엄마가 되었고, 스물네 살부터 마흔다섯 살이 된 지금까지 한시도 직장 일을 놓은 일 없이 일만 하다가 드디어 첫 책을 내게 됐다. 그런데 그 책이 소설이 아닌 《아홉 살 성경》이 됐다. 스스로 생각하기에도 '의외의' 책이 나오게 됐다. 그런데 어찌 보면 가장 익숙한 환경과 도구가 책으로 엮어져 나온 셈이다. 매달 다섯 권 이상의 큐티지를 만들며, 내가 가장 고민하는 문제는 바로 아이들을 키우는 것이기 때문이다.

나에게 익숙한 가정환경이 《아홉 살 성경》의 배경이 됐고, 날마다 직장에서 큐티지를 만드는 일감이 《아홉 살 성경》의 도구가 돼 버렸다. 이 책의 글쓴이가 자녀교육에 온전히 전념할 수 있는 전업주부도 아니기에 자녀교육의 살뜰한 노하우도 적다. 또 신학을 전공한 목회자도 아니기에 여기 나온 90가지의 성경 말씀이 자녀교육의 완벽한 말씀이라고 평가할 수도 없다. 자녀교육 전문 강사도 아니기에 성공적으로 키우는 자녀교육 지침서도 없다. 그저 딱 직장 맘으로서 경험한

만큼, 아이 교육에 필요한 성경 말씀과 이미 9년 동안 두 아이를 키워 본 엄마로서 다른 엄마들에게 해주고 싶은 짧은 이야기들이 담겨 있을 뿐이다. 실제로 서점에 가도 마땅히 아이에게 보여줄 어린이 기독교 책들이 없었던 것도 이 책을 집필한 이유다.

《아홉 살 성경》책 제목은 올해 아홉 살인 나의 첫째 아이에게 들려주고 싶은 성경 말씀을 엄마 마음을 담아 지은 것이다. 왠지 성경이라고 하면 딱딱한데, 성경 앞에 '아홉 살'이 붙으면 읽기 쉽고, 장난기도 있으며, 재미있고, 호기심이 생길 것 같기 때문이다. 실제로 아홉 살 아이는 엄마랑 제법 친구처럼 말도 잘 통하면서도, 아직 장난기가 많은 아이 시기다. 내 아이에게 보양식을 먹이는 마음으로 성경에서 90가지 말씀을 주제별로 뽑아 보았다. 1장 성장, 2장 성품, 3장 꿈과 비전, 4장 건강, 5장 영성, 6장 가정, 7장 만남, 8장 엄마 잠언, 9장 좋은 엄마 등 각 9장씩 주제별로 10개에 해당하는 말씀을 뽑아, '엄마가 아이에게' 또는 '엄마가 엄마에게' 들려주고 싶은 이야기들을 잠언 형식으로 담아 보았다.

잠언(箴言)은 살아오면서 느낀 경험담을 들려주는 교훈적인 말로, 경계가 되는 짧은 말을 의미한다. 잠(箴)이라는 한자어는 이중적인 의미가 있는데, '경계하라'는 의미와 '나쁜 것을 보고 듣지 말라'는 의미가 그것이다. 나는 지금껏 나쁜 것도 많이 보고 경계도 안 하고 살아온 면이 없지 않다. 그런데 우리 아이들만은 정말 나쁜 것은 보지 않았으면 싶고, 좋은 것만 두 눈에 담아 가슴에 품었으면 싶다. 그게 엄마 마음이다.

그래서 《아홉 살 성경》에는 딱 내가 경험하고 묵상한 말씀들의 내용을 우리 아이들이 지켜 행했으면 싶은 마음으로 썼다. 아마 앞으로 이 책에 나온 성경 말씀들은 내가 10년, 20년 후에 느끼고 해석하는 깊이에 따라 많이 달라져 있지 않을까 싶다. 특히 8장에서 두 아들에게 썼던 유언장은 앞으로 더 많이 첨삭되고 보완될 것 같다.

이 책을 쓰며 하나님께서 가정을 만드시고 아이를 키우게 하신 이유를 데살로니가후서 3장 5절 말씀에서 찾게 됐다. 그것은 하나님께서 가정으로 나를 인도하셔서 하나님의 사랑과 그리스도의 인내에 들어가길 원하신다는 점을 아이 둘를 키우며 불쑥불쑥 깨달았기 때문이다. 하나님의 사랑, 많이 듣고 보고 사용하는 말이다. 그런데 그 사랑이 무엇인지, 그 실체를 자식을 낳아 기르며 조금이나마 알게 된 것 같다. 하나님의 자녀인 나를 기르시고, 먹이시며, 안아 주시고, 아파하시며, 기뻐하시는 모습을 내 아이들을 낳고, 키우며, 안아 주고, 기뻐하며 직접 배우고 있다.

또 결혼하고 가정을 꾸려 아이들을 키우면서 그리스도의 십자가 인내와 고난을 조금이나마 깨닫게 된다. 한 달에도 여러 번 돌아오는 잡지 마감은 잦은 야근을 동반하고 육체적 지침으로 이어지지만, 다시 가정에 돌아가면 엄마로서 할 일이 또 한가득 기다리고 있다. 그래도 솔로이면 푹 뻗고 잘 텐데, 아이 엄마라는 직책은 요리, 설거지, 빨래, 숙제 챙겨 주기, 가방 싸기, 아이들 옷 챙겨 놓기 등 내 육체를 쳐서 졸음을 이겨낸 후 또 일하게 한다. 이렇게 해 놓지 않으면 아이들이 다음 날 깨끗한 옷을 입을 수도, 정리된 가방을 가지고 학교생활을 정상적으로 할 수도 없기 때문이다. 친정엄마는 늘 직장과 가정을 오가며 정신없어 하는 나를 두고 "새끼들하고 살려면 엄마는 강해야 해" 하고 잔소리하신다.

이 책이 나처럼 직장과 가정 사이에서 정신없이 하루하루를 살아가는 엄마들이 일주일에 한두 번이라도 성경 구절을 아이들에게 들려주고, 작은 위안과 용기를 얻었으면 싶다. 이 세상 엄마들에게 사랑스럽지 않은 '내 아이'는 없다. 아이들은 내 아이뿐만 아니라 남의 아이 또한 보고 있으면 정말 순수하고 예쁘다. 그 아이들을 어떻게 인도해 주느냐에 따라 아이의 미래가 많이 달라짐을 본다. 요새 아이들에게는 우리 때와는 달리, 장난감이나 교육 교재도 비싸고 좋은 게 너무 많다. 그러나 그런 아이들일수록 세상 공부와 성공에 먼저 길들여지는 것은 아닌지 모르겠다.

엄마가 말씀 한 구절을 떠먹임으로써 아이가 말씀 안에서 자라고, 말씀을 붙잡고 살아가는 계기가 된다면 이 책의 소기의 목적은 다 이루었다고 말할 수 있다. 또 엄마들이 이 책을 읽고 말씀을 좋아하게 되고, 말씀의 의미를 깨달아 살아가는 데 힘과 위로를 얻게 된다면 이보다 더 좋을 순 없을 것 같다.

책 제목은 《아홉 살 성경》이지만, 5세, 6세, 7세, 8세, 9세, 10세 아이들에게도 적용 가능한 이야기들이 담겨 있다. 사실 6세 엄마는 아이가 7세가 되면, 또는 초등학생이 되는 8세가 되면 어떻게 키워야 할지 감이 잘 잡히지 않는다. 나 역시 우리 아이가 9세 이후 10세가 되는 해에는 어떤 일이 벌어질지 잘 모른다. 이 책이 나처럼 직장 맘으로 자녀교육에 대한 정확한 지식 없이 살아가는 엄마들에게 조금이나마 먼저 산 엄마로서 도움이 되었으면 한다. 아직도 하나님의 사랑과 그리스도의 인내를 다 배우려면 멀었지만, 딱 결혼 10년 차 직장 맘이 겪은 좌충우돌 엄마 잠언을 통해 다시 한 번 아이들이 말씀에 흥미를 느끼게 되고, 엄마들이 성경을 좋아하게 되는 계기가 됐으면 싶다.

더불어 나를 낳아주고 키워준 고마운 엄마 황명숙 여사님과 두 아이를 헌신적으로 돌봐 주시는 시어머니 신두임 권사님, 내게 엄마라 불릴 수 있게 해 주고, 이 책의 소중한 주인공이 되어 준 두 아들 하윤이, 하진이, 함께 두 아이를 키우며 아내의 겁 없는 도전에 격려와 야당 역할을 항상 해 주는 믿음의 남편 권혁두 집사, 이 책을 예쁘게 디자인해 준 현정이, 감수를 해주신 길기정 전도사님, 출판의 기회를 준 필로출판사 고경원 대표님, 그리고 부족하고 허물 많은 내 인생에 늘 앞서 행하시어 돌봐 주시는 하나님께 모든 감사와 영광을 드리고 싶다.

"주께서 너희 마음을 인도하여 하나님의 사랑과 그리스도의 인내에 들어가게 하시기를 원하노라"(살후 3:5).

2015년 9월 포도순절에
우은진

엄마표 집밥,
《아홉 살 성경》을 추천한다

🍃 엄마가 자녀에게 들려줄 최고의 말씀 / 강준모 목사 (남성교회)

이 책은 직장 맘으로서 절대 쉽지 않은 출판사역을 감당하면서 두 아들을 키워
낸 엄마의 저력이 어디서 나오는지를 알게 해 준다. 저자는 내가 남성교회 청년
부를 담당할 때, 가장 진실하고 책임감 있었던 청년부 회장의 아내가 되었고, 두
아이를 낳아 믿음으로 길렀다. 저자가 뽑은 90가지 성경 말씀은 엄마가 자녀에
게 들려줄 최고의 말씀이 될 것이다. 이그나티우스의 유명한 말이 떠오른다. "나
에게 어린아이 생애 중 처음 칠 년간을 맡겨 달라. 그다음에는 누가 그 어린이를
돌보든지 나는 상관치 않겠다." 엄마가 '하나님의 말씀'으로 감당할 일이다.

🍃 자녀교육의 한국판 탈무드가 되길 / 김광수 PD (KBS 해피투게더)

기독교인이라면 누구나 성경에 기초해서 자녀를 교육하고자 하지만 막상 부모로
서 아이들에게 쉽게 성경을 가르치는 일은 쉽지 않다. 그런 의미에서 《아홉 살 성
경》은 크리스천 부모들에게 반가운 단비와 같은 책이다. 십여 년 넘게 저자와 함
께 한 교회에서 신앙생활을 같이하며, 그녀의 중심이 하나님과 깊이 닿아 있음
을 느낀다. 이 책이 '자녀교육의 한국판 탈무드'가 되길 바라며, 자녀들뿐만 아니
라 부모들마저 하나님의 놀라운 사랑의 바다에 깊이 빠지길 기대한다.

🍃 육아에 지친 엄마에게 위로를 준다 / 김혜숙 목사 (전국여교역자연합회 사무총장)

《아홉 살 성경》이란 제목부터 매력적으로 다가오는 책이다. 현대인의 눈높이에

맞춰 성경도 여러 가지 번역판을 갖고 있는데, 이 책은 아홉 살 어린이의 눈높이에 맞춰 성경을 재해석하고, 그것을 어린이가 세상에서 가장 신뢰하는 엄마가 읽어 주도록 고안해 놓았다. 그것도 두 아이의 엄마로, 신학전문가가 아닌 일반인의 눈높이에서 저자의 마음에 깊이 박혀 있는 하나님의 지혜와 사랑을 모든 아이에게 간결하고도 인상 깊게 전달할 수 있도록 편집했다. 육아에 지친 엄마에게는 위로와 힘을 주고, 자라나는 아이에게는 어머니의 목소리로 들려주는 말씀을 통해 거친 세상에서 용기를 얻고 이겨나가도록 인도한다.

🍃 자녀를 위한 위대한 인생 지도책 / 김종포 목사 (아름다운교회)

다섯 살 손녀는 어린이집에 다녀오면 언제나 서재에 있는 내게 전화를 해서 "할아버지, 나랑 놀아요!"라고 말한다. 성경 스토리를 훤히 꿰고 있는 손녀에게 이제는 뭔가 좀 더 깊은 신앙 이야기를 해 줘야 할 것 같다고 고민했었다. 이 책《아홉 살 성경》은 손녀와 할아버지의 간격을 훌쩍 뛰어넘게 하는 묘약이다. 무엇을 어떻게 말해 줄 것인지를 고민할 필요가 없게 되었다는 말이다. 엄마의 입장에서 가슴에 새겨 주는 진리는 천 권의 소설보다 값지다. 저자는 어린 시절 소설가가 되고 싶었다고 한다. 붓 가는 대로 글을 쓰는 것도 아름답지만 길을 안내하는 지도를 그리는 것은 더욱 위대하다. 그런 의미에서 저자는 위대한 길라잡이며 이책은 재미를 넘어 위대한 인생 지도책이다. 아이와 엄마 모두를 진리로 양육하는 지침이 될 것이며, 부모들을 세우는 기중기 역할을 해낼 책이다.

🍃 자녀의 손에 성경을 쥐여 주자 / 박만서 목사 (한국기독공보 편집국장)

오늘 우리 사회를 살아가고 있는 아이들은 최고의 호사를 누리며 살아간다. 물론 부모의 처지에서 볼 때 그렇다. 즉 부모 세대에 누려 보지 못했던 것을 자녀들을 통해 누려 보려고(?) 하는 것이 아닐까. 이렇게 최고를 추구하는 시대에 '성경'을 최고의 가치로 자녀들에 제시하는 일은 쉬운 일이 아니다. "그럼 성경으로 우리가 생각하는 최고인 사람을 만들 수 있을까?"라는 질문을 하게 된다. 물론 답은 "아니다." 그러나 최고만을 추구하는 오늘날 왜 '성경'을 선택해야 할까? 해답은 이 세상에서 추구하는 가치가 최고가 아니기 때문이다. 하나님 중심의 가치를 추구하고자 한다면 자녀들의 손에 성경을 쥐여 줘야 한다. 그래서 엄마가 쓴 《아홉 살 성경》이 귀하게 여겨진다.

🍃 존귀한 다음 세대를 위한 책 / 박정식 목사 (인천 은혜의교회)

얼마 전 교회 집사님의 아이가 예배당으로 향하는 나를 붙들고 질문을 해 왔다. "목사님! 교회학교 선생님이 방학 동안에 매일 아침 큐티하고 성경 묵상하라고 숙제를 내 주셨는데, 우리 교회학교에서 추천해 준 어린이 큐티지 〈큐티프렌즈〉 외에는 쉽게 읽고 이해할 수 있는 책이 없어서요! 목사님이 좀 추천해 주시면 안 돼요?" "너 몇 살이니?" "저요? 얼마 전 생일 지나서 이제 막 열 살 됐어요!" 위기철 작가의 《아홉 살 인생》 맨 마지막 구절에 나왔던 주인공 여민이의 고백. "나는 열 살이 되었다. 그래서…" 라는 문장이 기억나서 터져 나오는 웃음을 참지 못했었다. 이제 그 똑똑하고 해맑은 아이에게 자신 있게 소개해 줄 수 있는 소중한 책이 세상에 그 얼굴을 내밀었다.《아홉 살 성경》! 우리의 존귀한 다음 세대를 위해 기쁜 마음으로 적극 추천하는 바이다.

🍃 커피 타임에 듣는 영양가 있는 육아 에피소드 / 박주성 목사 (국제제자훈련원 대표총무)

이 책의 저자는 국제제자훈련원에서 매달 5개의 잡지 편집을 책임지는 편집장이다. 박하기 그지없는 기독교 기관에서 오랜 세월을 버텨온 것 하나만으로도 하나님 사랑에 대한 은혜와 감격, 그리고 그녀의 삶을 이끌어가는 하나님께로부터 받은 사명은 보증된 것이나 마찬가지다. 이제 엄마 경력 10년 차이지만, 지난 10년여 간 직장 맘으로서 걸어온 인생길은 매일 타이트하게 매여야 하는 '타인을 위한 영의 양식을 준비하는 작업'이었다. 그러나 그 작업은 오히려 힘들고 어려울 때마다 자신과 품어 양육해야 할 자녀들에게도 하늘에서 내려온 만나 같은 영의 양식으로 채워지는 광야길이 되었을 터이다. 아이에게 기도하는 마음으로 들려주는 90가지 핵심 성경 구절이 성경동화처럼, 또 때론 직장 맘 선배에게 커피 타임에 듣는 영양가 있는 육아 에피소드처럼 들려지길 바라며 일독을 권해본다.

🍃 모든 엄마들의 필독서 / 배창돈 목사 (평택 대광교회)

우리의 자녀들이 병들어 가고 있다. 이는 자녀들이 성경을 대하는 시간보다 세상의 문화와 풍습을 접하는 시간이 훨씬 많기 때문이다. 하나님은 이 사실을 아시고, 자녀들이 말씀 중심의 삶을 살도록 부모들이 부지런히 가르쳐야 함을 말씀하셨다. 특히 어머니의 신앙 교육은 자녀에게 믿음의 습관을 만들고, 신앙의 인격을 형성하는 기초가 된다고 할 수 있다. 《아홉 살 성경》은 자녀에게 가장 중요한 시기인 10년 동안에 꼭 필요한 내용이 담겨 있다. 신앙과 인격, 그리고 지혜를 얻는 길을 제시하고 있어서 모든 엄마들에게 필독서로 추천한다.

자녀들이 영적으로 건강하게 성장하는 데 일조할 책 / 송태근 목사 (삼일교회)

다음 세대를 살리는 일은 이제 한국 교회의 지상명령이 되었다. 이 명령에 교회 학교와 더불어 가정이 반드시 함께 순종해야 한다. 부모는 가정에서 교사로서 자녀들을 말씀으로 먹이고 양육시키는 일에 주체가 되어야 한다. 《아홉 살 성경》은 엄마가 자녀에게 말씀을 체계적으로 먹이도록 편집되었다. 저자 우은진 자매는 두 아이의 엄마이자 잡지사의 편집장으로서 감성과 노하우를 섞어 유익한 책을 독자들에게 선물하고 있다. 이 책이 가정에서 활용되어 자녀들이 영적으로 건강하게 성장하는 데 일조하게 되리라 확신하며 추천한다.

자녀에게 들려줄 최고의 베드타임 스토리 / 심정섭 소장 (더나음교육연구소)

유대인은 전 세계에서 베드타임 스토리를 제일 잘하기로 유명하다. 그들은 잠자기 전뿐만 아니라, 안식일이나 평소 식사 이후에도 아이들에게 성경 이야기를 많이 들려 준다. 이들이 그럴 수 있는 것은 성경의 원문 내용이나 기도문의 핵심을 벗어나지 않는 범위에서 다양한 수준의 어린이용 매뉴얼이 있기 때문이기도 하다. 《아홉 살 성경》은 어린 자녀들에게 부담되지 않는 성경 내용을 소개하고, 엄마나 아빠가 아이에게 내용을 쉽게 설명해 줄 수 있는 좋은 매뉴얼이 되기에 충분한 내용으로 정리되어 있다. 우선은 베드타임 스토리 교재로 시작해 점점 아이에게 많은 시간 동안 성경 이야기를 들려줄 수 있는 좋은 도구가 되길 기대한다.

🍃 사랑과 정성이 담긴 '엄마표 집밥' / 오생락 목사 (하늘평안교회)

세상에서 가장 맛있는 밥은 '엄마표 집밥'이다. 그 이유는 아마도 엄마표 집밥만큼 사랑과 정성이 담긴 밥이 없기 때문이다. 《아홉 살 성경》을 읽는 순간, '엄마표 집밥'이 떠올랐다. 이 책의 저자는 목회자도 신학자도 아니다. 또한 신학을 공부한 이도 아니다. 그런데도 저자가 풀어낸 성경 이야기 속에는 놀라운 영적 통찰력과 감동, 그리고 지혜들이 담겨 있다. 뿐만 아니라 따뜻함과 사랑이 녹아 있다. 국제제자훈련원 잡지팀을 총괄하는 편집장인 저자가 매월 다섯 편이나 되는 큐티지를 만들어 내면서 얻은 경험과, 하나님이 주신 가장 귀한 선물 하윤, 하진 엄마로서의 사랑이 결합해 아름다운 작품이 탄생했다. 첫 번째로 나는 이 책을 초등학교 어린이들에게 권하고 싶다. 평소 성경을 딱딱하고 어렵게만 느꼈을 초등학생들이 이 책을 통해 성경이 '엄마표 집밥'처럼 맛있게 느껴지는 기적을 경험할 것이다. 두 번째로 자녀를 신앙적으로 양육하고 싶은 신혼부부나 임산부, 초보 엄마, 초등학생 자녀를 둔 부모들에게 권한다. 특히 《아홉 살 성경》 중 '엄마가 엄마에게'라는 코너는 자녀를 키우는 엄마라면 모두가 공감할 수밖에 없는 내용이 보물처럼 담겨 있다. 세 번째로 교회학교 교사들에게 추천한다. 교회학교 교사들이야말로 영적인 부모의 역할을 감당하는 사명자이기 때문이다.

🌿 엄마가 젖먹이는 심정으로 뽑은 말씀 90수 / 임종구 목사 (푸른초장교회)

잠언은 아버지가 아들에게 들려주는 교훈이다. 그런데 엄마가 젖을 먹이는 심정으로 말씀 90수를 뽑아서 자녀에게 들려주고 있다. 우은진, 그녀는 이 책을 낼 자격이 있다. 누구보다 말씀을 사랑하고 매달 다섯 권의 묵상집을 만드는 일을 사명으로 알고 달려왔기 때문이다. 이 책을 펼치면 엄마의 젖내가 난다. 즐겁게 일독을 권하면서 이 책을 사는 것을 망설이지 말라고 말하고 싶다.

🌿 자녀교육의 포매팅을 이 책에서 찾자 / 이의용 장로 (국민대 교수)

컴퓨터를 새로 사면, 새 디스크에 프로그램을 설치해야 작동이 된다. 보통 '포매팅(Formating)'이라 하는데, 특정한 프로그램을 포매팅하면 그 컴퓨터는 그대로 작동하게 된다. 어린아이도 3, 4세 이전에 부모를 통해 그와 비슷한 포매팅 과정을 거친다고 한다. 이 시기를 지나면 아이의 가치관이나 태도 등에 근본적인 변화를 주기는 점점 어려워진다. 컴퓨터는 언제든 내용을 지우거나(Delete) 리셋(Reset)할 수가 있지만, 사람은 그게 불가능하다. 따라서 엄마가 되려는 이는 아이를 잉태할 때부터 책임감을 느끼고 포매팅 준비를 해야 한다. 그 과정과 방법을 성경이 가르쳐준다. 엄마들은 물론이고 엄마가 되려는 이들, 그리고 아빠들도 이 책에서 그걸 함께 찾아보시길 바란다.

🍃 **엄마의 목소리로 들려주는 인생의 양식 / 이의수 목사** (사랑의교회 사랑패밀리센터)

아이는 엄마의 몸속에서 10개월을 공동 생명체로 함께 보낸다. 이만큼 친밀한 인생 동행도 없다. 그래서 엄마는 자녀를 생명처럼 소중히 여긴다. 그러나 자녀를 엄마의 본능으로만 키운다면 자녀의 미래는 희망적이지 않다. 소중한 자녀에게 가장 귀한 하나님의 말씀을 인생의 양식으로 먹여야 한다. 그런 점에서 《아홉 살 성경》은 자녀를 위한 엄마의 최고 선택이다. 엄마의 부드러운 목소리로 말씀을 가르쳐 주자. 내 자녀가 훗날 "어머님의 무릎 위에 앉아서 재미있게 듣던 말 그때 일을 지금도 내가 잊지 않고 기억합니다"라고 고백할 수 있다면 얼마나 좋을까?

🍃 **아이에게 들려주는 사랑의 노래 / 조재호 목사** (고척교회)

《아홉 살 성경》, 책 제목이 사람의 눈길을 붙잡는다. 그림이 많은 어린이 성경일까? 그러나 《아홉 살 성경》은 흥미로 보는 그림책이 아니다. 엄마와 아이를 위한 행복 잠언이다. 저자인 우은진 직장 맘을 안 지 거의 20년이 되었다. 목사와 교회에 새로 온 청년으로서 만났다. 교회 마당에서 대화를 나누던 청년은 책을 좋아하고, 글쓰기를 좋아하던 아름다운 영혼이었다. 웃음도 많았고 사회와 인생을 보는 진지함도 대화 속에서 느낄 수 있었다. 새로운 직장을 따라 다른 교회로 신앙

생활의 터전을 옮겼고, 얼마 후 결혼을 했다. 가정을 이루고 아이를 낳고 키우며 자신이 즐거워하고 보람 있어 하는 책 만드는 일을 손에서 놓지 않았다. 억척 아줌마, 그야말로 당찬 직장 맘이다. 나는 20년 동안 제자리에서 그대로인 것 같은데, 저자는 흐르는 물과 같은 유연함으로 인생의 여러 자리와 호칭의 변화를 겪으면서 잘 살아내고 있다. 그런 인생의 황금기에서 아이들과 뒹굴며 고민하고 사랑하며 나온 인내와 기도의 산물이 《아홉 살 성경》이다. 그래서 《아홉 살 성경》은 엄마가 아이에게 들려 주는 사랑의 노래이며, 엄마가 다른 엄마에게 들려 주는 위로와 인내의 나눔이다. 나는 이제 가족 안에서 할아버지이다. 일곱 살짜리 손녀 하늘이가 있다. 나도 이 책을 하늘이네 가정에 선물해야겠다.

🍃 아이를 참 제자로 세우는 책 / 조현용 목사 (목포 빛과소금교회)

믿음은 마음으로 믿는 것이지만 그 믿음이 마음 안에만 머물지 않고, 자신의 삶이 될 때 진정한 신앙이 된다. 참 제자가 된 사람이 참 제자를 세울 수 있듯이, 자녀에 대한 어머니의 신앙 교육도 마찬가지다. 부활하신 주님을 믿고 날마다 주님과 동행하는 엄마는 자녀를 주님의 사랑으로 세울 수 있다. 저자는 주님과 오랫동안 동행하고 있다. 그녀의 글을 읽고 듣는 이 땅의 모든 엄마와 자녀들이 주님의 사람이 되어 풍성한 은혜를 누리게 될 것을 믿고 기대한다.

🍃 원리와 현장이 바탕이 된 최고의 선물 / 최상태 목사 (화평교회)

나에게는 성인이 된 두 아들이 있다. 지난날을 되돌아보면 아버지로서 자식들에게 잘한 일 한 가지가 있다. 그것은 어린 시절 두 아들이 잠들기 전, 양팔에 끼고 누워 하나님의 말씀을 부지런히 들려줬던 일이다. 일반적으로 교육학에서는 사람의 인격 형성과 역량이 10세 이전에 적어도 80~90%가 이뤄지고, 그 이후의 삶은 그때 보고 듣고 배우며 익힌 것을 가지고 평생을 살아간다고 말한다. 이번에 역량과 성품을 갖춘 두 자녀를 둔 엄마가 원리와 현장 경험에서 얻은 것을 근거로 해《아홉 살 성경》을 출간하게 된 것을 매우 기쁘게 생각한다. 이 책이 모든 부모와 자녀들에게 최고의 선물이 되길 바라며 강력히 추천한다.

🍃 아이와 엄마에게 들려주는 잠언서 / 한태수 목사 (은평성결교회)

엄마가 되어야 하나님의 사랑을 조금은 경험할 수 있다. 해산의 수고를 통해 목숨을 걸고 자녀를 출산한다. 자녀를 키워가며 그동안 누구에게도 경험하지 못한 특별한 사랑이 자녀에게 부어진다. 그 사랑을 담은 엄마가 아이들과 엄마들에게 들려 주는 잠언서가 나오게 됨을 진심으로 감사하며 축하한다. 이 책은 하나님의 사랑을 경험한 엄마가 자녀의 잉태에서 탄생, 그리고 양육하면서 실제 경험한 이야기들을 말씀에 근거해 집필했다. 하나님의 말씀이 실제 어린 자녀들에게 쉽게 전달되고, 자녀를 양육하는 어머니들에게도 벅찬 감동으로 다가온다.

※ 추천사는 가나다 순으로 정렬했습니다.

차 례

1장 성장

2장 성품

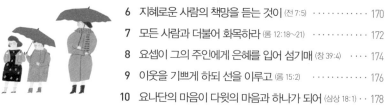

9장
좋은 엄마

이 책에 나오는 **우리 아이(**   **)** 부분에는

실제로 엄마가 아이의 이름을 넣어 말씀을 설명해 주고 기도해 주세요.

1장
성장

아이가 태어나면 아이의 몸도 자라지만 엄마 역시 아이를 통해 배우는 게 많다. 잃어버렸던
동심도 배우고, 절대적인 사랑과 헌신도 배운다. 아이가 성장할수록 엄마는 거꾸로 나이를
먹지만, 그 무엇과도 바꿀 수 없는 소중한 추억들을 만들어간다. 엄마와 아이에겐 서로 사랑
할 시간이 한정돼 있다는 것을 명심하고, 아이를 자주 꼭 안고 "사랑해" 하고 말해 주자.

1
이름을 예수라 하라

"아들을 낳으리니 이름을 예수라 하라 이는 그가 자기 백성을
그들의 죄에서 구원할 자이심이라 하니라" (마태복음 1:21)

천사는 아직 결혼하지 않은 마리아가 아이를 가졌다고 요셉에게 말해줘요. 그리고 요셉에게 "네 아내 마리아 데려오기를 무서워하지 말라 그에게 잉태된 자는 성령으로 된 것이라" 하시며 곧 태어날 아기의 이름이 '예수'라고 가르쳐줘요. 그 의미는 자기 백성을 죄에서 구원할 메시아라는 거예요. 예수님은 죄를 지어 죽을 수밖에 없는 우리를 구해 주시기 위해 이름부터 메시아 즉, 구원자라고 지어졌어요. 우리 아이도 이름이 있지요? 이름은 할아버지나 부모님이 아이가 태어나면 지어줘요. 세상에 둘도 없는 하나밖에 없는 '내 이름'이 생기게 되지요. 이름은 한 번 정해지면 평생을 따라다녀요. 얼굴 못지않게 그 사람을 떠올리게 하는 중요한 이미지예요. 친구들의 이름 중에 예쁜 이름이 많지요? 그런데 예수님의 이름은 아주 무거운 책임감이 담긴 이름이었어요. 예수님은 그 이름대로 우리를 구원하시고, 우리가 힘들고 어려울 때 격려해주시고 지켜주세요. 우리 아이는 혹 이름이 마음에 들지 않더라도 부모님이 사랑의 마음을 가득 담아 지어주신 이름이니 그 이름을 자랑스러워하고, 이름의 뜻대로 잘 살아가도록 노력해요.

 하나님, 우리 아이(   )가 지어진 이름의 의미대로 잘 성장하도록 주님께서 인도해 주시고 축복해 주세요.

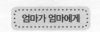

이름의 의미대로 살기를

아이가 태어나기 전에는 보통 열 달 동안 태명을 지어서 부르고, 태어난 후에는 한 달 이내에 이름을 지어 주민등록등본에 올리곤 하지요. 저는 첫째 아이의 태명을 '기쁨이'라고 지었고, 둘째 아이의 태명은 '꽃님이'라고 지었어요. 첫애를 가졌을 때 참 기뻐서 그냥 기쁨이라고 했지요. 둘째의 태명은 아들이 있으니, 딸이길 간절히 바라는 마음에서 꽃처럼 예쁘라고 단순하게 '꽃님이'라고 지었어요. 그런데 태어나기 일주일 전에 의사 선생님이 아들이라고 알려주는 바람에 갑자기 '꽃돌이'로 태명이 바뀌는 웃지 못할 일이 벌어졌어요. 아이를 낳은 후 태명에 익숙한 엄마들은 아이 이름을 짓고도 한동안 이름보다는 태명을 부르곤 해요. 첫째 아이의 이름은 하윤(何潤)이라고 물이 끊어지지 않는 물 댄 동산처럼 다른 사람을 윤택하게 하는 사람이 되라는 이사야 58장 11절 말씀을 근거로 지었어요. 둘째 하진(何眞)이는 진리인 하나님의 말씀처럼 진실하게 살라고 지었답니다. 믿는 부모들은 하나님의 '하', 예수님의 '예'를 따서 아이들의 이름을 많이 짓곤 해요. 그리고 이름대로 우리 아이가 커가길 바라지요. 옛날 부모님들은 부자나 장수를 이름 안에 담아서 촌스러운 이름도 많았는데, 요즘은 참 세련되고 예쁜 이름들이 많아요. 그리고 신기하게도 그 아이 외모와 참 잘 어울리는 이름이 많더군요. 마치 이름이 사람을 만드는 것처럼 말이에요. 그러나 이름보다는 살아가는 모습이 점점 그 사람을 나타나게 되고, 그 모습을 보고 이름이 좋아 보이기도 하고 안 좋아 보이기도 해요. 우리 아이가 부모님이 지어준 이름의 의미대로 말씀에 순종하며, 다른 사람들을 돕는 사람으로 성장하길 기대해요.

2
너희는 나를 누구라 하느냐

"이르시되 너희는 나를 누구라 하느냐 시몬 베드로가 대답하여 이르되 주는 그리스도시요 살아 계신 하나님의 아들이시니이다"(마태복음 16:15~16)

예수님께서는 오병이어 기적을 행하신 후, 빌립보 가이사랴 지방에 와서 제자들에게 "사람들이 나를 누구라 하느냐"고 물어보셨어요. 이에 제자들은 사람들이 예수님을 각각 세례 요한, 엘리야, 예레미야 선지자 중 하나라고 말한다고 말씀드려요. 그러자 예수님께서는 "너희는 나를 누구라고 생각하느냐"고 물으세요. 3년 동안 예수님을 따라다니며 말씀을 배우고 병도 고치는 기적도 목격한 베드로가 "주는 그리스도시요, 살아 계신 하나님의 아들이세요"라고 정답을 말해요. 이에 예수님께서는 "너는 참 복 있는 사람이다. 너에게 이 사실을 알게 하신 분은 하나님이시다. 너는 이제 베드로다. 내가 이 반석 위에 내 교회를 세울 것이다"라고 말씀하시며 천국 열쇠까지 주세요. 우리 아이는 예수님이 누구라고 생각해요? 예수님은 어려운 분, 무서운 분이 아니세요. 하나님의 아들이시고, 우리를 죄에서 구원하신 구세주세요. 예수님을 알면 알수록 아빠보다 더 편하고, 엄마보다 더 잘 보살펴 주시는 분이세요. 예수님과 자주 기도로 만나면서 친해져 봐요. 예수님이 우리 아이들의 구원자가 되어 주실 거예요.

 하나님, 우리 아이(   )가 예수님을 잘 믿고 따라가서 예수님과 친해지고, 하얀 도화지 위에 멋지게 그려 주실 나(I)의 사명을 잘 감당하게 인도해 주세요.

멋진 나(I)를 그릴 때까지

아이들을 키우다 보면 신기하고 특이한 점들을 발견하고 혼자 놀랄 때가 많아요. '나도 그랬나?' 하고 어린 시절을 떠올려 보지만 기억이 가물가물하죠. 그중에 하나는 아이들이 말할 때 '나'라는 1인칭을 쓰기보다는 자신의 이름 3인칭을 즐겨 사용한다는 점이에요. "이것은 누가 그린 거야?" "하윤이가 그린 거야" "이것은 누가 먹었어?" "하진이가 맛있어 보여서 먹었어"라고 답해요. 결코 "내가 그렸어" "내가 먹었어"라고 말하지 않아요. 아마도 아직 '나'라는 존재에 대한 정체성이 분명하게 서 있지 않아서 그런 것 같아요. 그러나 중학생 조카를 보면 "엄마, 내가 청소했어"라고 분명하게 '나'라는 단어를 사용하는 것을 보게 돼요. "이건 누구누구 거야"라고 자신의 이름을 말하는 우리 아이들은 물건에 대한 소유욕은 큰데, 아직 자기 자신에 대한 정체성은 확고하진 않은 듯해요. 그렇기에 우리 아이들은 하얀 도화지에 그리는 그림처럼, 얼마든지 멋지고 훌륭하게 그려질 수 있어요. 예수님께서 보시기에 어여쁜 자녀로 성장해 나갈 가능성이 무궁무진하지요. '하윤이'가 '나'가 될 때까지 우리 아이에게 어떤 말들을 들려주고, 어떤 모습을 보여주며, 어떤 경험을 하게 해주느냐에 따라 우리 아이의 'I'는 멋진 건축가나 화가가 될 수도 있고, 사랑이 많은 사람이 될 수도 있으며, 모험심이 강한 사람이 될 수도 있어요. 반면 심술이나 고집을 부리거나 뭐든지 자신 없고 흥미가 없는 아이가 될 수도 있어요. 엄마가 아이에게 어떤 그림을 그리도록 인도할지 예수님께 많이 기도하며 상의드리고 고민해야 할 부분이에요.

3
하나님의 선물

"너희는 그 은혜에 의하여 믿음으로 말미암아 구원을 받았으니
이것은 너희에게서 난 것이 아니요 하나님의 선물이라" (에베소서 2:8)

사도 바울은 우리가 착한 말과 행동을 해서 구원을 받았다고 말하지 않아요. 우리가 노력하지 않아도 하나님의 나라에 갈 수 있는 비결이 있어요. 그것은 바로 예수님을 마음으로 믿기만 하면 구원이라는 선물을 받는대요. 참 단순하고 쉽죠? 믿음은 하나님께서 우리에게 주신 선물이에요. 내가 하나님을 믿게 된 것도 내 힘으로 믿은 게 아니라, 하나님께서 믿게 하셔서 믿게 된 거예요. 우리 아이는 언제 선물을 받나요? 뭔가 잘할 때 받지요. 이처럼 이 세상에는 공짜가 없어요. 그런데 우리 아이가 시험을 100점 맞지 않아도, 때론 동생과 싸워도, 예수님을 믿고 그 말씀에 순종만 하면 '구원'이라는 선물을 받아요. 이 구원은 하나님께서 아들 예수님을 십자가에서 죽기까지 하시면서 우리에게 주신 값진 선물이에요. 하나님은 왜 구원이라는 선물을 받기 쉽도록 주셨을까요? 그것은 좀 더 많은 사람이 하나님의 나라에 들어오도록 하기 위함이에요. 그러나 구원이라는 선물을 받았으면 말씀에 따라 착한 행동을 하면서 살아가야 믿음의 선한 열매를 맺게 된다는 사실도 명심해야 해요. 그러니 동생과 자주 싸우거나 나쁜 행동을 하면 안돼요. 믿음과 구원의 선물을 주신 예수님께 "정말로 감사해요"라고 기도드려요.

 기도: 하나님, 믿음을 선물로 주신 것처럼, 저희 가정에 우리 아이(   )를 선물로 주셔서
정말 감사드려요.

태어나줘서 고마워

우리 아이가 처음 엄마의 품에 안긴 순간을 기억하나요? 빨간 얼굴에 부은 눈을 한 자그마한 아기가 찡그린 얼굴로 내 품에 안긴 순간, 처음으로 여자에서 엄마가 됐다는 사실을 실감하게 되죠. 정말 경이롭고 신비로운 순간이에요. 저는 지금도 가끔 아이들을 볼 때마다 "너는 하늘에서 떨어졌니, 땅에서 솟았니? 에구, 예쁜 내 새끼, 내 새끼"라고 자주 말해요. 그러면 아이들도 엄마를 따라 "내 새끼" 하며 장난해요. 그저 제겐 '작은 사람'이었던 아이들이 어느새 커서 학교에 다니고, 제법 말하는 것을 보면 신통방통이란 생각뿐이죠. 정말이지 아이는 하나님께서 여자에게 주신 최고의 선물이에요. 그러나 그 아이는 내가 낳았지만 내 소유물이 아니에요. 그 선물을 잠시 하나님 대신 돌봐주는 책임을 받았을 뿐이에요. 우리는 잘 씻겨 주고, 먹여 주고, 보살펴 주며, 사랑을 많이 해 주는 청지기일 뿐이에요. 어떨 때는 아이의 몸종이나 하인같이 느껴지기도 해요. 아직은 아이들이 어려서 엄마 뒤를 졸졸 따라다니지만, 곧 몸도 마음도 훌쩍 커버려서 엄마 곁을 떠날 때가 올 거예요. 하나님께서 우리 가정에 아이를 선물로 주신 첫 감동을 기억하며, "태어나줘서 고마워"라는 말을 아이에게 자주 해 보세요. 가끔 아이에게 초음파 사진부터 아홉 살까지의 사진들을 보여 주며 "이땐 네가 이랬단다" 하고 말해 주면 아이도 무척 좋아해요. 나중에 초등학교에 가면 성장 사진을 가져오라고 할 때가 있으니, 나이별 성장사진을 앨범으로 잘 챙겨뒀다가 아이와 보는 것도 좋을 거예요. 우리 아이는 믿음처럼 하나님께서 은혜로 주신 귀한 선물이에요. 선물로 받은 우리 아이를 말씀에 따라 잘 키워야 한다는 사실을 잊지 마세요.

4

아이가 복중에서 뛰노는지라

"이때에 마리아가 일어나 빨리 산골로 가서 유대 한 동네에 이르러 사가랴의 집에 들어가
엘리사벳에게 문안하니 엘리사벳이 마리아가 문안함을 들으매 아이가 복중에서 뛰노는지라
엘리사벳이 성령의 충만함을 받아 큰 소리로 불러 이르되
여자 중에 네가 복이 있으며 네 태중의 아이도 복이 있도다"(누가복음 1: 39~42)

엄마가 아이에게

천사 가브리엘은 마리아에게 나타나 곧 임신하고 하나님의 아들 예수를 낳을 것이라고 말해 줘요. 그리고 진짜로 마리아는 아기 예수를 임신했어요. 그런데 마리아의 친척 엘리사벳은 마리아보다 6개월 먼저 요한이라는 아기를 임신했어요. 이 아이가 후에 세례 요한이 되지요. 그런데 엘리사벳의 뱃속에 있던 세례 요한은 마리아의 뱃속에 있던 예수님을 만나자 반가워서 뱃속에서 뛰어놀아요. 엘리사벳은 마리아에게 "여자 중에 복이 있으며, 뱃속 아기에게도 복이 있다"고 축복해줘요. 우리 아이도 엄마 뱃속에 있을 때 열 달 동안 많이 뛰어놀았어요. 엄마가 우리 아이를 처음 느꼈을 때가 바로 엄마 뱃속에서였어요. 발로 엄마 배를 차기도 하고, 위아래로 왔다 갔다 꼼지락거릴 때마다 곧 만날 우리 아이를 생각하며 행복했어요. 마리아와 엘리사벳도 태어날 아기를 생각하며, 기대와 흥분 속에서 보내겠지요. 우리 아이 역시 뱃속에서부터 많은 사람의 축복을 받은 소중한 존재라는 사실을 잊지 말고, 앞으로도 밝고 건강하게 자라가야 해요.

 기도 하나님, 우리 아이(   )가 뱃속에서부터 많은 사람의 축복을 받으며 힘차게 태동을 했듯이, 앞으로도 많은 축복을 받으며 잘 성장하게 해 주세요.

첫 태동의 감사함

처음 의사로부터 임신했다는 소식을 들었을 때가 생각나나요? 산부인과 의사를 통해 "임신 몇 주입니다"라는 말을 들었을 때, '아, 나도 엄마가 되는구나!' 하는 결혼과는 또 다른 여자로서의 신기함과 설렘, 그리고 두려움을 동시에 경험했던 것 같아요. 특히 작고 네모난 종이에 찍힌 아이의 초음파사진과 달리, 직접 내 뱃속에서 뛰어노는 아기의 움직임을 느낄 때면 '움직인다' 하고 신기해하며 놀라워했던 기억이 새롭네요. 저 역시 엘리사벳만큼은 아니었지만 늦은 나이인 36세에 결혼해 37세에 첫 아이를 낳았어요. 늦은 임신이었던 만큼 많은 사람이 축복해 줬어요. 가끔은 "뱃속에 있을 때가 좋을 때야"라는 말이 무슨 의미인지도 모르곤 빨리 낳고 싶어 안달했었죠. 우리 엄마는 임신 중에 쓴 일기나 SNS에 아이를 위해 남긴 다짐들이 기억나나요? 아기가 태어나면 어떻게 키우겠다거나 아기를 위해 쓴 엄마의 기도 등 한두 번쯤은 초보 엄마로서의 결연한 다짐들을 적어보곤 했을 거예요. 가끔 옛날에 쓴 글들을 보면, 이때 참 순수하게 아이를 잘 키우겠다는 사명감에 불타 있었는데, 그때의 다짐과 마음가짐들은 어디로 갔는지 가끔 아이한테 미안할 때가 있어요. 자상한 엄마는 온데간데없고, 날마다 아이에게 화만 내곤 있진 않나요? 내 시간과 자유는 줄고 엄마로서 아이 뒷바라지할 일들 때문에 지쳐 있다면 십자가에서 자신의 모든 것을 버리신 예수님을 생각해 봐요. 엄마로서 첫 태동을 느꼈을 때의 감사함도 떠올려 봐요. 그때 느꼈던 엄마로서의 마음가짐들을 떠올려보며, 우리 아이를 하나님의 자녀, 하나님의 기업으로 잘 키워 봐요. 아직은 늦지 않았거든요.

5
구유에 뉘어 있는 아기를 보리니

"오늘 다윗의 동네에 너희를 위하여 구주가 나셨으니 곧 그리스도 주시니라
너희가 가서 강보에 싸여 구유에 뉘어 있는 아기를 보리니
이것이 너희에게 표적이니라 하더니"(누가복음 2:11~12)

엄마가 아이에게

예수님도 갓난아기였던 시절이 있었어요. 그것도 우리 아이처럼 근사한 속싸개, 겉싸개에 싸여 푹신한 침대 위에 누워 있었던 것이 아니라, 소나 말이 밥을 먹는 초라한 그릇인 구유에 계셨어요. 예수님이 태어났을 때 당시 가이사 아구스도라는 왕이 세상의 모든 사람은 자기 고향에 가서 호적을 하라고 명령했어요. 호적은 한 가정의 가족들 이름과 태어난 생년월일, 주소 등을 기록하는 거예요. 예수님의 부모님도 호적을 하러 베들레헴이라는 동네로 갔는데, 빈 방을 구할 수 없었어요. 그래서 마리아는 할 수 없이 아기 예수님을 마굿간에서 낳게 된 거예요. 우리 친구들은 매년 12월 25일 성탄절이 되면, 마냥 즐겁죠? 그런데 이날은 산타할아버지에게 선물을 받는 날도, 맛있는 케이크를 먹는 날도 아닌 바로 아기 예수의 태어나심을 기념하는 날이에요. 예수님은 부잣집 같은 좋은 환경에서 태어나시지는 않았지만, 믿음을 가진 엄마 마리아와 아빠 요셉의 사랑을 듬뿍 받으며, 천사들의 축복 속에서 태어났어요. 우리 아이도 믿음을 지닌 부모님의 사랑 속에서 태어났다는 사실을 잊지 마세요.

 기도 하나님, 풍족한 환경은 아니지만 믿음을 지닌 엄마 아빠의 사랑을 듬뿍 받고 자라는 우리 아이(   )가 되게 해 주세요.

사랑과 기도로 쑥쑥

첫아이를 낳은 엄마들은 아이에게 더 좋은 아기 침대와 옷, 근사한 유모차와 예쁜 아기방을 선물하고 싶은 게 솔직한 심정이에요. 그런데 아이를 키우다 보면 비싼 아기용품이나 장난감, 유명한 전집이 아이에게 별로 커다란 영향력을 미치지 않는다는 것을 알게 되죠. 이런 것들은 대여를 하거나 가까운 지인에게 물려받아도 전혀 문제가 되지 않아요. 값비싼 환경은 엄마의 욕심일 뿐이에요. 아이가 초등학교에 들어가서도 아이의 교육환경에 대한 엄마들의 로망은 끊어지지 않아요. 영어유치원이나 영재 수학 등 더 좋은 교육환경을 마련해 주고 싶어 해요. "개천에서 용 난다"라는 말이 있어요. 요즘 엄마들은 동의하지 않는 말이 돼버렸지만, 하나님은 작은 자와 약한 자를 들어 쓰시는 분이세요. 믿음을 갖고, 자녀교육을 위해 기도하세요. 특히 자녀교육에서는 엄마의 마음 중심이 중요해요. 우리 아이를 다른 집 아이와 비교하거나 엄마의 결핍된 부분을 아이를 통해 대신 채우려는 교육 욕심은 끝이 없어요. 이런 속상함은 엄마만 마음 비우면 끝나는 일이 대부분이에요. 물질적으로 풍족히 채워주지 못하는 대신, 부모의 믿음생활과 "사랑한다"라는 말을 아이에게 많이 해 주고, 스킨십도 자주 해 주세요. 아이는 물질이 아닌 엄마의 사랑과 기도를 먹고 쑥쑥 자란답니다. 비싼 장난감과 학용품을 사주고, 대신 아이에게 모진 말로 상처를 주며 잘 돌봐주지 않는다면 아무 소용이 없어요. 아이와 함께해주며 항상 웃음으로 대하는 엄마의 얼굴이 아이들의 '마음 성장'에는 더 큰 영향력을 발휘한다는 사실 잊지 마세요.

6
아이가 자라매 젖을 떼고

"아이가 자라매 젖을 떼고 이삭이 젖을 떼는 날에
아브라함이 큰 잔치를 베풀었더라" (창세기 21:8)

아브라함은 이삭을 낳을 때 나이가 100세였어요. 아이를 낳을 수 없을 만큼 나이가 많았는데도 불구하고, 하나님의 은혜로 아들을 낳고 이름을 이삭이라고 지었어요. 이삭의 뜻은 '웃고 있는 자'라는 의미에요. 아빠 아브라함이나 엄마 사라 모두 나이가 많아 아이를 낳을 수 없는데도 하나님께서 아이를 주셔서 모든 사람에게 기쁨을 줬어요. 그런 이삭이 점점 자라서 젖을 떼니 아빠 아브라함이 아들을 위해 큰 잔치를 열어 축하했어요. 우리 아이도 기억나진 않겠지만 한 살이 됐을 때 엄마 아빠가 돌잔치를 열어 주셨을 거에요. 요즘 엄마와 아빠는 결혼식보다 돌잔치를 더 성대하게 준비하기도 해요. 그만큼 아이를 낳고, 1년을 키운 기쁨이 크기 때문이에요. 우리 아이가 지금까지 성장하려면 많은 것을 떼고 끊는 경험을 했을 거예요. 그 첫 번째가 바로 젖을 떼고, 이유식을 하는 거였지요. 또 엄마와 떨어져 어린이집이나 학교에도 가야 해요. 섭섭하겠지만 지금까지 잘 해온 것처럼, 앞으로도 우리 아이가 제때에 자라려면 때에 맞게끔 여러 가지 일들을 맺고 끊어야 해요. 그때마다 엄마 말씀에 잘 순종해야 해요.

 하나님, 우리 아이(   )가 다음 성장 단계를 잘 이어가도록 엄마의 결단력과 아이의 적응력을 키워 주세요.

엄마의 결단력

첫째 아이가 처음으로 엄마 젖을 뗄 때 어떻게 해야 할지 몰라 1년 반 넘게 젖을 먹였던 기억이 나네요. 아이 건강을 위해 일부러 더 길게 먹이는 엄마들도 있지만, 모유 수유를 끊는 일은 정말 쉽지 않아요. 결국은 며칠 출장을 가는 바람에 떨어져 자면서 모유 수유를 끊는 기적이 일어났죠. 아이를 키우다 보면 아이의 나이에 따라 끊어 주고, 떼 줘야 할 결단의 시기들이 오지요. 스스로 젓가락질 하기, 화장실에서 혼자 뒤처리까지 하기, 혼자 세수하고 양치하기, 스스로 준비물 챙기며 가방 싸고 숙제하기 등. 엄마는 아이가 스스로 할 수 있도록 냉정한 결단을 해 줘야 할 시기가 때마다 찾아와요. 그 시기를 놓치면 성장이 느려지거나 아이의 생활습관이 잘 고쳐지지 않게 돼요. 그러다가 아이가 혼자 세수와 칫솔질을 하고, 스스로 양말과 옷을 입고, 단추 끼우거나 지퍼 올리기 등을 할 때, 엄마의 손발은 조금씩 편해지고 내 아이가 조금은 컸다는 사실에 대견해져요. 그러나 아이가 클수록 엄마는 육체적으로뿐만 아니라 정신적으로도 해야 할 일이 많다는 사실을 깨닫게 되고, 이로 인해 심신이 다 지치는 때가 와요. 심지어 심한 우울증을 겪는 엄마도 있어요. 엄마와 아이 모두 큰 위기감을 느끼게 되는 때는 아마 아이가 초등학교에 입학할 때인 것 같아요. 이때부터는 아이에게 공부를 시키며 성적에 우선을 둘지, 마음껏 놀게 하며 인성을 키우는 데 우선순위를 둘지 좀 더 깊은 고민을 해야 하는 결단들이 요구돼요. 아이의 성장을 위해 때에 맞는 엄마의 지혜로운 결단력은 우리 아이를 더 잘 키우는 데 초석이 됨을 잊지 말아야 해요.

7

보이지 않는 것은 영원함이라

"우리가 주목하는 것은 보이는 것이 아니요 보이지 않는 것이니
보이는 것은 잠깐이요 보이지 않는 것은 영원함이라" (고린도후서 4:18)

:·· 엄마가 아이에게 ··:

사도 바울은 그리스도인이 이 세상을 살아가면서 실망을 하지 말아야 한 대요. 사람의 겉모습은 나이가 들면서 늙고 흉해지지만, 속사람은 점점 새로 워지고 멋져진대요. 마치 소나무가 나이가 들수록 더욱더 푸르러지는 것과 같아요. 세상에 살면서 어려움도 경험하지만, 곧 빛나는 영광도 받는대요. 보이는 세상은 잠깐이지만 보이지 않는 하나님의 나라는 영원하대요. 예수님을 믿는 사람은 영원한 하나님의 나라에 가게 돼요. 그러니 이 세상에서 겪는 잠깐의 어려움이나 고난 때문에 실망하지 않아도 돼요. 우리 아이는 교회에 다닌다고 해서 안 믿는 친구들로부터 따돌림 받은 경험이 있나요? 다른 친구들처럼 주일날 놀러 못 가서 실망하거나 예배드리는 게 힘든가요? 그러나 그런 믿음 생활이 있어야 우리 아이의 속사람이 날로 새로워지고, 보이지 않는 것을 볼 수 있는 믿음의 사람이 돼요. 눈에 보이는 돈이나 명예 등 화려한 삶보다 보이지 않는 하나님 나라를 사모할 수 있는 믿음이 생기면 우리 아이가 살아갈 때 큰 힘이 돼요. 늘 힘든 일이나 속상한 일이 있을 때는 보이지 않는 예수님께 고민을 털어놓으면, 위로와 도움을 주실 거예요.

 하나님, 우리 아이(   )가 보이지 않는 하나님 나라를 사모하게 하시고, 엄마 품을 떠나 있는 시간에도 항상 눈동자처럼 지켜 주세요.

아이가 눈에 보이지 않을 때

이 시기 엄마는 아이에 대한 고민이 한두 가지쯤은 늘 있기 마련이에요. 아이가 유치원이나 초등학교에 잘 적응을 못 한다든지, 자주 아프거나 공부가 뒤처진다든지, 부모 말에 대들거나 친구들과 자주 싸운다든지 등. 그러나 그런 고민은 역으로 생각하면 아이에 대한 기대가 아직 크기 때문이에요. 좀더 연령대가 큰 청소년기 아이를 둔 엄마들을 보면, 아예 아이의 미래나 기대감을 벌써 포기한 엄마들도 많아요. 주변에 보면 유치원이나 학교에 아이를 보내놓고 안절부절 못하는 엄마들이 있어요. 초기에는 그럴 수 있지만, 적당한 시기가 지나면 아이를 주님께 온전히 맡겨 보세요. 사회라는 작은 세상에 잘 적응하고 있는 대견한 아이를 보게 될 거예요. 가끔 저는 주변 사람들로부터 "직장에 나오면 아이 생각나서 어째요?" 하는 소리를 들어요. 그런데 신기하게도 일단 직장에 출근하면 아이 생각이 전혀 안 나요. 물론 아이가 아프거나 준비물을 챙겨가지 못했을 때는 가끔 '불쑥' 보고 싶을 때도 있지만 대체로 아이가 나와 함께하지 않는 시간은 주님께 맡긴답니다. 한 번씩 아이들에게 "오늘 유치원이나 학교에서 엄마 보고 싶었어?" 하고 물어보면 아이들이 보고 싶었다고 말은 하지만, "생각 안 났어. 집에 와서 엄마 보니까 보고 싶었어"라고 말해요. 아이 역시 엄마가 보이지 않을 때는 그 나름대로 잘 적응하고 있다는 증거예요. 엄마와 충분한 애착 관계를 형성한 아이들은 엄마가 없는 공간에서도 정서적으로 안정돼요. 이제 우리 아이가 눈에 보이지 않을 때도 주님께 온전히 맡기세요. 하나님의 나라는 눈에 보이지 않지만 그 나라를 사모하는 믿음으로 우리가 오늘을 살아가듯이, 엄마의 그런 믿음이 아이에게도 생길 수 있도록 기도해요.

8

여호와와 사람들에게 은총을 더욱 받더라

"아이 사무엘이 점점 자라매
여호와와 사람들에게 은총을 더욱 받더라"(사무엘상 2:26)

사무엘은 엄마 한나와 아빠 엘가나 사이에서 태어났어요. 한나는 오랜 시간 동안 아이를 낳지 못해 하나님께 간절히 기도했어요. 은혜라는 뜻의 이름을 가진 한나는 믿음이 정말 좋았어요. 그래서 아이를 주시면 하나님께 거룩하게 구별된 나실인으로 드리겠다고 서원기도를 해요. 서원기도는 하나님께서 기도에 응답해 주시면 어떻게 하겠다고 약속을 하는 기도에요. 결국 하나님께서는 한나에게 사무엘을 주셨어요. 그리고 한나는 늦게 얻은 사무엘을 기도로 잘 키우게 되고, 사무엘은 하나님과 사람들로부터 많은 칭찬과 은총을 받지요. 이는 사무엘의 외모뿐만 아니라, 그의 믿음과 행동, 모두가 착하고 바르게 컸다는 것을 의미해요. 우리 아이는 친척이나 선생님 또는 주변의 어른들로부터 칭찬을 받은 적이 있나요? "너는 어쩌면 기도를 그렇게 예쁘게 하니?" "말을 참 잘하는구나" "아유, 심부름도 잘하네" "놀고 나면 정리정돈도 잘하는구나" "반찬을 골고루 잘 먹네" "인사를 정말 잘하는구나." 우리 아이는 이런 칭찬을 받아본 적이 있나요? 오늘부터라도 하나님과 주변 사람들로부터 칭찬과 사랑을 많이 받는 은총의 아이로 커 나가길 바랄게요.

 하나님, 우리 아이( )가 영성과 인성을 겸비해 주변 사람들로부터 칭찬과 축복을 받는 아이로 자라게 하소서.

아이 칭찬은 엄마 칭찬

우리 아이가 자라면서 점점 주변 사람들로부터 예쁘다, 멋지다, 말이 빠르다, 똑똑하다, 잘 먹는다 등 칭찬을 받으면 부모는 솔직히 어깨가 으쓱해지면서 기분이 좋아져요. 엄마 눈에는 모두 사랑스럽고 자랑할 게 많은 아이에요. 내 아이가 주변 사람들로부터 칭찬을 받으면 그동안 키우면서 겪은 고생이 조금은 사라지게 돼요. 특히 내 아이에 대한 칭찬은 바로 엄마에 대한 칭찬이나 다름없게 들리거든요. 아이가 다섯 살이 넘으면서부터 같이 어디를 가면, 가끔 사람들로부터 "애들을 참 잘 키우셨네요"라는 말을 듣곤 해요. 그러면 '내가 정말 잘 키웠나' 하고 되묻게 돼요. 어릴 적에 젖 먹이고, 병간호하고, 밥 먹이고 씻기며 업고 다녔던 생각은 잘 안 나고, '이 아기가 언제 이렇게 컸지!' 하고 저절로 큰 것 같아 감사한 마음이 들곤 해요. 둘째 아이를 출산하고 국제제자훈련원에서 일하고 있을 때, 고(故) 옥한흠 목사님께서 아이 둘을 출산하며 잡지를 만드는 저를 보시곤 지나가시면서 해 주신 말씀이 있어요. "주의 일을 열심히 하면, 주님께서 그 자녀들을 돌봐주신다." 지난 12년간 출산휴가 3개월 두 번씩을 제외하곤 쉼 없이 여러 종류의 큐티지와 잡지를 만들어 왔는데, 돌이켜보면 내 힘으로 일하면서 젖먹이를 떼놓고 나와 일할 담대함은 없었던 것 같아요. 주님께서 큰 사고 나지 않고, 일을 지속할 수 있도록 아이들을 보호해 주시고 키워 주셨기에 계속 일할 수 있었던 믿음과 배짱이 생겼던 거지요. 주님께 우리 아이를 온전히 맡기세요. 그분이 최고의 부모가 직접 되어 주셔서 주변 사람들로부터 은총을 넘치게 받는 아이로 키워 주신답니다.

9
어린아이들을 불러 가까이 하시고

"예수께서 그 어린아이들을 불러 가까이 하시고 이르시되
어린아이들이 내게 오는 것을 용납하고 금하지 말라
하나님의 나라가 이런 자의 것이니라" (누가복음 18:16)

엄마가 아이에게

예수님께서 병자들의 병을 고쳐주자, 많은 사람이 예수님의 주변으로 몰려들었어요. 제자들은 예수님의 몸을 만지려는 사람들을 제지했어요. 그중에는 어린아이들을 데리고 온 사람들도 있었는데, 제자들이 이런 사람들을 꾸짖었어요. 그러자 예수님께서는 오히려 어린아이들을 가까이 오게 하시고, "어린아이들이 내게 오는 것을 용납하고 금하지 말라. 하나님의 나라가 이런 자의 것이니라"고 말씀하세요. 예수님께서는 어린아이와 같이 순수하지 못한 사람은 결코 하나님의 나라에 들어가지 못한다고 하셨어요. 우리 아이는 왜 예수님께서 어린아이들을 좋아하신다고 생각해요? 그것은 어린아이처럼 정직하고 순수하게 예수님을 믿는 사람만이 하나님의 나라에 들어갈 수 있기 때문이에요. 나이가 많아지고 어른이 되면 점점 의심이 많아져 아이처럼 순수하게 믿지 않게 되는 경향이 있어요. 욕심 부리고, 거짓말하고, 도적질하며, 다른 사람을 속이기도 해요. 그런 어른 중에는 예수님의 이름을 이용하려는 사람들도 많아요. 반면 어린아이는 순수해서 예수님을 살아 계신 주님으로 정말로 잘 믿어요. 자, "예수님, 사랑해요"라고 말해봐요.

 기도 하나님, 의심 없이 순수하게 믿는 우리 아이(   )의 믿음과 동심을 나이가 들어도 잃지 않도록 지켜 주세요.

동심이 깨지는 순간도

아이들을 보고 있으면 그 순수함에 내 마음조차 덩달아 맑아지는 느낌이 들 때가 많아요. 아이들의 순수함이 내 탁한 영혼까지 정화시켜 주기 때문이에요. 한 번은 둘째 아이가 다섯 살 때 어린이집과 태권도학원을 끝내고 함께 집으로 가는 길이었어요. 오후 무렵 해가 지려고 하는 찰나에 아이가 하는 말이 "엄마, 해님도 집에 가?" 하고 묻는 거예요. 해가 점점 사라져가는 모습이 아이에게는 자신이 저녁이 돼서 집에 가듯이, 해님도 하루를 다 마치고 집에 가는 모습으로 보였던 거예요. 또 성탄절만 되면 아직도 산타할아버지가 선물을 갖다 놓고 간 줄로 굳게 믿고 있어요. 두 아이가 서로 싸우다가 형이 동생에게 "너 그렇게 울면 산타할아버지가 선물 안 주신다"고 하면, 동생은 "형도 나 때렸으니까 형도 안 준다"고 맞받아치지요. 이것을 보면서 '아직도 산타할아버지가 있는 것으로 알고 있구나' 하고 속으로 웃었던 기억이 나요. 이 아이들이 커서 해님은 집에 가는 게 아니라 지구가 자전해서 안 보이는 것이고, 산타할아버지는 꾸며낸 동화 이야기일 뿐임을 알게 되는 순간이 오면 어떻게 될까요? 동심이란 꾸밈이 없고 천진난만한 아이들의 순수한 마음이에요. 그 마음을 너무 일찍 잃어버리지 않았으면 해요. 그러나 부모는 동심이 깨지는 순간에도 엄마 아빠가 사랑해서 대신 산타가 돼줬다는 사실을 알려주면서 교육의 기회로 삼아야 해요. 그러면 아이들은 또 한 번 내적으로 성장하게 돼요. 아이들이 고사리 손으로 기도하고 의심 없이 순수하게 믿는 믿음, 어른들이 아이들에게서 오히려 본받아야 할 모습이에요. 이 아이들이 의심 없이 믿는 그 믿음을 지켜주는 엄마가 되도록 노력해요.

10
어떤 부정한 것도 먹지 말고

**"여호와의 사자가 마노아에게 이르되 내가 여인에게 말한 것들을
그가 다 삼가서 포도나무의 소산을 먹지 말며 포도주와 독주를 마시지 말며
어떤 부정한 것도 먹지 말고 내가 그에게 명령한 것은
다 지킬 것이니라 하니라"** (사사기 13:13~14)

엄마가 아이에게

사사기 시대에는 왕이 없어서 하나님께서 왕 대신 사사라는 지위를 가진 사람들을 세워 나라를 다스리게 하셨어요. 그중에 삼손이라는 힘이 센 사사도 있었어요. 삼손의 아버지는 마노아였는데, 마노아의 아내는 오랫동안 임신하지 못했어요. 그런데 어느 날 하나님의 사자가 나타나 마노아의 아내가 아들을 낳을 것이라고 말해요. 그리고 마노아의 아내에게 포도주와 독주를 마시지 말고, 부정한 음식도 먹지 말라고 당부해요. 그래서 마노아 부부는 삼손을 거룩하게 구별된 나실인으로 키우고 머리카락도 안 잘랐어요. 우리 아이도 엄마가 임신했을 때 열 달 동안 몸에 안 좋은 라면이나 커피 등 인스턴트음식을 멀리하고 몸에 좋은 것만 먹고, 영적으로도 잘 자라도록 좋은 것만 생각하며 기도했어요. 우리 아이가 오직 건강하게 태어나길 바라는 마음에서 나쁜 음식은 먹지 않고, 나쁜 것은 보지도 않았던 거예요. 우리 몸은 이렇게 하나님과 부모님으로부터 좋은 것만 담아서 태어났어요. 우리 아이가 앞으로 크면서 몸에 나쁜 음식과 생각은 되도록 멀리하고, 몸에 좋은 음식과 생각은 가까이하며 건강하게 자라도록 기도해요.

 기도 하나님, 우리 아이(　　　)를 임신했을 때 조심했던 것처럼, 우리 아이가 성장할 때도 몸에 좋은 음식과 생각만 가까이 하고 나쁜 음식과 생각은 멀리하게 하소서.

구별된 생활습관

아이를 가지면 제일 먼저 엄마는 음식부터 조심하게 돼요. 술을 마시던 엄마들은 술을 끊게 되고, 저처럼 하루에 커피 다섯 잔씩 먹던 사람도 커피를 자제하게 되지요. 임신 초기는 위험하다고 해서 5개월 동안은 커피 한 모금도 입에 대지 않았어요. 그러다 의사가 하루 한 잔씩은 스트레스받는 것보다 나으니 마셔도 좋다고 해서 구원을 받은 기분이었어요. 특히 라면이나 인스턴트 식품의 유혹은 끊기 힘들지만, 아이를 위해서라면 결단력 있게 끊는 산모들도 여럿 봤어요. 또 아이가 성장하면 과자도 단 것을 뺀 유기농과자를 사서 먹이고, 반찬도 싱싱하고 좋은 것만 먹이려고 노력해요. 그런데 엄마들의 마음도 점점 처음과는 달라지고, 아이들도 비만해지거나 급한 성격을 지닌 아이들이 많아지게 되는 것을 보게 돼요. 이는 인스턴트 식품을 많이 먹거나 유해한 환경 때문인데, 이런 먹거리를 먹고 자라면 아이들이 인내심도 없고 쉽게 포기하는 습성을 갖게 된다고 해요. 한 번은 둘째 아이가 과자와 초콜릿을 많이 먹기에 "나쁜 음식이니까 많이 먹으면 안 돼" 하고 주의를 시켰어요. 그랬더니 "나쁜 음식인데 어른들은 왜 만들어 팔아?" 하고 묻는 거예요. 할 말이 없어서 "조금만 먹으면 괜찮은데, 많이 먹으면 나쁜 음식으로 변해"라고 말해 위기를 모면했네요. 어른들은 솔직히 인스턴트 식품이나 TV 또는 스마트폰, 게임 등이 나쁘다는 것을 알면서도 잘 끊지 못하지요. 또 그게 삶 속에 너무 밀접하게 들어와 있다 보니, 더 끊기 힘든 거 같아요. 하나님이 창조하신 의도대로 구별된 삶을 살려면 매 순간 결단이 필요해요. 특히 아이에게 안 좋은 먹거리와 환경을 구별하고 끊는 일은 엄마부터 거룩한 생활습관을 다시 회복할 때 가능하지요.

2장
성품

이 세상에서 다 버릴 수는 있어도 마지막까지 버리지 못하는 게 자녀에 대한 부모욕심이라고 한다. 그러나 세상에서 성공하기 위한 조건을 갖춘 자녀보다는, 우리 아이가 좋은 인격과 덕을 갖춘 성품으로 자라는 것이 중요하다. 요즘은 공부 잘하는 아이를 만드는 것은 돈을 좀 들이면 되지만, 좋은 인격과 성품을 갖춘 아이로 키우는 것은 부모의 삶이 바탕이 된 노력이 필요하다. 우리 아이가 하나님의 좋은 성품을 지닌 아이로 자라도록 인도하자.

1
쉴 만한 물가로 인도하시는도다

"여호와는 나의 목자시니 내게 부족함이 없으리로다
그가 나를 푸른 풀밭에 누이시며 쉴 만한 물가로 인도하시는도다" (시편 23:1~2)

엄마가 아이에게

　다윗은 하나님을 양 떼를 돌보는 목자와 같다고 노래해요. 착한 목자가 양을 잘 돌보듯이, 하나님께서 다윗의 삶을 잘 돌봐주셨다고 고백해요. 다윗은 사울 왕의 추격을 피해 오랜 시간 동안 도망자 신세가 되어 많은 어려움을 겪었어요. 하지만 다윗은 인생의 어려운 순간에도 겁먹지 않는다고 고백해요. 왜냐하면 하나님은 착한 목자처럼 양들을 잘 돌봐주시며, 목마를 때는 쉴 만한 물가로 인도해 주시고, 쉬고 싶을 때는 푸른 풀밭으로 이끄시는 선하고 인자하신 분이시기 때문이에요. 우리 아이도 가끔 힘들 때가 있죠? 몸이 안 좋을 때도 있고, 엄마가 아프거나 갑자기 집안에 힘든 일이 닥쳐 우리 아이가 걱정하는 일도 생길 수 있어요. 또는 학교나 유치원에서 선생님이나 친구들로부터 오해를 받아 야단맞거나 싸움이 일어날 수도 있지요. 그러나 걱정하지 마세요. 하나님은 우리 아이를 지켜주시는 선하시고 인자한 목자세요. 양이 배고프거나 목마를 때는 언제나 목자가 그 필요를 채워 주잖아요. 양이 자신의 힘을 믿고 혼자 돌아다니면 길을 잃어버려요. 나 자신을 의지하기보다는 항상 하나님을 의지해야 해요. 이제부터 우리 아이는 힘들 때마다 하나님께서 지켜주실 것을 믿고 의지해 봐요.

 기도: 하나님, 우리 아이(　　　)가 힘든 순간에도 푸른 풀밭과 쉴 만한 물가로 인도해 주시는 주님을 믿고 의지하는 성품을 갖게 하소서.

방학회사

우리 집 아이들은 엄마가 아침에 직장으로 출근하는 게 익숙한 아이들이
에요. 출산휴가 3개월을 제외하곤 늘 엄마가 직장에 나가는 것을 보고 자랐
거든요. 오히려 주말이나 휴일에 직장에 나가지 않으면 "왜 안 나가요?" 하고
물을 정도죠. 평일에도 잡지 마감 때마다 잦은 야근을 하고, 토요일과 주일
에도 출근하는 엄마를 보면서 "오늘은 일찍 와, 엄마~" "왜 늦어? 몇 시까지
는 와야 해!" "오늘은 안 가면 안 돼?" 하곤 묻곤 해요. 직장 맘들은 다들 비
슷한 경험을 하셨을 거예요. 그런데 어느 날 아이들이 다 잠든 후 11시 넘어
퇴근했을 때였어요. 아이들이 모두 곤히 잠들어 있는데, 서재 방에 가 보니
책상 위에 첫째 아들이 종이로 만들어놓은 것이 있더군요. 아빠가 전 직장에
서 가지고 나온 명패 〈OO팀 권OO 팀장〉를 보고, A4 종이를 접어 명패를
만들고 색연필로 다음과 같이 써놓은 거예요. 〈방학회사 우은진 편집장, 오늘
은 나오지 마세요〉라고 써 붙인 거예요. '방학회사'라는 참신한 단어를 보고,
정말 그런 회사가 있었으면 좋겠다는 생각이 들더라고요. 엄마가 좀 쉬었으
면, 그리고 아들 곁에서 엄마가 함께 놀아줬으면 하는 아이의 마음 씀씀이가
엿보여 미안하기도 하고, 하루의 피곤이 웃음으로 모두 날아가 버렸답니다.
쉴 만한 물가로 인도해 주시는 주님, 우리 아이들의 삶도 언제 어디서나 함께
동행해 주시는 목자가 돼 주세요. 또 우리 아이들이 힘들고 지칠 때는 쉴 만
한 물가로 인도해 주시고, 항상 주님을 의지하는 성품을 갖고 인생을 살아가
도록 인도해 주세요.

2
너희 믿음에 덕을, 덕에 지식을

"그러므로 너희가 더욱 힘써 너희 믿음에 덕을, 덕에 지식을,
지식에 절제를, 절제에 인내를, 인내에 경건을,
경건에 형제 우애를, 형제 우애에 사랑을 더하라"(베드로후서 1:5~7)

엄마가 아이에게

이 말씀은 베드로가 쓴 편지에요. 베드로는 세상에서 성공하려고 욕심 내지 말고, 믿음에 덕을, 덕에 지식을, 지식에 절제를, 절제에 인내를, 인내에 경건을, 경건에 형제 우애를, 형제 우애에 사랑을 더하라고 말하고 있어요. 그 중에 믿음에 덕을 더하고, 덕에 지식을 더하라고 강조해요. 하나님은 외모나 능력으로 사람을 평가하지 않으시고, 항상 마음 중심을 보신다고 하셨어요. 즉 사람의 인격과 성품을 중요하게 생각하세요. 우리 아이는 시험을 잘 보거나 엄마의 심부름을 할 때 혹시 조건을 내걸지 않나요? 하지만 엄마는 우리 아이가 키가 작거나 얼굴이 못생겨도, 시험을 못 봐도 항상 사랑하세요. 그것은 하나님도 마찬가지에요. 우리 아이를 이 세상에서 가장 귀한 존재로 창조하시고 언제 어느 때나 사랑하세요. 우리 아이는 하나님을 믿는 믿음 위에 착한 마음을 더해야 해요. 믿음이 좋다는 것은 지식이 많고, 공부를 1등 하는 것, 돈을 많이 벌고 유명해지는 것을 말하는 게 아니라, 예수님을 닮아가는 착한 마음이 있어야 하는 것을 의미해요. 예수님의 선하심을 닮아가는 착한 성품을 지닌 우리 아이가 되도록 노력해요.

기도 하나님, 우리 아이(   )를 이기적인 아이로 키우기보다는 믿음에 착한 성품을 더한 아이로 자라나도록 인도하소서.

착한 아이가 어때서

　요즘 인문학이 대세라, 엄마들 사이에서도 아이에게 어린 시절부터 인문학이나 논술을 가르쳐야 한다고 생각하는 엄마들이 있어요. 그러나 인문학은 지식과 지성을 쌓는 학문이라기보다는 사람의 됨됨이와 성품을 가르치는 학문이에요. 하나님은 우리의 업적이나 지식, 그리고 능력으로 평가하지 않으시고, 하나님과 얼마나 바른 관계를 맺고 있는지, 인격과 성품으로 우리를 평가하세요. 결혼하고 나면 경제적 어려움이 찾아오거나 가족 중 누가 아파서 힘든 일을 겪는 경우가 종종 있어요. 하나님께서 함께하시는 고난은 우리의 성품과 인격을 다듬으시는 하나님의 훈련 기간이에요. 또 아이를 키우다 보면 다른 아이와 경쟁해서 이기기를 바라는 엄마의 이기적인 마음이 표출될 때가 종종 있어요. 아이에게 "왜 1등을 못했니?" "이렇게 하면 그 아이를 이길 수 있었잖아" 등 종종 내 아이가 다른 아이를 이기기를 바라고, 엄마 자신도 모르게 착한 아이보다는 공부 잘하는 똑똑한 아이로 키우려는 욕심이 솟구칠 때가 있어요. 그러다 보니 요즘 아이들이 버릇이 없고, 이기적이라는 비판을 많이 받기도 해요. 어느새 우리 주변에서는 '착하다'라는 말은 '다른 것은 못하지만, 성격 하나는 착하다'라는 경쟁에서 뒤처진 의미로 쓰이곤 해요. 그러나 하나님은 착한 아이, 덕이 있고 책임감이 있으며 성품이 좋은 아이를 사랑하세요. 훗날 아이가 성장해 돈도 있고, 박사학위도 있고, 명예도 있지만, 성품과 덕이 없는 사람으로 성장한다면 아무도 그 사람을 따르지 않을 거예요. 우리 아이가 믿음 위에 마음이 착한 아이, 책임감 있는 아이로 잘 성장해 그리스도의 성품을 갖춘 제자로 자라기 위해서는 엄마의 균형 있는 교육이 필요하지요.

3
항상 기뻐하라 쉬지 말고 기도하라 범사에 감사하라

"항상 기뻐하라 쉬지 말고 기도하라 범사에 감사하라
이것이 그리스도 예수 안에서 너희를 향하신
하나님의 뜻이니라"(데살로니가전서 5:16~18)

엄마가 아이에게

바울은 복음을 전하다가 감옥에 갇히고, 매도 맞고, 배가 부서지기도 했어요. 그런데도 바울은 항상 기뻐하고, 쉬지 않고 기도하며, 범사에 감사했어요. 이 말씀은 우리의 영혼이 악에 물들지 않고 살기 위해 꼭 필요한 말씀이에요. 왜냐하면, 하루하루를 살다 보면 매일 기뻐할 수 없으며, 매일 기도할 수도 없고, 매일 감사할 수도 없는 일들이 많이 일어나기 때문이에요. 그런데 항상 기뻐하고, 쉬지 말고 기도하며, 범사에 감사하는 게 하나님의 뜻이래요. 우리 아이도 엄마나 선생님, 친구들과 매일 함께 지내다 보면 슬픈 일도 있고, 감사하지 못할 일도 생기지요? 그러나 하나님께서는 우리 아이가 매일 슬프게 우는 모습보다는 활짝 웃는 얼굴을 보길 원하세요. 또한 우리 아이가 날마다 고사리 같은 손을 모으고 기도하는 모습을 보기 원하세요. 우리 아이에게는 매일 먹을 수 있는 음식이 있고, 엄마 아빠 등 가족이 있으며, 따뜻하고 쉴 수 있는 집이 있어요. 이 모든 것에 하나님께 감사드려야 해요. 그러니 항상 기뻐하고, 감사해 하며, 기도하는 우리 아이가 되도록 노력해요.

기도 하나님, 우리 아이(   )가 항상 기뻐하고, 감사해 하며, 쉬지 않고 기도하는 성품을 지닌 아이로 성장하게 하소서.

왜 걱정해?

이 말씀은 우리 아이뿐만 아니라, 아이를 키우는 엄마들이 날마다 붙들어야 할 말씀이라고 생각해요. 출산의 고통은 아이가 자라면서 주는 기쁨으로 잊혀요. 그러나 아이를 키우면서 엄마들이 겪는 어려움도 많은 게 현실이에요. 아직 철이 들지 않은 아이들의 말과 행동으로, 때로는 아이가 엄마의 뜻대로 자라주지 않아서, 가정에 힘든 일이 생길 때마다 엄마들이 붙들어야 할 것이 바로 "항상 기뻐하라 쉬지 말고 기도하라 범사에 감사하라"는 말씀이에요. 눈에 넣어도 안 아픈 우리 아이, 보기만 해도 저절로 미소가 지어지지 않나요? 우리 아이가 다른 아이보다 조금 부족해 보여도 세상에 하나뿐인 내가 낳은 아이잖아요? 어떻게 이러게 생겼고, 어떻게 이렇게 말할 수 있을까를 생각하면 저절로 감사의 마음이 들어요. 우리 첫째와 둘째 아이는 항상 웃어요. 가정에 어려운 일이 생겨도, 엄마가 기분이 안 좋을 때도 눈치 없이 마냥 행복하게 웃고 떠든답니다. 그래서 한 번은 "너희는 정말 걱정도 없고, 이 세상에서 제일 행복한 것 같다"고 말했더니, 그 의미를 아는지 모르는지 "왜 걱정해, 엄마? 하나님한테 기도해"라고 말하곤 또 깔깔대며 자기들끼리 웃는 거예요. 그러게요, 왜 저는 한숨 쉬고 걱정만 하고 있었을까요? 그렇다고 해결될 일은 아무것도 없는데 말이죠. 때론 아무 걱정 없는 아이들의 천진난만한 얼굴을 보면서 항상 기뻐하고 감사하라고 하신 주님의 말씀이 일용할 양식만큼 중요하다는 생각이 들어요. 우리 엄마들도 근심과 걱정이 있으면 아이들의 미소 띤 얼굴을 보면서 빨리 웃길 바랄게요.

4

그 입술을 제어하는 자는 지혜가 있느니라

"말이 많으면 허물을 면하기 어려우나
그 입술을 제어하는 자는 지혜가 있느니라"(잠언 10:19)

이 말씀은 솔로몬이 아들에게 들려주는 지혜의 말씀이에요. 사람이 말을 많이 하면 꼭 실수를 하게 돼요. 되도록 좋은 말을 하고, 다른 사람을 미워하는 말은 하지 말아야 해요. 사람의 말하는 습관은 무척 중요해요. 존댓말과 반말, 배려하는 말과 무시하는 말 등 한 사람의 말하는 모습을 보면 그 사람에 대한 인상이 떠오르게 돼요. 우리 아이는 어떤가요? 다른 사람을 칭찬하는 말을 자주 하나요? 부모님이나 친척 어른, 선생님들에게는 존댓말을 사용하고 있나요? 혹 선생님이나 부모님에게 고자질 같은 것은 하지 않나요? 부모님이나 선생님 앞에서 야단맞지 않기 위해 거짓말을 한 적은 없나요? 형이나 언니, 동생들과 싸우다가 욕을 하거나 나쁜 말을 해서 상처를 준 적은 없나요? 그런 말을 하고 싶을 때는 입술을 꼭 깨물고, 나쁜 말이 입 밖으로 나오지 않도록 조심해요. 왜냐하면 하나님께서 기뻐하시지 않은 말들이에요. 그리고 그런 말들은 다른 사람에게도 상처를 주지만 결국 우리 아이의 마음과 영혼에도 상처가 돼요. 항상 거짓말이나 나쁜 말이 나오려 할 때는 차라리 말을 하지 않는 게 나아요. 그럴 때는 "하나님, 악한 마음이 들어와서 나쁜 말을 하게 되는데 제 마음을 착한 마음으로 바꿔주세요"라고 기도해 봐요.

기도 하나님, 우리 아이(   )가 좋은 말과 남을 배려하는 말을 배우게 하시고, 입술의 지혜를 담아 말하게 하소서.

긍정과 배려의 말

말이 느린 아이도 있고, 말이 빠른 아이도 있어요. 아이의 말하는 문제는 시간이 해결해 줘요. 어느 날 입이 터져 방언처럼 조잘조잘 하루 동안 있었던 일들을 쏟아내듯이 말하는 날도 오고, 끊임없이 "엄마, 왜 태풍은 생겼어?" "왜 사람은 죽어?" 등 "왜?"라는 질문 공세를 퍼부어 답하기 귀찮은 날도 곧 오게 돼요. 그런데 중요한 것은 아이가 말 잘하는 것보다는 고운 말과 긍정적인 말, 배려하는 언어 습관을 들이는 게 중요해요. 보통 나쁜 말은 마음속에 미움이 가득할 때 나오게 돼요. 그럴 때는 아이가 왜 공격적인 말을 하는지 아이의 마음을 읽어줄 필요가 있어요. 말이 곧 마음이거든요. 아이가 다른 사람을 배려하고, 긍정의 말들을 자주 한다면 얼마나 예쁘겠어요. 그런데 그런 언어습관은 바로 가장 자주 보는 사람들의 언어습관을 따라하게 돼 있다는 점에 유의해야 해요. 자주 화를 내고, 소리 지르는 엄마의 모습이나 욕을 하는 아빠의 모습, 반말이나 거짓말을 하는 어른들의 모습, TV나 친구들이 사용하는 유행어나 나쁜 말을 보고, 아이가 그대로 따라할 확률이 높아요. 어느 날 아이가 안 쓰는 단어나 문장을 사용한다면, 그것은 제2의 누군가에게서 듣고 따라하는 말일 거예요. 한 번은 카페에 갔는데, 옆 좌석의 아저씨가 말끝마다 '새~'라는 말을 사용해 눈살을 찌푸리게 했어요. 그런데 두 아이가 싸울 때, 너무 화가 난 첫째 아이가 그 욕을 동생에게 하는 거예요. 아들에게 그 말은 나쁜 말이라고 경고해 주었지요. 반면 둘째 아이가 어느 날 "엄마, 배려가 뭔지 알아? 배려는 나보다 남을 낮게 여기는 거야." 알고보니 어린이집에서 핵심 단어에 대해 배운 것을 따라한 거였어요. 우리 아이가 고운 말, 배려의 말만 한다면 얼마나 좋을까요?

5
그중의 제일은 사랑이라

"그런즉 믿음, 소망, 사랑, 이 세 가지는 항상 있을 것인데
그중의 제일은 사랑이라" (고린도전서 13:13)

:···· 엄마가 아이에게 ····:

하나님은 우리 아이를 정말 사랑하세요. 엄마보다 더 사랑하세요. 왜냐하면 하나님은 우리 아이를 정말 사랑하셔서 자신의 아들 예수님을 십자가에 못 박기까지 하셨어요. 엄마는 아무리 다른 아이들이 예쁘고 사랑스러워도, 하나님처럼은 절대로 못 해요. 하나님은 인간을 창조하시고, 또 아름다운 자연도 만드셨고, 아들이신 예수님도 우리를 위해 세상에 보내주셨어요. 그런 하나님의 사랑을 알므로 우리에게 믿음이 생기고, 그 믿음이 있으므로 살아가는 데 소망이 생기게 돼요. 그래서 사랑이 믿음, 소망, 사랑 중 제일 큰 거예요. 우리 아이는 엄마 아빠를 정말로 사랑하죠? 동생이나 친구들은 어때요? 성경에는 "네 이웃을 네 자신과 같이 사랑하라"고 하셨어요. 우리는 우리 자신도 사랑해야 하지만, 우리 주변의 사람들도 사랑해야 해요. 내 주변 사람을 사랑하지 않는 사람은 하나님을 제대로 알지 못하는 사람이에요. 엄마는 우리 아이가 하나님의 사랑을 알고, 주변 사람들에게 사랑을 많이 받으며, 또 다른 사람들에게 사랑을 많이 베푸는 사람으로 자라갔으면 해요.

 하나님, 우리 아이(   )가 사랑을 많이 받고, 또 받은 사랑을 다른 사람들에게 베풀 줄 아는 사랑이 많은 성품을 지닌 아이로 자라게 하소서.

엄마, 울지마

아이가 너무 어려 아직 말을 못할 때는 '이 아이가 커서 말할 때는 과연 어떤 목소리를 낼까' 하고 궁금해요. 그런데 점점 자라면서 "엄마", "아빠" 소리를 내고, "배고파요, 밥 줘요" 하고 말을 하다가, 어느 날 "사랑해"라는 말을 '짠' 하고 할 때면, 정말 뿌듯해요. 그럴 때는 아이 엉덩이를 두드리며 꼭 안아주고 흐뭇한 마음에 잠기기도 하죠. 그런데 사랑을 많이 받은 아이가 또 사랑을 많이 베푼다고 하잖아요. 아이에게 사랑을 많이 주세요. 아이의 몸은 밥을 잘 먹으면 성장하지만, 아이의 내면은 엄마의 칭찬과 사랑을 먹고 하트 가슴으로 쑥쑥 성장해요. 그리고 아이는 엄마의 사랑을 꼭 확인하려 해요. 형제가 있을 때 한쪽만 사랑해 주면, "나는?" 하고 사랑을 꼭 확인받으려고 해요. 어른인 우리가 하나님과 사람에게 사랑받고 싶고, 하나님과 사람들로부터 인정을 받고 싶어 하는 마음과 똑같아요. 다정한 말로 아이의 말을 경청하고, 자주 안아주며 사랑을 표현해 보세요. 아이의 성품이 긍정적이고 따뜻한 아이로 성장하게 돼요. 한 번은 제가 안 좋은 일이 있어서 나이 마흔이 넘어 엉엉 울고 있으니까, 당시 여섯 살이던 첫째 아이가 다가와 꼭 안아준 적이 있었어요. "엄마, 울지마. 하윤이가 있잖아." 그때 참 많은 위로가 됐어요. 그 후 아이가 다치거나 아빠한테 야단을 맞고 울고 있으면 제가 다가가 "괜찮아, 울지마" 하고 다독여 주면, "엄마, 몇 년 전에 하윤이가 엄마 울때 안아준 거 기억하지?" 하고 지금도 말하곤 해요. 사랑이 많은 아이는 다른 사람이 어려울 때, 사랑의 마음을 품고 도울 성품이 이미 준비돼 있어요. 아이에게 사랑을 많이 표현하는 엄마가 되세요.

6

손이 부지런한 자는 부하게 되느니라

"손을 게으르게 놀리는 자는 가난하게 되고
손이 부지런한 자는 부하게 되느니라 여름에 거두는 자는 지혜로운 아들이나
추수 때에 자는 자는 부끄러움을 끼치는 아들이니라"(잠언 10:4~5)

> **엄마가 아이에게**

　　잠언의 이 말씀은 게으른 사람과 부지런한 사람을 비교해요. 손이 게으른 사람은 일하지 않고 놀아서 가난하게 되고, 손이 부지런한 사람은 일을 열심히 해서 부자가 된다는 말이에요. 이스라엘은 여름에 보리를 추수한대요. 지혜로운 사람은 여름에 거두지만, 추수해야 할 때 자는 사람은 부끄러운 사람이에요. 우리 아이도 '개미와 베짱이' 이야기를 잘 알고 있지요? 여름 내내 땀을 흘리며 겨울에 먹을 양식을 열심히 준비한 개미는 추운 겨울이 와도 배고프지 않고 따뜻한 집에서 지내요. 하지만 베짱이는 여름 내내 놀기만 하다가 추운 겨울에 먹을 음식이 없어서 배고픈 거지가 되지요. 우리 아이는 개미처럼 부지런한가요? 아니면 베짱이처럼 게으른가요? 학교나 유치원에 갈 가방은 스스로 잘 챙기나요? 아침에 일찍 일어나고, 옷은 혼자 잘 입나요? 어릴 때부터 자기 할 일은 스스로 하는 습관을 들여야 해요. 저녁 늦게까지 TV나 스마트폰을 보다가, 아침에 늦게 일어나면 안 돼요. "아침에 일찍 일어나는 새가 벌레를 잡는다"라는 속담도 있잖아요. 우리 아이는 일찍 자고 일찍 일어나는 부지런한 어린이가 되어요.

> **기도** 하나님, 우리 아이(　　　　)가 스스로 자기 할 일을 하도록 어린 시절부터 부지런한 성품을 습관화하게 하소서.

반복이 중요해요

아이의 부지런한 성품은 엄마가 어릴 적부터 습관을 들여주는 게 중요해요. 그런데 솔직히 쉽지 않아요. 아이가 습관이 들 때까지 여러 번 엄마가 이야기도 해 줘야 하고, 잘 안되면 화가 날 때도 있거든요. 특히 저녁에 일찍 자고, 아침에 일찍 일어나는 습관은 나이가 어릴 적부터 습관화해 줘야 해요. 퇴근 후 저녁밥을 제때 차려 먹이고, 숙제나 가방도 챙겨주고, 머리 감기고 씻기고 나면 금세 저녁 9시가 되곤 하지요. 하지만 엄마가 식사준비나 설거지, 빨래 등 집안일이나 직장 일을 아이 챙기는 일보다 우선시하면, 아이가 TV나 컴퓨터, 스마트폰에 빠지는 것을 방치하게 돼요. 그래서 엄마의 삶은 고달파요. 그런데 평소 집안일 중 한 가지씩을 아이들에게 할당해 주고, 잘했을 때는 칭찬해 주면 아이들도 책임감을 느끼며 하려고 노력하게 돼요. 예를 들면 신발 정리, 책 보고 난 후 정리, 엄마랑 같이 빨래 개기, 요리할 때 잔심부름하기, 놀고 난 후 장난감 뒷정리, 손과 발 스스로 씻기, 양치 하기 등 여러 번 '반복'하면, 스스로 해야 한다는 의식 정도는 생기게 돼요. 저희 집은 아침에 첫째 아이가 가장 먼저 일어나요. 일어나서 "엄마, 하윤이 학교 늦어. 빨리 일어나. 안 일어나면 혼자 간다" 하고 저를 거꾸로 깨운답니다. 둘째 아이는 신발 정리 하나는 끝내줘요. 물론 이불과 책으로 장난하며 논 후에는 잘 안 치워서 엄마를 힘들게 할 때도 있어요. 그래도 천천히 아이에게 부지런한 성품을 반복해 습관화 할 수 있도록 도와주면, 하나씩 하나씩 스스로 할 날이 곧 오게 될 거예요.

7
정직을 기뻐하시는 줄을 내가 아나이다

"나의 하나님이여 주께서 마음을 감찰하시고
정직을 기뻐하시는 줄을 내가 아나이다 내가 정직한 마음으로 이 모든 것을
즐거이 드렸사오며 이제 내가 또 여기 있는 주의 백성이
주께 자원하여 드리는 것을 보오니 심히 기쁘도소이다"(역대상 29:17)

:::: 엄마가 아이에게 ::::

다윗은 아들 솔로몬에게 하나님의 성전을 짓도록 해요. 다윗은 아들 솔로몬이 성전 건축을 잘할 수 있도록 백성들에게 물품과 돈을 드리게 했는데, 사람들이 정직한 마음으로 기쁘게 드렸다고 해요. 하나님께서는 정직한 마음을 기뻐하세요. 정직이란 마음이 바르고 곧으며, 거짓이 없는 것을 말해요. 우리 아이는 엄마나 친구들에게 거짓말을 한 적이 있나요? 거짓말은 나쁜 것이에요. 거짓말은 나쁜 생각이 마음 안에 들어와 우리 아이의 영혼을 병들게 해요. 거짓말은 무언가 창피하거나 당장 야단을 맞지 않기 위해 하게 돼요. 그러나 조금 창피하거나 야단을 맞더라도 정직하게 말해야지, 거짓말을 하면 나중에 작게 혼날 일이 더 크게 혼나게 돼요. 어떤 일이 있어도 항상 정직해야 해요. 정직한 사람은 당장 손해를 보는 것 같지만, 하나님께서 가장 예뻐하세요. 누군가를 속이면 언젠가는 나도 속게 돼요. 또 거짓말을 하거나 속임수를 쓰면 나중에 배로 손해를 보게 돼요. 우리 아이는 엄마 아빠 또는 선생님, 친구들 사이에서 항상 거짓을 멀리하고 정직한 사람이 되도록 노력해요.

 하나님, 우리 아이(   )가 정직한 영을 사모하고, 거짓이나 속임수가 아닌 진실한 성품으로 살게 하소서.

정직한 영

아이를 키우다 보면, '이렇게 정직하고 솔직할 수가!' 하고 놀랄 때가 많아요. 그래서 예수님께서 어린아이들을 사랑하셨고, 어린아이와 같지 않으면 천국에 들어가기 힘들다고 하셨나 봐요. 한 번은 첫째 아이가 받아쓰기 100점을 받아왔는데, 학부모 사인을 하는 것을 깜박 잊었어요. 다음 날 퇴근 후 선생님이 숙제검사를 하다가 학부모 사인 안 받았다고 표시하셨다 길래, 조금 안타까워서 "엄마한테 보여줬으니까 네가 그냥 동그라미 표시 하지 그랬니?"라고 되물으니, 아이가 하는 말이 "엄마, 그건 거짓말이야. 절대로 하면 안 돼" 그러는 거예요. 아이가 엄마보다 낫죠? 또 가끔은 아이가 너무 정직해서 곤란할 때도 있어요. 제가 뭘 해도 둔해서 잘 못 알아보는 남편 대신, 첫째 아이는 눈썰미가 좋아 "엄마, 머리 했네" "엄마, 옷 샀네" 하고 단박에 아는 체를 해요. 농담 삼아 "하윤아, 엄마가 이 옷 산 거 아빠한테는 말하지 마" 하고 말하지만, 아빠가 물으면 아이는 모두 솔직하게 말하지요. "응, 엄마가 아까 샀어." 그런데 우리 어른들에게도 이런 어린 시절이 있었을 텐데, 왜 지금은 아이들보다 정직하지 못한 걸까요? 핑계를 대자면, 각박한 세상에서 남보다 앞서기 위해 거짓말하고, 그런 정직하지 못한 모습들에 이젠 별로 죄책감도 느끼지 못하게 되지 않았나 싶어요. 우리 아이가 기성 세대처럼 되지 않기 위해서는 어떻게 해야 할까요? 악한 세상에 물들지 않도록 기도해야 하고, 부모가 먼저 '정직한 영'을 사모해야 해요. 길거리를 걷다가 엄마가 무심코 버린 쓰레기 하나도, 아빠가 교통신호 한 번 어긴 것도 아이는 다 지켜보고 있어요. 부모의 정직한 삶의 모습, 아이에게 그대로 영향을 준다는 점 명심해요.

8
오직 겸손한 마음으로

"아무 일에든지 다툼이나 허영으로 하지 말고
오직 겸손한 마음으로 각각 자기보다 남을 낮게 여기고"(빌립보서 2:3)

바울은 감옥에 있으면서 빌립보교회 성도들에게 편지를 써요. 사람의 마음 안에는 선한 마음보다는 악한 마음이 더 힘이 세요. 그래서 다른 사람을 나쁘게 말하고, 다른 사람보다 자신이 낫다고 생각하는 교만함이 있어요. 그러나 예수님은 우리에게 사랑과 겸손을 보여주셨고, 다른 사람을 나보다 낫게 여기라고 말씀하셨어요. 그래서 교만한 사람은 낮아지게 되고, 마음이 겸손한 사람은 세상에서 인정받고 칭찬을 받는대요. 우리 아이는 형이나 동생, 또는 친구들에게 장난감이나 학용품이 내 것이라고 주장하며 다투지는 않나요? 또는 내가 더 음악도 잘하고, 운동도 잘하며, 책도 잘 읽는다고 나보다 못한 친구를 무시하지는 않나요? 바울은 그럴 때 오직 겸손한 마음으로 다른 사람을 인정하라고 말해요. 이 세상에는 똑같은 사람, 똑같은 재능을 가진 사람은 단 한 명도 없어요. 모두 하나님께서 특별한 존재로, 각자에게 맞는 재능을 지닌 존재로 만드셨지요. 그래서 고은이는 피아노를 잘 치고, 하진이는 영어를 잘하고, 정현이는 발표를 잘하는 거예요. 그러니 내가 못 하는 것도 있고 잘하는 것도 있듯이, 다른 친구들도 잘하는 게 있으면 못 하는 것도 있는 거예요. 늘 나보다 다른 사람을 낮게 여기는 겸손한 사람이 되어요.

 하나님, 우리 아이(　　　　)가 교만한 마음을 버리고, 겸손한 성품을 지닌 사람으로 자라게 하소서.

교만과 겸손

아이들은 아직 세상의 찌든 때를 덜 맛보았기 때문에 어떤 환경과 교육을 하느냐 따라 많이 달라져요. 어린이집에서부터 유치원, 초등학교를 거치면서 작은 사회 공동체를 경험하다 보면, 친구들 간에 다투기도 하고 시기하는 마음이 생기기도 해요. 때론 내가 잘못했는데도 다른 친구에게 잘못을 떠넘기기도 하고, 배려하는 마음이 부족해 자기 것이라고 주장해 싸움이 일어나기도 해요. 또 다른 아이보다 자기가 한 일이 더 낫다고 자랑도 해요. "이거 우리 집에 많다. 부럽지?" "내가 한 게 네 것보다 더 나아." "지민이는 달리기 꼴찌 했대요." 아이들은 어른보다 더 단순해서 자신의 것을 자랑하는 데도 솔직해요. 반면, 있는 그대로 인정도 잘해요. "하윤아, 학교에서 하윤이가 제일 그림 잘 그리니?" 하고 물으면 "아니야, 광현이도 잘 그려. 광현이는 색칠을 하윤이보다 잘 칠해. 하윤이는 사람은 잘 못 그리는데, 서연이는 사람 얼굴을 참 잘 그려." 아이들은 솔직하게 다른 친구들의 장점도 그대로 인정하고 칭찬할 줄도 알아요. 반면, 어른들은 다른 사람이 잘되면 시기하고 질투해요. 오죽하면 사촌이 땅을 사면 배가 아프다고 하잖아요. 또 자기 자랑을 겉으로 표현은 안 하지만 속으로 감추는 능력이 탁월한 사람도 있어요. 자기 자랑과 교만은 겉으로 드러나는 속성이 있어서 다른 사람들에게 상처를 줘요. 그러나 겸손은 겉으로 드러나는 속성은 있지만, 다른 사람들에게 상처를 주지는 않아요. 오히려 위로와 따뜻함을 전해줘요. 엄마가 자녀를 교육할 때나 아이가 다른 아이들과 교제할 때, 나만 아는 이기적인 아이나 내 자랑만 하는 교만한 아이가 되지 않도록 엄마가 말씀으로 잘 인도해 주세요.

9

그를 보고 불쌍히 여겨

"어떤 사마리아 사람은 여행하는 중 거기 이르러 그를 보고 불쌍히 여겨
가까이 가서 기름과 포도주를 그 상처에 붓고 싸매고 자기 짐승에 태워
주막으로 데리고 가서 돌보아 주니라"(누가복음 10:33~34)

엄마가 아이에게

어떤 사람이 예루살렘에서 여리고로 가다가 강도를 만났어요. 강도들은
그 사람의 옷을 벗기고 때려서 거의 죽다시피 내버려 두고 가버렸어요. 그런
데 마침 제사장이 그 길로 가다가 강도 만난 사람을 봤는데, 도와주지 않고
가버렸어요. 또 어떤 레위인도 그 길을 지나가다가 그를 봤지만 모른 척하고
피해 지나갔어요. 마지막으로 어떤 사마리아 사람이 여행 중에 지나가다 강
도 만난 사람을 보고는, 그를 불쌍히 여겨 기름과 포도주로 상처에 붓고 싸
매주며, 자기 짐승에 태워 주막으로 데리고 가서 돌봐줬어요. 우리 아이는 어
려움에 처한 사람을 만나면 어떻게 하나요? 그 사람에게 도움을 주는 선한
사마리아 사람처럼 행동하나요? 아니면 제사장과 레위인처럼 못 본 척하나
요? 도움이 필요한 친구가 있으면 도움을 줘야 해요. 우리 아이가 어려서 큰
도움은 줄 수 없다면 다른 사람을 통해서라도 도와야 해요. 어려움에 처한
사람을 돕지 않는 것은 하나님을 사랑하는 사람이라고 말할 수 없어요. 왜냐
하면 하나님은 우리에게 "네 이웃을 네 자신과 같이 사랑하라"(마 22:39)고 하
셨거든요.

 기도 하나님, 우리 아이(   )가 어려움에 처한 사람들을 불쌍히 여기며 도와주는 성품
을 지니게 하소서.

선한 마음이 선한 행동으로

아이들은 어른들보다 긍휼의 마음이 많아요. 그래서 불쌍한 사람과 동물을 보면 "아, 불쌍해"라는 표현을 잘해요. "엄마, 저 사람은 왜 길에서 저러고 있어?" "엄마, 고양이가 다쳤나 봐" 등 즉각적으로 표현해요. 한 번은 겨울에 지하철역 구세군 자선냄비를 보더니, 자기도 돈을 넣고 싶다며 친척 어른이 준 만 원짜리 지폐를 넣고 오는 거예요. 아직 돈에 대한 개념이 없을 때이기는 했지만, 돈을 아까워하지 않고 어려운 이웃을 위해 기부하는 모습이 예뻐 보였어요. 요즘 아이들은 자칫 정이나 나눔에 대해 잘 모르고 클 수 있어요. 아이들이 어려움에 처한 사람에 대해 불쌍히 여기는 마음은 갖기 쉽지만, 막상 행동으로 실천하기는 쉽지 않아요. 이 점은 어른들도 마찬가지예요. 그러나 어린 시절부터 아이들이 자기보다 어려운 형편에 처한 사람들을 돕는 봉사활동 등의 작은 실천을 한다면 커서 그런 마음과 행동을 실천할 확률도 높아질 거예요. 초등학교에 가면 결연된 구호기관에서 도움이 필요한 제3세계 어린이에게 편지쓰기와 후원하기 프로그램이 있어요. 이때 부모가 전 세계에 굶어 죽는 아이들이 왜 생기는지, 왜 도와야 하는지 설명해 주면 잘 이해해요. 또 요즘은 교회에서 진행하는 단기선교도 좋고, 봉사기관도 많아서 아이와 함께 작은 도움을 직접 실천할 수도 있어요. 또 성탄절이나 수해가 많은 여름철에 어려움을 당한 사람들을 위한 모금활동에 참여하게 해 줘요. 우리 아이가 선한 사마리아인이 되도록 엄마가 아이에게 잘 인도한다면 아이들의 선한 마음이 선한 행동으로 실천될 거예요.

그 집에 들어가면서 평안하기를 빌라

"또 그 집에 들어가면서 평안하기를 빌라 그 집이 이에 합당하면
너희 빈 평안이 거기 임할 것이요 만일 합당하지 아니하면
그 평안이 너희에게 돌아올 것이니라" (마태복음 10:12~13)

엄마가 아이에게

　예수님은 열두 명의 제자를 세우셨어요. 3년 동안 제자들에게 말씀을 가르치시며, 병 고치는 은사도 주시고, 귀신을 쫓는 은사도 주셨어요. 그리고 예수님은 제자들에게 세상을 다니며 복음을 전파하라는 사명을 주셨어요. 그러면서 예수님은 어떤 성이나 마을에 들어가든지 복음을 전할 사람의 집에 들어가면 먼저 그 집이 평안하기를 기도하라고 말씀하셨어요. 그 집의 사람이 복음을 받아들이면 복음이 들어가 그 집에 평안이 임할 것이고, 만일 복음을 받아들이지 않으면 평안이 그 집에 머물지 않고, 복음을 전한 제자들에게 돌아온다고 말씀하세요. 우리 아이도 예수님의 복음을 듣고, 온 가족이 평안한 집에서 살고 있나요? 아니면 아직 믿지 않는 가족이 있어서 복음을 전해야 하는 부담감을 안고 기도하고 있나요? 하루 속히 온 가족이 예수님의 복음을 받아들여 평안한 가정이 되도록 기도해 보아요. 또 믿지 않는 친구를 만나면 예수님을 전해 보아요. 그러면 그 친구가 예수님을 믿고 교회에 나오면 친구의 집도 평안해질 거에요.

 기도　하나님, 우리 가정이 예수님의 복음으로 평안한 가정이 되게 하시고, 다른 집에 가서도 평안길 기도하는 아이(　　　)로 자라도록 인도하소서.

안녕하세요?

어릴 적 아버지의 5남 3녀의 자녀들이 큰아버지 집인 완도에 모두 모였을 때, 열다섯 명에 가까운 사촌들이 한 시간 동안 한방에 있었던 적이 있었어요. 그런데 다들 처음 보는 사촌도 있고, 오랜만에 보기도 해서인지 쑥스러워 말을 하지 않고 어색한 분위기 가운데 있었어요. 그 모습을 지켜본 큰어머니께서 "우 씨들은 내성적이라 다 저 모양이다"며 인사성과 사교성이 없다고 혀를 내둘렀던 기억이 나요. 처음 교회에 다닐 때, 청년부 언니 오빠들의 집을 방문하면 청년들이 무릎을 꿇고 그 집과 가족들을 위해 조용히 눈을 감고 축복기도 하는 모습이 인상적이었어요. 믿는 이들은 어느 집을 방문하든지 제일 먼저 그 가정의 축복과 평안을 위해 기도하잖아요. 다락방 순장님과 순원들도 저희 집에서 다락방 모임을 할 때면 꼭 무릎 꿇고 저희 가정의 평안을 위해 기도부터 하세요. 저는 그 기도가 참 위안이 되더라고요. 저역시 다른 집에 가면 그 집의 평안과 축복을 위해 기도하는 게 참 좋아요. 저희 집 첫째 아이는 유독 인사를 잘해요. 할머니가 워낙 인사를 잘해야 한다고 교육을 해서인지, 초등학교 정문 앞 보안관실 아저씨에게도 아침에 등교하면 꼭 "안녕하세요" 하고 인사를 한 뒤 교실로 향하고, 하교할 때도 꼭 "안녕히 계세요" 하고 인사하고 태권도 차를 타러 가요. 앞집 아저씨에게도 인사를 잘해서 가끔 과자를 얻어먹곤 해요. 둘째 아이는 엄마 아빠가 출근할 때도 "잘 다녀오세요"가 아닌 "안녕히 계세요", 퇴근할 때도 "안녕히 계세요"라고 엉터리 인사만을 하며 쑥스러워 해요. 인사를 잘하는 아이, 다른 사람의 평안을 기도해 주는 사람으로 우리 아이들이 자랐으면 싶네요.

3장
꿈과 비전

어떤 일은 할 때 설레고 지치지 않는다. 왜 좋아하는 일을 하기 때문이다. 우리 아이가 좋아하는 일을 발견하고, 좋아하는 일을 잘했으면 좋겠다. 아이가 좋아하는 일을 만나기 전까지 부모는 아이와 함께 여행을 많이 다니며, 아이의 눈과 몸으로 직접 경험을 하게 해 주자. 또 책을 많이 읽어 주어 머릿속에 무궁무진한 꿈과 기상천외한 상상의 나래를 마구 펼치도록 해 주자.

1

내가 꾼 꿈을 들으시오

"요셉이 그들에게 이르되 청하건대 내가 꾼 꿈을 들으시오
우리가 밭에서 곡식 단을 묶더니 내 단은 일어서고
당신들의 단은 내 단을 둘러서서 절하더이다"(창세기 37:6~7)

엄마가 아이에게

요셉은 야곱의 열두 명의 아들 중 열한 번째 아들이에요. 그런데 요셉은 어린 시절부터 하나님을 잘 믿었어요. 어느 날 요셉은 꿈을 꾸었어요. 밭에서 곡식 단을 묶었는데, 요셉의 단은 일어서고 나머지 열한 명 형제의 단은 요셉의 단에 절을 했대요. 이 꿈은 훗날 요셉이 애굽의 총리가 되고, 요셉의 형제들이 이스라엘에 기근이 오자 애굽 총리가 된 요셉에게 찾아와 절하는 장면으로 똑같이 이뤄져요. 그래서 요셉을 '꿈꾸는 자'라고 불러요. 어린 시절부터 원대한 꿈을 꾸고, 그 꿈이 하나님의 인도하심으로 똑같이 이뤄졌기 때문이에요. 우리 아이도 자다가 무서운 꿈을 꾸기도 하고, 재미난 꿈을 꾸며 웃기도 하지요? 여기서 말하는 꿈은 내가 잘하는 일을 통해 다른 사람에게 영향력을 미치는 것을 말해요. 그 꿈은 우리 아이가 좋아하는 일일 수도 있고, 또 전혀 다른 분야의 일일 수도 있어요. 그래서 어린 시절부터 자신이 좋아하는 일을 빨리 발견하는 게 중요해요. 우리 아이가 자라면서 어떤 꿈을 펼칠지 어린 시절부터 기도하며 하나님의 인도하심을 구해야 해요.

 기도 하나님, 우리 아이(   )가 요셉처럼 꿈꾸는 자로 성장하고, 그 꿈이 하나님의 인도하심으로 이뤄지게 하소서.

세 나무의 꿈

한 번은 서점에 갔는데, 첫째 아이가 레나 파스퀼리의 《세 나무 이야기》라는 책을 읽고 있었어요. 이 책의 주제는 아이의 꿈을 부모가 원하는 대로 이끌지 말고, 하나님께 맡겨야 한다는 내용이에요. 《세 나무 이야기》에는 말 그대로 세 나무가 등장해요. 첫 번째 나무의 꿈은 부자가 돼서 보석을 담는 상자가 되는 거예요. 두 번째 나무의 꿈은 힘센 나무가 돼서 위대한 왕을 태우는 배가 되는 거예요. 세 번째 나무는 하나님과 가장 가까이 서 있는 게 꿈이에요. 그런데 이 세 나무의 꿈은 점점 자라면서 전혀 다른 방향으로 흘러가요. 먼저 부자가 돼서 보석을 담는 상자가 꿈이었던 첫 번째 나무는 말 구유가 되는데, 어느 날 아기 예수님이 태어나는 침대로 사용돼요. 즉 세상에서 보석보다 더 귀한 아기 예수님을 담는 도구로 쓰임 받게 돼요. 두 번째 나무는 목수에게 가서 배가 되지만 초라한 사람들만 태우고 다니게 돼요. 그러던 어느 날 거센 폭풍이 부는 배 안에서 한 남자가 소리치자 파도가 잠잠해져요. 바로 이 세상에서 가장 위대한 왕이신 예수님을 태운 배가 된 거예요. 세 번째 나무는 아무렇게나 잘려 십자가로 만들어져 언덕 꼭대기에 세워져요. 그런데 그 십자가에 바로 하나님의 아들 예수님께서 달리신 나무가 돼요. 세 번째 나무는 하늘과 가장 가까운 곳에서 영원히 하나님을 바라볼 수 있는 나무가 된 거예요. 이처럼 엄마와 아이가 뭐가 됐으면 좋겠다고 품은 꿈과 하나님께서 인도하시는 꿈은 달라질 수도 있고, 궁극에는 같아질 수도 있어요. 중요한 것은 아이에게 꿈을 심어 주고, 하나님의 인도하심을 받는 '꿈꾸는 자'로 잘 이끌어 주는 엄마의 지혜가 필요해요.

2
예루살렘으로 여행하시더니

"예수께서 각 성 각 마을로 다니사 가르치시며
예루살렘으로 여행하시더니" (누가복음 13:22)

엄마가 아이에게

예수님께서는 예루살렘을 비롯해 갈릴리, 데가볼리, 유대, 요단 강, 수리아 등 여러 지역을 여행하시며 많은 사람을 만났어요. 사람들을 만나면서 많은 이야기를 들려주시기도 하고, 그들의 말을 듣기도 하셨어요. 또 말씀을 친절하게 가르쳐주시고, 좋은 조언도 해 주셨지요. 아픈 사람도 낫게 해 주시고, 목표 없이 하루하루를 살아가던 열두 명의 평범한 제자들을 만나 주셔서 복음을 전하는 소명자로 변화시켜 주시기도 했어요. 이처럼 예수님은 태어나신 나사렛에서만 머무신 것이 아니라, 여러 지역을 여행하셨어요. 우리 아이도 부모님을 따라 우리나라의 여러 명소와 외국 여러 나라를 다녀본 경험이 있나요? 아마 여름방학, 겨울방학, 명절이나 주말이 되면 가족과 여행을 가 본 적이 있을 거예요. 집이 아닌 다른 낯선 곳의 예쁜 펜션에서 잠도 자고, 유명한 맛집을 찾아 맛있는 음식도 먹으며, 좋은 경치도 구경했을 거예요. 어릴 적에 여행을 다니는 것은 우리 아이의 생각의 폭과 비전을 넓혀 주고, 정신적인 풍성함도 가득 채워 줘요. 엄마 아빠가 여행을 가자고 하면, 즐거운 마음으로 따라가 열심히 즐기고 많이 배우도록 해요.

 하나님, 우리 아이(   )에게 여행을 통해 시야를 넓히고 꿈과 비전을 품으며, 하나님이 창조하신 아름다운 자연에 감사하는 마음을 갖게 해 주세요.

여행은 시야를 넓혀 줘요

저희 집은 가족 여행을 정말 많이 다니고 있어요. 서해안, 남해안, 동해안 등 주말이나 휴가 때면 어김없이 우리나라의 아름다운 여행지를 찾아 여행을 떠나곤 해요. 여행책이나 블로그를 뒤져 여행지를 사전조사하고, 두 시간 이상 거리는 아예 새벽 5시, 6시에 일어나 아이들을 깨워 차에 싣고 여행을 떠난답니다. 여섯 살 이후부터는 아이들이 잘 걷기 시작해 우리나라의 3대 산인 한라산, 지리산, 설악산은 모두 가 봤고, 천리포수목원, 남해 다랭이마을, 지리산 청학동과 삼성궁, 고씨동굴, 제주도, 동해바다, 영덕 블루로드 등에 가서 우리 자연의 아름다움을 아이들에게 보여줬어요. 첫째 아이는 가족 여행을 많이 다니면서 그림 그리는 실력이 부쩍 늘기 시작했고, 하나님이 창조하신 자연에 대한 신비로움에 감탄하며 지금도 TV에 나오는 자연다큐멘터리 프로그램을 즐겨 찾아봐요. 여행은 아이들의 시야를 넓혀 줘요. 아이들이 발로 밟는 땅이 많아질수록 아이들의 시야도 넓혀져요. 아이가 우리나라는 물론 세계 여러 나라를 밟아 큰 꿈을 꾸고, 그 비전을 자기 것으로 취하게 해 주세요. 물론 여행의 가장 큰 장점은 부모와 아이 간에 아름다운 추억을 쌓게 된다는 점이에요. 요즘은 아이가 중학생만 되도 부모와 함께 어디를 가려고 하지 않는다고 해요. 6세에서 10세까지 아이들과 함께 갔던 여행과 추억은 아이들이 성인이 돼서도 가장 아름다운 기억으로 떠올리게 돼요. 저 역시 부모님과 이 시기에 놀러다녔던 기억들이 소중하고, 그때의 감수성이 글 쓰는 데 큰 밑거름이 됐어요. 여행은 아이가 자신의 꿈을 키워 가고 세상을 하나둘씩 배워 가는 데 가장 좋은 스승이 되는 거 같아요. 다시 돌아오지 않는 이 시간, 아이의 기억 속에 아름다운 추억을 많이 담아 주세요.

3
익숙하지 못하니 손에 물매를 가지고

"다윗이 칼을 군복 위에 차고는 익숙하지 못하므로 시험적으로
걸어 보다가 사울에게 말하되 익숙하지 못하니 이것을 입고 가지 못하겠나이다 하고
곧 벗고 손에 막대기를 가지고 시내에서 매끄러운 돌 다섯을 골라서 자기 목자의 제구
곧 주머니에 넣고 손에 물매를 가지고 블레셋 사람에게로 나아가니라"(사무엘상 17:39~40)

:::: 엄마가 아이에게 ::::

　　이스라엘 군대와 블레셋 군대가 전쟁을 하게 됐어요. 그런데 블레셋 군대
에는 골리앗이라는 몸집이 크고 힘이 센 장수가 있었어요. 그가 나타나자 이
스라엘 장수들이 두려워 떨었어요. 골리앗과 맞서 싸울 사람이 없는 가운데,
갑자기 다윗이라는 작은 소년이 골리앗과 싸우겠다고 나와요. 그러자 사울
왕은 자신의 투구와 갑옷 그리고 칼을 다윗에게 주지요. 그러나 다윗은 사울
의 멋진 투구와 갑옷 그리고 칼을 차고 걷다가 자신에게 익숙하지 않다며 벗
어버려요. 대신 손에 막대기와 돌 다섯 개, 물매를 가지고 골리앗에게 다가
서요. 그리고 골리앗과 싸워 이기게 돼요. 우리 아이도 이렇게 무서운 골리앗
과 싸워 이길 자신만의 무기가 있나요? 다윗에게는 돌과 물매가 가장 자신에
게 익숙한 무기였어요. 세상은 골리앗과 같아서 내가 싸워서 이길 자신감이
없을 만큼 막강한 힘을 지니고 있어요. 그러나 하나님께서 승리를 주실 것을
믿고, 자신이 가장 잘 다루던 물매와 돌을 가지고 싸웠던 다윗처럼, 우리 아
이도 가장 잘하는 나만의 도구를 찾아 개발했으면 해요.

 하나님, 우리 아이(　　　　)가 가장 잘 다루는 도구를 찾아 개발해서 세상을 두려워하
　　지 않고 이길 수 있는 자신감을 주소서.

익숙하고 좋아하며 잘하는 일

아이들은 자신에게 익숙한 것과 편안한 것을 좋아해요. 옷도 비싸고 멋진 옷보다는 입었을 때 편안한 옷을 좋아해요. 남자아이들의 경우, 지퍼나 단추가 달린 바지보다는 고무줄 바지를 선호하는 것이 대표적인 예에요. 입고 벗고 활동하며 자신의 몸에 편하기 때문이지요. 또 비싸고 불편한 구두보다는 편안한 신발을 신으면 운동도 잘해요. 이렇듯 아이들은 보기에 비싸고 좋은 것보다는 편안하고 자기에게 익숙한 것을 가지고 뭔가를 할 때 잘하는 것 같아요. 다윗에게 그 도구는 바로 물매와 돌, 막대기였어요. 그것으로 골리앗을 이기고, 사울 왕의 눈에 들어 궁에서 살게 돼요. 우리 아이에게도 초라한 도구지만, 가장 편안하고 익숙한 도구가 있을 거예요. 그 도구가 우리 아이의 미래를 책임지는 비전이 되었으면 싶어요. 그게 글이나 그림이 될 수도 있고, 악기나 장난감이 될 수도 있겠지요. 그 도구가 무엇이든 오랜 시간 자주 매만지고 다듬어 우리 아이 손에 익숙해졌으면 해요. 1만 시간의 법칙이나 10년의 법칙이라는 것도 있잖아요. 한 분야의 일을 10년간 하면, 또는 한 가지 일에 1만 시간을 투자하면 그 분야에서 전문가가 되고, 결국에는 프로가 된다는 거예요. 우리 아이가 여러 가지 일을 잘하기보다는 한 가지 일이라도 똑 부러지게 잘해서 인생이 풍요롭고 깊어졌으면 해요. 그 한 가지 일이 어떤 일일지는 아직 엄마인 저로서는 알지 못하지만, 그 일을 하는 내 아이의 모습을 바라볼 때, 자랑스럽고 흐뭇하기를 바라지요. 익숙한 일이 좋아하는 일이 되고, 좋아하는 일이 잘하는 일이 돼서 하나님의 나라를 일구는 데 쓰임 받기를 기도해 봅니다.

4
모세의 책

"죽은 자가 살아난다는 것을 말할진대 너희가 모세의 책 중
가시나무 떨기에 관한 글에 하나님께서 모세에게 이르시되 나는 아브라함의 하나님이요
이삭의 하나님이요 야곱의 하나님이로라 하신 말씀을 읽어 보지 못하였느냐"(마가복음 12:26)

엄마가 아이에게

모세 오경을 믿었던 사두개인들은 율법은 잘 알았지만 성경을 제대로 알지 못했어요. 그래서 사두개인들은 예수님께 모세 오경에는 부활이 없다고 질문을 해요. 이에 예수님께서는 모세가 호렙 산에 올랐을 때 가시나무 떨기 사이에 나타난 하나님을 떠올리게 하면서 이렇게 답해 주세요. 즉, "나는 아브라함의 하나님이요 이삭의 하나님이요 야곱의 하나님이로라 하신 말씀을 읽어 보지 못하였느냐"며 죽은 자의 하나님이 아니라, 산 자의 하나님이시라고 강조해요. 이같이 사두개인들은 성경을 잘 모르고 있었기 때문에 하나님의 능력에 대해서도 잘 알지 못했어요. 우리가 죽으면 하나님의 능력으로 부활하게 되어 천사와 같이 영광스러운 존재로 바뀌게 돼요. 즉 하나님은 죽은 자를 부활시키시는 분이세요. 우리 아이도 사두개인들처럼 성경 읽기를 게을리하거나 말씀을 편협하게 읽고 잘못 해석하면 안 돼요. 성경의 신약과 구약을 다 읽고, 하나님께서 우리의 죄를 위해 아들 예수님을 십자가에 내어 주시고 부활시켜 주신 점을 잘 알고 있어야 해요. 또 말씀을 통해 인생의 진로도 잘 구별해 선택해야 해요.

 기도 하나님, 우리 아이(   )가 성경과 다양한 책 속에서 진리를 발견하고, 진짜 좋아하는 일이 무엇인지 발견하게 해 주세요.

책 속에서 꿈과 비전 찾기

아이를 낳고 얼마 안 있어 새 책이든 헌 책이든 전집 한 질 안 지른 엄마는 없을 거예요. 또 아이가 말을 하기 시작하면 글 밥이 좀 많은 전래동화, 창작동화, 자연관찰, 과학책, 위인전 등을 사주게 돼요. 저는 첫째 아이를 꾸준히 서점에 데리고 갔어요. 그러다 보니, 아이가 기독교적 색채가 짙은 데이비드 위즈너 작가의 책을 자주 고르는 것을 발견하게 됐어요. 또 우주와 과학 관련 책이나 자연 풍경이 멋지게 채색된 책들도 좋아해요. 또래 독서왕 친구들처럼 많은 책을 보기보다는 좋아하는 책을 집중적으로 보는 스타일이에요. 반면 둘째 아이는 이 책 저 책 종류에 구애되지 않고 보는 편이에요. 특히 영어 동화책을 좋아해서 혼자 발음 연습하고, 읽는 것을 좋아해요. 이 시기 아이들에게는 책을 많이 읽히고, 책 읽는 분위기를 만들어 주는 게 중요해요. 아예 서재 방을 만들어 그 방에서 책을 읽도록 하든가, 도서관이나 서점, 또는 중고서점에 자주 가도록 습관화하면 좋지요. 엄마가 책 읽는 모습을 아이에게 자주 보여주는 것도 좋아요. 저희 집은 제가 책 만드는 일을 하다 보니, 서재 방을 따로 만들어 글을 쓰고 책도 읽곤 하는데, 아이들이 이 방에서 노는 것을 좋아해요. 아이라고 해서 꼭 아이 책만 보는 것도 아니에요. 한 번은 제가 가지고 있던 집 꾸미기 관련 책을 보던 첫째 아이가 책을 색깔별로 진열한 책장사진을 보더니, 어느 날 엄마 책장의 책들을 정말 파란색, 노란색, 빨간색 등 책 표지 색깔별로 책을 꽂아놓아서 깜짝 놀란 적이 있어요. 책을 자주 보면 어떤 책을 봐야 할지 감으로 알게 되는 것처럼, 책 속에서 아이 스스로 자신의 꿈과 비전을 찾도록 인도해 주는 것도 하나의 비결이랍니다.

5

율법을 주야로 묵상하는도다

"오직 여호와의 율법을 즐거워하여 그의 율법을 주야로 묵상하는도다
그는 시냇가에 심은 나무가 철을 따라 열매를 맺으며 그 잎사귀가 마르지 아니함 같으니
그가 하는 모든 일이 다 형통하리로다"(시편 1:2~3)

엄마가 아이에게

　복이 있는 사람은 하나님의 말씀을 보는 것을 즐거워하고, 아침저녁으로 묵상한대요. 말씀을 사모하고 좋아하면 말씀 속에서 우리 아이 인생의 목적을 하나님의 도우심으로 발견하게 되고, 어떻게 살아가야 하는지 방법도 깨달을 수 있어요. 뭔가를 잘하려면 그것을 자주 보고 듣고 만나야 해요. 말씀도 마찬가지예요. 우리 아이가 말씀을 자주 보고, 듣고, 읽으면 복 있는 사람이 되고 형통한 삶을 살게 돼요. 또 중요한 것은 뭔가를 잘하려면 내가 그것을 좋아하는 마음이 있어야 해요. 그런데 성경 말씀을 우리 아이가 자주 보고 읽을 뿐만 아니라, 좋아하는 마음까지 있다면 얼마나 좋겠어요. 그러면 저절로 엄마에게 "엄마, 우리 말씀 봐요" 하는 말을 먼저 하겠지요. 우리 아이의 꿈과 비전도 마찬가지예요. 앞으로 커서 뭐가 될지는 간단해요. 우리 아이가 좋아하는 일, 잘하는 일, 그리고 우리 아이가 자주 보고, 만나는 일 중에서 찾아야 해요. 그곳에 답이 있어요. 그리고 그 답은 말씀 속에서 인도받아야 진정으로 복 있는 인생이 돼요.

 하나님, 우리 아이(　　　)가 어린 시절부터 말씀 보기를 즐겨할 뿐만 아니라, 말씀의 인도하심을 따라 미래의 꿈과 비전도 발견하게 하소서.

말씀 속에서 길 찾기

　　부모는 아이가 어릴 적부터 아이의 대한 기대감과 희망을 품게 되지요. 또는 부모가 못다 이룬 꿈을 우리 아이가 대신 이뤄줬으면 싶은 마음도 있어요. 그런데 그런 기대감이 너무 황당하거나 아이의 관심 분야와 동떨어져 있으면 곤란해요. 아이가 좋아하고, 잘하는 일이 무엇인지를 먼저 살펴봐야 해요. 그런데 그 판단의 기준이 모호해요. 믿는 부모도 세상의 성공과 물질을 가져다 준다면 그 쪽을 선택할 확률이 높거든요. 부모는 아이에게 하나님의 말씀을 부지런히 가르쳐야 해요. 어른들도 일단 한 번 말씀의 맛에 빠지면 성경 보기를 밥 먹기보다 더 즐기게 되잖아요. 직장 일이 좀 잘 안 풀려도 말씀이 주는 기쁨 때문에 성령 충만하게 돼요. 그런데 아이가 성경책 보기를 수학이나 영어 교과서 보듯이 싫어한다면 어떻겠어요? 말씀은 꿀 송이보다도 더 달다는 것을 어린 시절부터 느끼게 해 줘야 해요. 말씀은 나이가 어릴수록 더 잘 흡수하거든요. 그렇게 말씀이 아이의 삶에 중심이 되면, 내적으로 강한 아이로 성장하게 돼요. 또 말씀 속에서 자신의 꿈을 키워나가고, 좌절했을 때는 말씀을 보면서 성령님의 격려와 도움도 받게 돼요. "하윤아, 말씀을 매일 읽으면 힘든 일이 있을 때 뽀빠이가 시금치 먹고 힘이 솟듯이 하나님께서 너에게 힘을 주실 거야." "엄마, 성경을 보면 〈어벤져스〉에 나오는 토르와 헐크처럼 힘이 세지고 용감해지는 거야?" "그럼, 하나님의 말씀은 토르와 헐크보다 몇 천 배나 더 힘이 있어. 너의 앞날을 도와주고 갈 길도 알려 줄 거야. 그러니 말씀 보기를 게을리 하면 안 돼!"

6
내가 모든 것을 할 수 있느니라

"나는 비천에 처할 줄도 알고 풍부에 처할 줄도 알아 모든 일
곧 배부름과 배고픔과 풍부와 궁핍에도 처할 줄 아는 일체의 비결을 배웠노라
내게 능력 주시는 자 안에서 내가 모든 것을 할 수 있느니라" (빌립보서 4:12~13)

바울은 감옥에 갇힌 상황에서도 빌립보교회 성도들에게 하나가 될 것을 권면하며 편지를 썼어요. 이 편지를 모아서 빌립보서라고 하지요. 바울은 감옥에 갇히고 매도 맞았어요. 또 전도여행을 하면서 가난에도 처해 봤고, 무엇 하나 부족함 없는 풍요로움에도 처해 봤다고 말해요. 바울은 그런 환경 속에서 인생의 모든 비결을 배웠다고 하지요. 바로 자신에게 능력을 주시는 자 안에서 모든 것을 할 수 있다고 이야기해요. 하나님께 의지하고 기도함으로써 그분이 주시는 능력으로 모든 어려움을 이겨낼 수 있다며, 빌립보교회 성도들도 어려움을 이겨낼 수 있다고 위로해요. 우리 아이도 어려움에 처할 때가 있죠? 그럴 때 어떻게 하나요? 혼자 힘으로 해결하나요? 아니면 엄마나 선생님에게 도와달라고 부탁하나요? 힘들고 어려운 일이 있을 때는 제일 먼저 하나님께 기도해 봐요. 하나님께 의지하면 모든 것을 할 수 있는 능력과 힘을 우리 아이에게 주실 거예요.

 기도 하나님, 우리 아이(   )가 주님께서 주시는 능력으로 인생의 여러 가지 어려움을 이겨내고 비전을 성취하는 아이로 자라게 하소서.

회장님보다 소장님 될래!

청년부 때 신학교에 다니는 선배 오빠가 결혼의 목적은 자녀를 낳아 하나님의 기업을 잇기 위함이라고 말했을 때, '참 저 오빠는 낭만도 없다'라고 생각했어요. 그런데 저도 나이가 들수록 멋없어지네요. 정말 자녀는 하나님의 기업이라는 생각이 들어요. 한 번은 첫째 아이가 초등학교 1학년에 입학해 학부모 공개수업을 했어요. 수업시간에 다른 아이들은 모두 발표하려고 손을 드는데, 유독 저희 아이만 손을 안 드는 거예요. 2학년 공개수업 때도 참관을 했지만 마찬가지였어요. '우리 아이가 발표력이 없구나'를 알게 되니 실망스럽더라고요. 집에 와서 "하윤아, 왜 발표를 안 해? 몰라서 안 하는 거야, 아는데도 손들기 싫어서 안 하는 거야?" 그랬더니 틀릴까 봐 두려워 손을 안 든다는 거예요. 그래서 아이에게 자신감을 심어 주기 위해 "하윤아, 아는 내용이거나 설사 틀린 답이어도 손을 들고 답을 말해 보렴, 그럼 자신감이 생기고, 나중에 용기가 생겨서 무슨 일이든 할 수 있게 돼." 그랬더니 아이가 "TV에 나오는 삼성회사 사장님처럼도 될 수도 있어?" "그럼, 뭐든지 넌 될 수 있어. 대신 자신감이 필요해, 하나님이 하윤이랑 함께해 주시니까 용기를 내." "그럼 회장님도 될 수 있어?" "물론, 될 수 있지." "엄마 그럼 난 회장님보다 더 높은 거 될래." "그게 뭔데?" "소장님! 할머니가 할아버지는 회장님보다 더 높은 사람이라고 했어. 할아버지는 아파트관리소장이잖아." "그래, 하윤아, 할아버지가 제일 높지. 할아버지처럼 믿음을 가지고 사는 사람은 이 세상에서 제일 높은 사람이야. 그러니까 하나님을 잘 믿어. 그럼 하나님이 네가 무엇을 하든지 능력을 주시고, 네 지경을 넓혀 주실 거야!"

7

각 사람에게 나누어 주시는 것이니라

"어떤 사람에게는 능력 행함을, 어떤 사람에게는 예언함을,
어떤 사람에게는 영들 분별함을, 다른 사람에게는 각종 방언 말함을,
어떤 사람에게는 방언들 통역함을 주시나니 이 모든 일은 같은 한 성령이 행하사
그의 뜻대로 각 사람에게 나누어 주시는 것이니라" (고린도전서 12:10~11)

엄마가 아이에게

　　고린도전서 12장은 은사의 장이라고 해요. 은사는 하나님이 주신 재능, 내가 어떤 한 분야를 잘하는 것을 말해요. 성령님께서는 각 사람에게 그의 뜻대로 은사를 주셨어요. 병 고치는 은사, 방언의 은사, 가르치는 은사, 지혜의 은사, 지식의 은사, 예언의 은사, 섬김의 은사 등. 모든 사람은 하나님으로부터 은사를 하나씩은 다 받았대요. 이런 은사들은 하나님의 나라를 위해 조화를 이루고 덕을 쌓기 위해 주신 거예요. 우리 아이는 어떤 은사를 하나님으로부터 받았나요? 노래를 잘하나요? 달리기를 잘하나요? 피아노를 잘 치나요? 장난감 조립을 잘하나요? 부모님의 심부름을 잘하나요? 유치원이나 초등학교 친구들을 보면 모두 뭔가 하나씩 잘하는 게 있죠? 수연이는 블록 놀이를 정말 잘하고, 현지는 다른 친구들을 잘 챙겨 주고, 광석이는 태권도를 참 잘해요. 이런 은사들은 모두 아름다운 하나님 나라를 만들기 위함이에요. 우리 아이도 잘하는 은사를 더욱더 키워서 하나님의 나라를 넓히는 데 쓰임 받았으면 해요.

 기도　하나님, 우리 아이(　　　　)가 하나님께 받은 은사를 통해 하나님의 나라를 만드는 데 쓰임 받게 하소서.

그림 그리는 은사

하루는 남편이 직장동료 아이가 네 살 때 스케치북 50개를 사용할 정도로 그림을 많이 그리며 자기표현을 잘했다며, 당시 네 살이었던 첫째 아이와 비교하며 걱정을 하더군요. 그때 첫째 아이는 그림을 전혀 그리지 않았거든요. 스케치북을 사 주면 줄 몇 개, 동그라미 몇 개만 그리고는 횅 하니 비어 두기 일쑤였어요. 그런데 다섯 살부터 물고기를 그리기 시작하더니 흑동고래와 홍학을 썩 잘 그리게 됐어요. 그리곤 여섯 살부터 가족여행을 자주 다니기 시작하자, 스케치북을 가지고 가서 숲 속이나 펜션, 바다, 나무 등 주로 자연을 그리기 시작했어요. 학교에 갔다가 집에 오면 콧등과 귀밑에 구슬땀이 흘러내릴 만큼 그림 그리기에 열중해서, 마치 장인의 모습을 보는 듯했어요. 그러더니 그림 실력이 한순간에 폭발했어요. 풍경화를 그리더니 요즘은 도시의 고층빌딩을 아주 세밀하게 그리고, 지금은 또래 아이들보다 더 잘 그리지요. 매년 초등학교 독후화 그리기 대회에서 우수상을 받아요. 그렇다고 미술학원에 보내지는 않아요. 패턴이 정형화된 그림 그리기를 따라하면 아이 나름의 개성 있는 스타일이 도태될 것 같아서 길만 열어 주고 있어요. 아이가 좋아하는 색연필이나 크레파스, 노트, 펜 등을 자주 사 주려고 해요. 또 전시회나 아이의 감수성을 끌어올릴 수 있는 곳을 자주 데려가지요. 지금은 화가가 꿈이지만 아이의 그림 그리는 은사가 다른 길로 연결돼 변화될 수도 있다는 생각을 해요. 무엇보다 우리 아이의 재능이 하나님의 나라를 위해 쓰임 받는 은사로 사용됐으면 하네요.

내가 또 다섯 달란트를 남겼나이다

"다섯 달란트 받았던 자는 다섯 달란트를 더 가지고 와서 이르되
주인이여 내게 다섯 달란트를 주셨는데 보소서 내가 또 다섯 달란트를 남겼나이다
그 주인이 이르되 잘하였도다 착하고 충성된 종아 네가 적은 일에 충성하였으매
내가 많은 것을 네게 맡기리니 네 주인의 즐거움에 참여할지어다 하고" (마태복음 25:20~21)

 엄마가 아이에게

　　주인이 종 세 명에게 달란트를 맡기고 집을 떠났다가 다시 돌아왔어요. 달란트는 유대인들의 화폐단위였는데, 요즘은 타고난 재능이나 소명을 의미해요. 그중 다섯 달란트를 받았던 종은 주인에게 와서 다섯 달란트를 더 남겼다고 말했어요. 두 달란트를 맡겼던 종은 두 달란트를 더 남겼다고 말했어요. 그런데 한 달란트를 맡겼던 종은 그 달란트를 땅에 묻고, 아무런 이익을 남기지 않았대요. 이에 주인은 다섯 달란트와 두 달란트를 남긴 종에게 각각 착하고 충성스러운 종이라고 칭찬해요. 그러나 한 달란트만 남긴 종에게는 악하고 게으르다고 야단을 쳤어요. 하나님께서는 우리 아이에게 재능을 주셨어요. 그런데 그 재능을 더 잘 계발하거나 하나님의 나라를 위해 사용하지 않으면 하나님께서 악하고 게으른 종이라고 야단치실 거예요. 우리 아이가 남보다 잘하는 재능을 계속 잘 살려서 하나님께 꼭 쓰임 받는 일꾼으로 칭찬받았으면 해요. 아직 내 재능이나 달란트가 무엇인지 모른다면 그것은 재능이 없는 것이 아니라, 아직 발견하지 못했을 뿐이에요.

 기도 하나님, 우리 아이(　　　　)만이 가진 재능을 발견해 하나님 나라를 위해 충성 되게 쓰임 받게 해 주세요.

재능, 다시 돌려드리기

하나님께서는 특별한 재능과 은사를 우리 각자에게 주셨어요. 저는 어릴 때부터 소설가나 작가, 글 쓰는 일을 하고 싶다는 막연한 생각으로 소설책만 엄청나게 봤어요. 자연스럽게 국문과에 진학하고, 대학 졸업 후 신문사에 들어가고, 다시 10년 후 잡지사에 들어와 지금까지 글 쓰는 게 하나님께서 주신 재능이라고 생각하며 살고 있어요. 그런데 주변에 보면 저보다 더 좋은 스펙을 지니고도 '이게 내 재능이다' 싶은 확신이 없어서 오랫동안 고민하는 사람들을 보게 돼요. 하나님께서 주신 재능이라는 것은 빨리 발견한 사람도 있고, 좀 늦게 발견하는 사람도 있어요. 나이 마흔 살이 넘어 어린이 일러스트 작가로 성공한 사람도 봤어요. 그런데 하나님께서 주신 재능은 나만을 위해 사용하면 안 되고, 결국에는 그 재능을 주신 하나님께 다시 돌려드려야 해요. 그것도 본전만 남기면 안 되고 주신 재능의 이상을 남겨야, 착하고 충성된 종이라 불릴 수 있어요. 그럼으로써 하나님께서 기뻐하시는 즐거움에도 참여할 수 있겠지요. 첫째 아이는 정말 빨리 그림 그리는 것을 자신의 재능으로 깨닫고, 화가가 되기 위해서 열심히 노력하고 있어요. 반면 둘째 아이는 아직 일곱 살이라 그런지 뛰어나게 잘하는 한 분야가 아직은 없어요. 둘째 아이가 첫째 아이보다 암기력과 기억력이 좋아 공부머리는 더 있어 보여요. 그러나 하나님께 쓰임 받는 사람은 반드시 공부 잘하는 사람은 아니에요. 좀 부족해 보여도 성실하고 충성된 사람을 하나님께서는 사용하세요. 우리 아이가 아직 뚜렷한 재능이 안 보여도 기다려 주고, 어느 자리에서 어떤 일을 하더라도 성실하고 충성된 사람이 되도록 가르쳐줘야 해요.

9
그가 나를 자주 격려해 주고

"원하건대 주께서 오네시보로의 집에 긍휼을 베푸시옵소서
그가 나를 자주 격려해 주고 내가 사슬에 매인 것을
부끄러워하지 아니하고"(디모데후서 1:16)

엄마가 아이에게

바울은 전도를 하다가 감옥에 갇히게 되었어요. 아무리 담대하게 복음을
전하던 위대한 사도 바울이지만, 감옥에 갇히면 마음이 무겁고 외로웠을 거
예요. 그런 바울을 위해 오네시보로라는 사람이 감옥에 갇힌 바울을 자주
찾아와 위로해 주고 격려해 주었어요. 바울 역시 자신을 자주 격려해 준 오
네시보로의 집에 긍휼을 베풀어 달라고 하나님께 축복기도를 해 주지요. 바
울이 가장 외롭고 힘들 때, 오네시보로는 쇠사슬에 매인 바울의 모습을 보
고도 부끄러워하지 않고 자주 찾아와 줬어요. 이런 오네시보로의 격려를 통
해 바울은 힘을 얻고 감옥에서도 디모데에게 보내는 편지를 쓸 수 있었어요.
우리 아이도 힘들 때 누군가 옆에서 위로해 주고 격려해 주면 덜 슬프고 힘
이 나지요? 엄마 아빠나 친구들이 우리 아이가 힘들거나 또는 어떤 일을 아
주 잘했을 때 칭찬을 해 주면 정말 기분이 좋아져요. 우리 아이도 주변의 사
랑하는 가족이나 친구들에게 칭찬과 격려를 자주 해 주는 사람이 되도록 노
력해요.

기도 하나님, 우리 아이(   )가 사람들의 격려와 칭찬을 통해 잘하는 일을 더 잘하게
되고, 주변 사람들에게도 칭찬과 격려를 잘하는 사람이 되게 하소서.

힘들지? 조금만 더 노력하자

　아이들은 엄마가 "사랑해" "잘했어" "다음에 잘하면 돼" "정말 멋지다" "힘들지" 등 칭찬과 격려를 해 주면 얼굴 표정이 금방 밝아져요. 잘한 일은 꼭 칭찬을 해 줘야 아이가 더 자극을 받아 신나게 그 일을 더 잘하게 돼요. 또 반대로 못한 일에 대해 "바보같이…" "그것도 못해?" 등 자존감을 무너뜨리는 말을 하면 어른보다 더 상처를 받아요. 아이가 실수를 하거나 부모가 원했던 만큼 못했을 때는 "다음에 조금만 더 잘하자" "공부하기 힘들지? 조금만 노력하면 금세 따라 잡겠네" 등 아이의 마음을 터치해주며 격려를 해 줘야 해요. 아이가 시험점수를 50점 이하로 받아와 실망한 엄마가 한숨을 쉬며, "왜 점수를 이것밖에 못 받아왔니?" "이거 어제 연습한 건데 왜 틀렸어?"라고 말하면, 아이들은 엄마의 표정과 말투에서 이미 마음이 상해 버려요. 엄마가 화를 내거나 실망스러운 말을 해서 아이의 성적이 오르거나 다음에 똑같은 실수를 되풀이 하지 않으면 다행이지만, 현실은 정반대에요. 저 역시 직장 맘이다 보니, 늦게 퇴근하다 보면 다음날 있을 아이의 수학시험, 받아쓰기 시험, 숙제 등을 못 봐줄 때가 있어요. 그럼 다음날 시험지를 가져오면 점수가 영락없이 밑에서 맴돌아 속상하지요. 그러면 아이에 대한 제 말투부터 한 톤 올라가고, 표정도 찡그린 얼굴이 돼 버려요. "아유 내 새끼, 예뻐라" 하며 안아 주던 엄마는 온데간데없고, 무서운 엄마가 돼 버려요. 그러면 아이는 동생이나 자기 물건에 화풀이를 해요. 그런데 아이가 실수를 하거나 시험을 망쳤어도 "다음에는 우리 잘하자. 훌륭한 화가가 되려면 수학도 잘해야 해"라고 동기부여 해 주면 아이의 반응이 좀 달라져요. 칭찬은 고래도 춤추게 한다고 하잖아요.

10
깨끗하게 하면 귀히 쓰는 그릇이 되어

"그러므로 누구든지 이런 것에서 자기를 깨끗하게 하면
귀히 쓰는 그릇이 되어 거룩하고 주인의 쓰심에 합당하며
모든 선한 일에 준비함이 되리라" (디모데후서 2:21)

엄마가 아이에게

하나님은 일하실 때 하나님의 필요에 따라 우리를 사용하세요. 그런데 우리에게 아무리 많은 재능과 능력이 있다 하더라도 하나님께서 우리를 사용하시지 않을 수도 있어요. 그것은 우리의 속사람이 깨끗한 그릇이 안 되어 있을 때에요. 하나님께서 사용하시는 사람은 부자도, 재능이 많은 사람도 아닌 '깨끗한 그릇'으로 준비된 사람이에요. 여기서 깨끗한 그릇은 몸이 깨끗한 사람이 아니라, 마음과 영혼이 거짓이 없고 하나님을 잘 믿는 사람을 말해요. 실제로 아주 유명한 사람도 깨끗한 그릇이 안 되어 있으면, 하나님께서 정상의 자리에서 한순간에 내려오도록 하세요. 우리 아이도 밥을 먹을 때 깨끗한 그릇과 더러운 그릇 중 어떤 그릇을 찾게 되나요? 당연히 깨끗한 그릇이죠. 마찬가지로 하나님도 하나님의 일을 위해 사용하시는 사람은 마음이 깨끗하고, 하나님만 바라보는 사람을 선택하세요. 그릇이 깨끗해야 음식물을 담을 수 있듯이, 마음이 깨끗해야 하나님의 쓰임을 받을 수 있어요. 우리 아이도 깨끗한 그릇이 되기 위해 말씀을 마음속에 담고, 하나님께서 그 그릇을 쓰실 때까지 기다릴 줄 알아야 해요.

 기도 하나님, 우리 아이(   )가 어린 시절부터 깨끗한 그릇으로 준비되어 하나님의 때에 귀한 쓰임을 받는 인재가 되도록 인도하소서.

우선순위를 보여줘요

아이들은 아직 세상의 때가 묻지 않아 순진무구해요. 그러나 매년 한 살씩 자라면서 아이가 만나는 세상의 악한 모습으로 인해 아이들도 조금씩 세상의 때가 묻는 것을 보게 돼요. 부모가 인터넷 게임을 하거나 스마트폰에 중독돼 있으면 아이들도 곧바로 따라하게 돼요. 엄마 아빠가 거친 말을 사용하거나 큰 소리를 지르면 아이들도 큰 소리를 지르며 말하게 돼요. 또 부모가 자주 싸우는 모습을 아이에게 보이면 아이의 내면에 상처를 입게 돼요. 그런데 엄마 아빠가 말씀을 사모하고, 예배를 중시하며 기도하는 모습을 보이면 아이들 삶의 우선순위도 그것이 중요하다는 것을 인지하게 되지요. 집 안에서 드리는 가정예배는 물론, 명절에 할아버지댁에서의 추도예배를 드리는 것은 아이들에게 소중한 경험을 선사해요. 아이들이 예배를 드릴 때 성경책을 만지작거리고, 찬양도 따라하며 가사를 음미하게 돼요. 식사할 때 부모의 식사 기도나 성경책을 보는 엄마의 모습은 아이의 삶 속에 믿음의 유산을 남겨 주게 되고, 평일에도 교회를 친숙하게 자주 왔다 갔다 하거나 교회 행사와 새벽예배, 수요예배, 금요예배, 성경대학에 아이와 함께 가는 것도 아이에게는 하나의 신앙훈련이 돼요. 가족들이 교회를 중심으로 생활하며, 하나님께 가정의 어려움을 위해 기도하고, 하나님을 주인으로 모신 부모의 모습은 아이가 자신의 진로와 미래의 꿈을 어디에다 의지해야 하는지를 알려 주는 나침판이 돼요. 우리 아이가 하나님의 때에 쓰임 받는 깨끗한 그릇으로 준비되도록 부모가 신앙의 유산을 잘 물려주도록 노력해요.

4장
건강

환절기마다 감기에 걸려 고열에 시달리는 아이를 보는 엄마 마음은 안쓰럽기 그지없다. 그런데 그렇게 며칠 아프고 나면 또 어느새 쑥쑥 커 있는 아이를 발견하곤 한다. 아이는 엄마의 집밥을 먹고 그 육체가 자라고, 엄마의 기도를 통해 그 영이 자라며, 엄마의 사랑을 먹고 그 정신이 자란다. 아이 키우기 무서운 세상이 됐지만 하나님의 보호하심과 엄마의 사랑이 오늘도 우리 아이를 1센티미터 더 자라게 한다.

1
지혜와 키가 자라가며

"예수는 지혜와 키가 자라가며 하나님과 사람에게
더욱 사랑스러워 가시더라" (누가복음 2:52)

아기 예수님은 어머니 마리아와 아버지 요셉 사이에서 성령으로 태어나셨어요. 그러나 예수님은 인간과 똑같이 키와 몸이 자라고 언어도 배우며, 여러 가지 사회생활에 필요한 규칙들을 가정과 부모님, 형제, 그리고 친구와 교회 공동체를 통해 하나씩 배우셨어요. 예수님의 가정은 아버지가 목수라 그리 넉넉하고 부유한 집은 아니었어요. 그런데도 예수님의 키가 잘 자라신 것을 보면 건강하고, 아무거나 잘 드신 것 같아요. 우리 아이도 예수님처럼 키가 잘 자라고 건강해지려면 편식하지 말고, 엄마가 만들어 준 반찬을 맛있게 골고루 잘 먹어야 해요. 또한 예수님은 어린 시절부터 말씀을 열심히 배우고, 말씀 암송도 잘하셨던 것 같아요. 예수님은 키뿐만 아니라, 지혜도 잘 자라셨다고 하셨잖아요. 우리 아이도 집과 교회에서 부모님과 선생님으로부터 성경 말씀을 배울 때 예수님처럼, 열심히 배우고 암송하면 지혜가 쑥쑥 자라게 될 거예요. 이렇게 육의 양식인 밥과 영의 양식인 말씀을 잘 먹으면 하나님뿐만 아니라, 예수님을 만난 모든 사람이 어린 예수님을 사랑하고 예뻐하셨던 것처럼, 우리 아이도 모든 사람에게 사랑을 받게 될 거예요.

 하나님, 우리 아이(   )가 때에 맞게 키와 몸이 성장하고, 지혜 또한 쑥쑥 잘 자라게 인도해 주세요.

영과 육의 양식을 먹어요

첫째 아이는 어릴 적부터 자주 아프고, 키가 작아 걱정을 정말 많이 했어요. 어린이집과 유치원, 초등학교에 입학해서도 줄곧 앞에서 키순서대로 1~2번을 할 정도로 작았어요. 아직도 첫째 아이의 키를 키우는 게 제 고민이자 기도제목이에요. 아홉 살 평균 남자아이의 키는 130센티미터, 몸무게는 28킬로그램이라고 해요. 그런데 우리 아이는 또래 아이들과 함께 서 있으면 꼭 두 살은 더 어린 것 같아 속상하곤 한답니다. 심지어는 일곱 살인 둘째 아이보다도 몸무게가 덜 나가요. 반찬도 항상 똑같은 김, 달걀 프라이 반숙, 베이컨 외에는 잘 안 먹으려 해요. 그래서 요즘은 시간이 나면 아이와 함께 반찬을 하나씩 만들어서 먹어요. 김치를 담그거나 나물을 무치면 옆에서 먹곤 맛있다고 말해요. 마치 어릴 적 친정엄마가 김치를 담그면 옆에서 집어먹던 제 모습이 떠오르기도 해요. 우유도 매일 마셔야 키가 큰다며 엄마랑 같이 마셔요. 반면 성경 말씀이나 책을 읽어줄 때, 그림을 그리거나 여행을 갈 때면 아이가 보고 느낀 것을 자기 생각으로 잘 표현하곤 해서 정말 지혜가 쑥쑥 자라간다는 말씀이 피부로 느껴지곤 해요. 아이는 정말 자신이 보고 느낀 대로 자라나요. 부모가 말해주고 행동하는 것, 같이 다니며 보여주는 것에 따라 딱 그만큼 영향을 받게 되는 것 같아요. 또 엄마가 함께 있지 않은 시간인 유치원이나 학교에서도 지리와 역사, 과학, 수학, 영어 등 배우는 게 참 많아요. 아이가 아홉 살 때까지 부지런히 영의 양식인 말씀을 먹여 주고 육의 양식도 먹여 줘서 지혜와 키가 자라도록 엄마들은 부지런해야 해요. 그럴 때 하나님뿐만 아니라, 가족들과 선생님, 그리고 친구들 사이에서도 사랑받는 아이로 쑥쑥 자랄 거예요.

2
모든 병과 모든 약한 것을 고치시니

"예수께서 온 갈릴리에 두루 다니사 그들의 회당에서 가르치시며
천국 복음을 전파하시며 백성 중의 모든 병과 모든 약한 것을 고치시니" (마태복음 4:23)

엄마가 아이에게

예수님은 말씀으로 마귀의 시험을 이기신 후, 온 갈릴리를 두루 다니시면서 사람들에게 하나님 나라와 복음에 대해 가르치셨어요. 그런데 백성 중에 병에 걸려 아픈 사람들이 많았어요. 예수님은 하나님 나라가 얼마나 크고 놀라운지 알려 주기 위해, 병에 걸려 아픈 사람들을 많이 고쳐 주셨어요. 앞을 보지 못한 사람도 예수님께서 고쳐 주셔서 눈을 뜨게 되었고, 앉은뱅이도 예수님께서 "일어나 걸어라"고 말씀하시면 걷게 됐어요. 심지어 예수님은 이미 죽었던 나사로도 다시 살리셨어요. 예수님 정말 대단하죠? 그동안 우리 아이도 아플 때가 많았죠? 아마 아홉 살까지는 소아과병원을 많이 들락날락 할 거예요. 몸이 아프면 많이 힘들고, 맛있는 음식도 입맛이 없어서 못 먹어요. 또 재미난 블록이나 인형 놀이도 못하고, 만화영화 볼 기운도 없지요? 그럴 때는 예수님께 모든 것을 의지하고, 몸과 마음의 아픈 곳을 낫게 해 주시길 기도해요. 예수님께서 우리 아이가 다시 건강해지도록 치유해 주실 거예요. 예수님은 우리 아이가 건강하게 자라도록 늘 보호해 주시는 치유의 주님이라는 사실을 잊지 마세요.

기도 하나님, 우리 아이(   )를 질병과 사고의 위험에서 지켜주시고, 아플 때는 속히 치유하셔서 건강을 회복하게 해 주세요.

기도의 온도

엄마에게는 아이를 낳는 순간부터 꽤 긴 시간 동안 필수품 두 개가 생기지요. 감기에 자주 걸리는 아이를 위한 체온계, 그리고 자주 더러워지는 아이 손발을 닦기 위한 물티슈가 꼭 필요해요. 첫째 아이는 자주 감기에 걸리고 아팠어요. 네 살과 다섯 살 때는 폐렴으로 연속 병원에 일주일간 입원하기도 했지요. 특히 직장에 다니는 엄마에게 아이가 아프면 새벽에 체온계로 열 체크를 자주 해야 하는 게 정말 고역이 아닐 수 없어요. 왜냐하면 잠을 거의 설치기 때문이에요. 직장 맘들은 다음 날 출근해야 해서 더욱 힘들지요. 열이 38도가 넘으면, 그때부터 엄마는 아이 열을 떨어뜨리기 위해 물수건으로 손과 발, 배 등 온몸을 닦아 주기도 하고, 아이가 잠들면 살짝 두부를 겨드랑이에 껴넣기도 하는 등 바빠져요. 그래도 열이 안 떨어지면 욕조에 물을 받아 수건을 미지근한 물로 적셔 아이의 몸을 닦아주지만, 열은 쉽사리 떨어지지 않지요. 그러다 엄마와 아이 모두 잠시 잠이 들었다 깨 보면, 어느새 밤새 열과 싸운 아이의 이마가 미지근해져 있는 것을 발견하게 돼요. 이런 과정을 통해 아이도 조금씩 성장하고, 부모도 부모다운 부모로 성장해 가는 게 아닌가 싶어요. 부모는 아이가 아플 때, 가장 간절하게 기도하게 돼요. 아이 또한 아플 때 부모를 가장 많이 의지해요. 엄마 아빠 그리고 아이 셋이 함께 기도하며 병이 낫기를 기도할 때 아이의 열이 내린 것처럼, 부모와 아이의 신앙은 반대로 조금씩 성장하지요. 아마 엄마 아빠의 기도의 온도가 아이의 열을 떨어뜨리는 것 같아요. 아이가 아플 때 예수님께 더욱더 의지하는 시간이 되도록 온 가족이 기도의 손을 모아 봐요.

3
아기가 자라며 강하여지고

"아기가 자라며 강하여지고 지혜가 충만하며
하나님의 은혜가 그의 위에 있더라 그의 부모가 해마다 유월절이 되면
예루살렘으로 가더니 예수께서 열두 살 되었을 때에
그들이 이 절기의 관례를 따라 올라갔다가" (누가복음 2:40~42)

엄마가 아이에게

　예수님은 성장할수록 몸이 튼튼하고 강해지셨어요. 아마 육체적으로나 정신적으로 건강한 어린이였던 것 같아요. 우리 아이도 성장할수록 점점 다리도 길어지고, 손과 발도 커지면서 몸무게가 늘어나며 키가 크는 것을 느끼지요? 예수님은 열두 살이 되자, 유월절을 맞아 부모님을 따라 예루살렘으로 가게 돼요. 우리 아이도 엄마 아빠를 따라 교회에 가거나 좀 더 멀리 여행을 따라간 적이 있지요? 이때 예수님은 강하고 튼튼해서 아마 부모님과 함께 걸어가셨을 거 같아요. 우리 아이는 집 밖으로 나가면 엄마 아빠에게 "엄마, 힘들어 업어 줘, 안아 줘" 할 때가 있지요? 그러나 우리 아이의 발로 직접 걸어보고, 뛰어보며, 몸을 움직여야 강해질 수 있어요. 줄넘기나 훌라후프를 돌리는 친구들도 있고, 태권도나 수영을 하는 친구들도 있을 거에요. 아니면 엄마 아빠랑 저녁에 공원이나 학교 운동장을 한 번 걷거나 뛰면서 놀아 봐요. 운동을 하면서 몸을 움직여야 신경세포들이 살아나 몸이 건강해질 수 있고, 세균들의 공격도 막아낼 만큼 강해질 수 있어요.

기도 　하나님, 우리 아이(　　　)가 많이 뛰어놀고 운동도 해서 몸과 마음이 강해질 수 있도록 해 주세요.

추억의 골목 놀이

제가 우리 아이 또래였을 때만 해도 몸을 움직이는 놀이가 참 많았어요. 그때는 비싼 장난감이나 인형이 없었어도 몸으로 노는 골목 놀이 문화가 다양했어요. 술래잡기, 다방구놀이, 공기놀이, 무궁화 꽃이 피었습니다, 말뚝 박기, 사방치기, 오징어놀이, 고무줄놀이 등 돈도 안 들고, 친구들과 함께 온몸을 움직여 노는 진짜 재미있는 놀이들이었어요. 저녁이 되어도 집에 갈 시간도 잊고 동네 골목에서 신나게 놀았던 기억이 나네요. 그런데 요즘은 집 밖이 위험해 집안에서만 아이들을 키우게 되는 경향이 많아요. 한 번은 우리 아이가 여섯 살 때, 옆집 아이와 아랫집 아이와 셋이서 같은 어린이집에 다녔는데, 어린이집에 갔다 온 오후에 날씨가 너무 화창하자, 아이들이 한두 명씩 집 앞 골목에서 숨바꼭질 놀이를 하면서 깔깔거리고 놀기 시작했어요. 그런데 지나가는 할머니 한 분이 그 모습을 보시곤, 요즘 세상에 골목길에서 아이들의 웃음소리를 듣는 게 정말 몇 년 만인지 모르겠다며 신기해하셨다고해요. 요즘 시대는 조금만 집 밖을 나가도 차 때문에 위험하고, 모르는 사람이 유괴라도 할까 봐 아이들을 밖에 혼자 보내기가 쉽지 않은 세상이 돼 버렸어요. 그래서 저는 퇴근 후 시간만 되면 아이가 다니는 초등학교 운동장에 가거나 동네 한 바퀴 산책 또는 동네 놀이터에서 한두 시간씩 아이와 함께 놀곤 해요. 그러면서 오늘 있었던 이야기를 아이와 서로 친구처럼 나누곤 해요. 우리 아이에게 몸을 자주 쓰고 뛰어놀며 강해질 수 있도록 엄마 아빠가 함께 놀아주세요.

4
땅에서 장수하리라

"네 아버지와 어머니를 공경하라 이것은 약속이 있는
첫 계명이니 이로써 네가 잘되고 땅에서 장수하리라"(에베소서 6:2~3)

엄마가 아이에게

바울은 자신이 사랑으로 기도하는 여러 교회에 편지를 쓰곤 했어요. 이번에는 에베소교회에 편지를 쓰면서 여러 가지 좋은 이야기들을 들려줘요. 하늘에 속한 복은 바로 예수 그리스도를 믿는 것이래요. 특히 예수님을 믿는 가정에서는 부부가 서로 사랑하며 섬기고, 자녀들도 부모에게 순종하는 것이 옳다고 말해요. 이미 하나님은 모세에게 십계명을 주셨어요. 제5 계명이 바로 "네 부모를 공경하라"에요. 우리 아이는 부모님의 말씀에 순종하는 것이 축복의 계명이라는 사실을 명심해야 해요. 우리 친구들도 유치원이나 학교에서 아빠와 엄마에게 편지를 쓸 때가 있지요? 아빠와 엄마에게 편지를 쓸 때는 사랑하는 마음으로 쓰게 되잖아요? 바울도 마찬가지였어요. 우리 친구들이 아빠와 엄마의 말씀을 잘 듣고, 순종하면 좋은 일이 생겨요. 치아를 꼭 닦고 자라, 밤에 일찍 자라, 인사를 잘해라, 놀고 난 다음에는 장난감 정리를 잘해라, 밖에 나갔다 오면 손발을 깨끗이 씻어라 등 부모님의 말씀에 순종하면 건강하게 잘 자랄 수 있어요. 이렇게 부모님의 말씀에 순종하면 아프지 않고 건강하게 오래 살 수 있대요.

 하나님, 우리 아이(   )가 엄마 아빠의 말씀에 잘 순종해 이 땅에서 장수할 수 있도록 지켜 주세요.

천국에서 다시 만나자!

우리 아이들은 둘 다 아들이라 그런지 성경 인물들의 재미난 스토리나 용맹스러운 인물들의 싸우는 장면을 좋아해요. 특히 에녹은 죽지 않고 하늘로 들려 올라갔고 므두셀라는 969세까지 인류 역사상 가장 오래 산 사람이라고 이야기를 해 주면, "사람은 왜 죽어?"부터 시작해서 "엄마는 몇 살까지 살아?" 하고 묻곤 해요. 아마 아이들이 가장 궁금해 하는 질문 중 하나가 "사람은 언제 죽고 왜 죽느냐"인 거 같아요. 우리 아이들은 아직 어려서 사람이 죽으면 어떻게 되고, 왜 죽어야 하는지 이유를 잘 이해하지 못해요. 또 사랑하는 엄마 아빠는 죽지 않고 자신들과 함께 영원히 사는 줄 믿고 있어요. 그럴 때는 아이에게 솔직하게 이야기해 줘요. "엄마 아빠도 나이가 들고 할아버지와 할머니가 되면, 언젠가 죽게 돼. 그리고 하나님의 품으로 가게 되지"라고 알려줘요. 그러면 우리 아이들은 정말 간절하게 "하나님, 엄마가 할머니 안 되게 해 주세요" "하나님, 엄마 아빠가 죽지 않고 하윤이, 하진이랑 오래 같이 살게 해 주세요"라며 벌써 저의 장수를 위해 기도하는 효자들이 되곤 해요. 그러면 저도 "하나님, 저 좀 천천히 늙게 해 주시고, 우리 아이들과 함께 오래 이 땅에서 살게 해 주세요" 하고 욕심을 부려보게 돼요. 그러나 언제인지 모르겠지만, 저 역시 하나님의 품으로 돌아간다는 사실, 이 땅의 삶은 유한하나 하나님의 나라는 이 땅과 비교할 수 없을 만큼 아름다운 나라라는 사실, 천국에서 우리는 다 같이 만나게 된다는 사실을 알려줘요. 그러면 아이들도 죽으면 천국에 간다는 사실을 철석같이 믿어요. 우리 이 땅에서 장수하고, 천국에서 다시 꼭 만나자!

5
자신의 깨끗함을 나타내었느니라

"보라 하나님의 뜻대로 하게 된 이 근심이 너희로 얼마나 간절하게 하며
얼마나 변증하게 하며 얼마나 분하게 하며 얼마나 두렵게 하며
얼마나 사모하게 하며 얼마나 열심 있게 하며 얼마나 벌하게 하였는가
너희가 그 일에 대하여 일체 너희 자신의 깨끗함을 나타내었느니라" (고린도후서 7:11)

엄마가 아이에게

바울은 고린도교회 성도들에게 편지를 써서 야단을 친 적이 있는데, 처음에는 후회했대요. 그러나 고린도교회 성도들이 바울의 편지를 읽고 오히려 자신들의 잘못을 회개했다고 하자 안심했어요. 이 일로 바울은 하나님의 뜻 안에서 하는 걱정은 잘못을 돌아보게 만들어, 죄로부터 자신을 깨끗하게 해서 구원에 이르게 한다는 사실을 깨달아요. 바울의 고린도교회에 대한 걱정은 그들에게 하나님을 향한 간절한 마음을 갖게 했고, 복음을 전하는 일에 열심을 내게 했으며, 죄에 대해 분노하게 했고, 죄로부터 교회를 깨끗하게 했어요. 우리 주변에는 걱정이 너무 많은 사람도 있고, 죄를 지어도 걱정하지 않는 사람도 있어요. 너무 걱정만 하다가 우울증에 걸리는 것도 문제지만, 자신의 잘못을 깨닫지 못할 정도로 걱정 없는 사람도 문제에요. 우리 아이는 걱정을 많이 하는 편인가요? 하나님의 뜻대로 하는 걱정은 우리한테 좋고, 죄로부터 우리를 깨끗하게 만들어 줘요. 잘못한 일이 있으면 회개하고 깨끗해져서 기쁨을 회복하는 우리 아이가 되도록 해요.

기도 하나님, 우리 아이(   )가 잘못한 일이 있으면 회개해 죄로부터 깨끗함을 받아 마음의 평안을 얻게 하소서.

손톱과 발톱 깎기

아이를 키우다 보면 정말 자주 신경 써야 하는 부분이 손톱, 발톱을 매주 깎아 주는 일이에요. 갓난아기 때는 손싸개, 발싸개를 씌워 놓아 얼굴을 할퀴는 것을 방지할 수 있지만, 조금만 크면 이제 자주 손발을 엄마의 눈으로 점검해 줘야 해요. 1년이 지나도 키는 몇 센티미터 안 크는 것 같은데, 그놈의 손톱과 발톱은 정말 자주 자라요. 한 주만 소홀해도 엄청나게 자라서 때가 껴 있는 것을 보게 돼요. 아이가 어릴수록 손을 빠는 아이들도 있고, 손으로 음식을 가져다 먹는 아이들도 많아서 정말 손톱 깎기는 엄마의 필수 노역 중 하나에요. 손톱을 입으로 자주 뜯는 아이는 정서적으로 불안하거나 애정 결핍의 한 증상일 수 있고, 손톱과 발톱 관리가 안된 것은 부모의 방임의 증거가 되기도 해요. 그런데 아이들이 가장 싫어하는 것 중에 하나가 바로 손톱과 발톱을 깎는 일이에요. 머리카락보다는 한없이 짧기에 손톱을 자르려면 아프다고 소리 지르기도 하고, 엄마가 실수로 생살을 살짝 건들기도 해요. 그러나 아이들에게 어릴 적부터 항상 밖에 있다가 집에 오면 손발을 깨끗이 닦고, 손톱과 발톱은 일주일에 한 번씩 꼭 잘라야 한다고 일러 줘야 해요. 그런데 이 기본 중 기본을 제때에 안 하면 발바닥은 새까맣게 돼 버리고, 손톱과 발톱도 때가 낀 채로 길어서 아이의 건강을 해치는 주범이 돼 버려요. 집에 손 닦는 아이 전용 물비누를 두고, 혼자 닦는 습관을 들이도록 하는 것도 중요해요. 손톱과 발톱처럼 잘 자라지만 깎지 않으면 건강에 위험한 존재가 되는 것처럼, 말씀을 자주 보고 하나님께 기도하지 않으면 우리의 믿음도 죄로 인해 병들 수 있다는 사실을 명심해야 해요.

6
네 식탁에 둘러앉은 자식들은

"네 집 안방에 있는 네 아내는 결실한 포도나무 같으며
네 식탁에 둘러앉은 자식들은 어린 감람나무 같으리로다" (시편 128:3)

이 시편은 집 안에 있는 엄마를 결실한 포도나무와 같고, 식탁에 둘러앉은 자식들은 어린 감람나무와 같다고 말해요. 포두나무는 향기가 나지 않지만 풍성한 열매를 맺어요. 포도나무 같은 엄마의 기도와 사랑, 인내와 헌신으로 우리 가족은 밥도 먹고, 깨끗하게 청소된 집에서 살아가게 돼요. 그래서 엄마는 포도나무와 같아요. 또 감람나무는 처음 7년 동안은 열매가 없다가 7년 후부터 열매를 맺는다고 해요. 이렇게 감람나무는 2천 년이 넘게 오래 살면서 열매를 맺어요. 자식을 감람나무라고 한 것은 '무한한 가능성'을 지닌 존재이기 때문이래요. 우리 아이도 앞으로 어떤 모습으로 자라게 될지 궁금하지요? 우리 아이는 가능성이 풍부한 감람나무같이 귀한 존재라는 사실을 명심해야 해요. 그러려면 온 가족이 함께 모여 밥 먹는 시간을 잘 지키고, 식탁에서의 예절이나 부모님의 말씀도 잘 들어야 해요. 하루 동안 각자 생활을 하다 식탁에 앉은 자리에서 밥도 맛있게 먹고, 재미난 이야기도 나누며 이야기꽃을 피워요. 엄마 아빠의 사랑을 가장 많이 받는 곳이 바로 밥상 위라는 사실을 명심해요.

 하나님, 우리 아이(   )가 밥상머리 교육을 잘 받아서 행복하고, 예절 바른 아이로 잘 커가게 해 주세요.

밥상머리 교육

집에서 아이와 가장 많이 만나는 장소는 아마 식탁일 거예요. 아침이든 저녁이든 하루에 한 번, 바쁘면 일주일에 한 번이라도 꼭 온 가족이 식탁에 둘러앉아 함께 밥을 먹는 일은 아주 중요해요. 온 가족이 함께할 수 있는 일로는 여러 가지가 있지만, 가장 중요한 일이 바로 매일 규칙적으로 함께 밥을 먹는 일이에요. 유대인은 이 식탁에서의 교육을 아주 중요하게 생각했는데, 가장 중요시 하는 토론문화도 이 식탁에서부터 시작됐대요. 아이들은 밥상 위에서 자기가 좋아하는 음식뿐만 아니라, 하루에 있었던 일 중 좋았던 일과 안 좋았던 일들을 말하기도 하고, 부모들도 아이들의 밥숟가락 위에 반찬을 얹어 주며 "맛있는 반찬이니까 꼭꼭 씹어 먹어" 하고 대화의 물꼬를 트기도 해요. 또 아이는 궁금했던 질문들을 부모에게 묻기도 하면서 아이의 언어 능력이 키워지는 자리이기도 해요. 이를 '밥상머리 교육'이라 부르는데, 아이의 버릇이나 습관을 고치는 가정교육의 보물과 같은 시간이에요. 부모가 아이에게 식사 예절을 가르칠 수도 있고, 식사 기도를 가르치며 하나님의 공급하심에 감사드릴 수도 있어요. 또 엄마가 만든 음식에 대한 감사함과 농부들의 땀, 자연 생태계까지 배울 수도 있어요. 또 함께 식사하며 온 가족의 입가에 웃음의 바이러스가 퍼져 아이가 가장 행복을 느낄 수 있는 시간이에요. 식사 예절을 잘 지킨 아이가 다른 질서도 잘 지키지 않을까요? 엄마가 정성껏 요리한 음식을 내 아이에게 먹일 수 있는 시간, 엄마의 사랑을 가장 크게 느끼는 시간이에요.

더욱 네 마음을 지키라

"그것은 얻는 자에게 생명이 되며 그의 온 육체의 건강이 됨이니라
모든 지킬 만한 것 중에 더욱 네 마음을 지키라
생명의 근원이 이에서 남이니라" (잠언 4:22~23)

엄마가 아이에게

솔로몬 왕은 아들에게 지혜의 길에서 떠나지 말라고 당부해요. 특히 악의 길을 멀리하고, 지혜의 길을 걸으라고 강조해요. 사람이 이 세상을 살면서 소중히 해야 할 것은 금은보석이나 돈이 아니라 지혜라고 말해요. 지혜는 눈에 보이지는 않지만 마음에 평안을 가져다줘요. 우리 아이도 몸은 아픈 곳이 없지만, 잘못을 저지르면 부모님이나 선생님께 야단을 맞을까 봐 마음이 불안할 때가 있지요? 그러면 우리 아이의 속마음이 슬프고 아프게 돼요. 건강은 몸의 건강뿐만 아니라 마음의 건강도 소중히 지켜야 진정으로 건강한 사람이 돼요. 몸은 건강한데 항상 걱정이 많은 사람도 있어요. 그런 사람은 진짜로 건강하다고 말할 수 없어요. 우리 아이는 하나님의 말씀을 통해 지혜를 얻어서 마음의 평안과 육체의 건강을 지키도록 노력해요. 몸이 병들면 약을 구할 수 있지만, 마음이 병들면 고칠 약을 구하기 힘들어요. 항상 하나님의 말씀에 붙어 있어서 마음을 굳건하게 지키도록 노력해요. 그러면 마음이 평안하고, 하루하루가 즐거울 거예요.

 기도 하나님, 우리 아이(   )가 육체의 건강뿐만 아니라 마음의 건강도 잘 지킬 수 있
도록 어린 시절부터 말씀과 친해지게 해 주세요.

영혼의 건강

겉으로 보기에는 멀쩡해 보이는 사람도 나중에 알고 보면 영혼이 병들어 있어서 죄를 저지르는 것을 보기도 해요. 정말 한 사람의 영혼의 건강이 가장 중요하다는 사실을 깨달아요. 특히 부모의 나쁜 언어습관이나 행동은 아이가 그대로 따라하는 1차 모방 모델이 된다는 점에 유의해야 해요. 한 번은 교회에 갔다 온 후 둘째 아이 볼살이 너무 예뻐서 "울 하진이 엄마 보고 싶었엉? 안 보고 싶었엉?" 하고 코맹맹이 소리를 하니까 아이가 하는 말이 "엄마, 영아부야?" 그러는 거예요. 교회 전도사님이 설교해도 아이들의 목소리가 작고 영아부 아이처럼 구니까 "여러분 영아부에요?" 하고 말한 걸 엄마한테 그대로 이야기한 거예요. 한참 뒤 엄청 더워 에어컨을 오래 틀고 있으니까 둘째 아이가 "전기세 나가. 빨리 꺼" 하는 거예요. 평소 제가 자주 하는 말 중 하나를 따라한 거죠. 한 번은 뉴스에서 세 살짜리 아이가 스마트폰에 중독된 폐해가 나왔어요. 아이들이 스마트폰을 가지고 놀면 집중을 잘해 엄마들이 다른 일을 할 때면 곧잘 주곤 하는데, 아이들의 몸과 마음 건강에는 정말 안 좋아요. 스마트폰에 중독된 아이들의 부모 역시 스마트폰에 중독된 경우가 많아요. 한 번은 둘째 아이와 애O팡 게임을 스마트폰으로 하고 있으니, 첫째 아이가 "저, 중독자들" 하며 지나가서 한참을 웃었어요. 첫째 아이는 스마트폰을 사주겠다고 해도 중독될 거 같다며 싫다고 해요. 저도 언제까지 안 사줄 수 있을지 모르겠지만 스마트폰에 중독된 청소년들의 모습을 보면 다행이다 싶어요. 우리 아이에게 스마트폰 대신 말씀을 들려줘서 게임기보다 더 재미있고, 어려운 일이 있을 때는 하나님께 의지하는 아이로 자라게 인도해 줘요.

8

무슨 먹을 것이 있느냐

"예수께서 이르시되 어찌하여 두려워하며 어찌하여 마음에 의심이
일어나느냐 내 손과 발을 보고 나인 줄 알라 또 나를 만져 보라 영은 살과 뼈가 없으되
너희 보는 바와 같이 나는 있느니라 이 말씀을 하시고 손과 발을 보이시나 그들이 너무
기쁘므로 아직도 믿지 못하고 놀랍게 여길 때에 이르시되 여기 무슨 먹을 것이 있느냐
하시니 이에 구운 생선 한 토막을 드리니 받으사 그 앞에서 잡수시더라" (누가복음 24:38~43)

엄마가 아이에게

예수님은 십자가에서 돌아가시고, 삼 일 만에 부활하셨어요. 그리고 열한
명의 제자들 앞에 나타나셨어요. 예수님이 돌아가셨다고 생각하며 슬픔에
빠져 있던 제자들이 얼마나 깜짝 놀랐겠어요. 제자 중에는 예수님의 부활을
의심하거나 두려워하는 사람도 있었어요. 그래서 예수님은 제자들에게 직접
자신의 손과 몸을 만져보라고 하셨어요. 제자들은 예수님의 살아나심이 매
우 기뻤지만, 여전히 믿지 못하는 사람도 있었어요. 그때 예수님은 "여기 무
슨 먹을 것이 있느냐?"고 물으셨고, 제자 중 한 사람이 구운 생선 한 토막을
드리니 맛있게 드셨어요. 제자들은 예수님이 구운 생선을 직접 드시는 모습
을 보고, 예수님이 부활하셨다는 사실을 정말로 믿게 됐어요. 죽은 사람은
결코 음식을 먹을 수가 없기 때문이에요. 우리 아이도 예수님이 십자가에 달
려 돌아가셨지만 삼 일 만에 부활하신 사실을 정말로 믿지요? 그 믿음을 잘
간직해야 해요.

 기도 : 하나님, 우리 아이(   )가 예수님의 부활을 믿고, 평소 영과 육의 양식을 편식하
지 않고 잘 먹게 하소서.

나이가 들면 생각나는 음식

음식을 잘 못 먹는 아이도 있고, 아무 반찬이나 줘도 잘 먹는 아이가 있어요. 같은 엄마 배에서 나왔는데, 식성이 다른 걸 보면 정말 신기해요. 첫째 아이는 처음 키우다 보니, 예민하게 키웠던 것 같아요. 반면 둘째 아이는 이미 첫째를 키워 본 경험이 있어서 덜 조심하게 되는 면이 있었어요. 아홉 살인 첫째는 맛있는 반찬을 많이 해 줘도 먹을 게 없다며, 자신이 좋아하는 음식 한두 개만 골라서 먹어요. 반면, 일곱 살인 둘째는 짭짭 소리를 내며 수저가 정신없이 반찬 사이로 왔다 갔다 하고, 음식을 갖다 주지 않아도 수시로 냉장고 문을 열고 스스로 먹을 것을 잘 찾아 먹어요. 그런데 입이 짧은 첫째 아이도 잘 먹는 음식이 있는데, 바로 고등어조림이에요. 제주도에 갔을 때 먹은 고등어조림은 정말 제 입에도 환상적이었는데 첫째 아이가 "엄마, 정말 맛있어요" 하며 집에서도 자주 해 달라는 음식이 됐어요. 그런데 둘째는 유독 단호박을 싫어해요. "엄마, 단호박은 똥 맛이야." 그러면서 얼굴까지 찡그려요. 저도 어릴 적에는 즐겨 먹지 않았던 음식 중 나이가 들면서 자꾸 생각나 좋아하게 된 음식이 있어요. 친정엄마가 어릴 적에 해 준 갓김치나 동치미국, 쇠고기 뭇국, 매생이국, 임연수어 구이, 꼬막 무침이 그래요. 다 건강음식인데, 어릴 적에는 촌스럽고 어른들만 먹는 음식이라며 맛없다고 생각했었죠. 그런데 지금은 없어서 못 먹어요. 그래서 어릴 적에 아이들에게 여러 가지 음식의 맛을 보여 주면 언젠가 그 미각이 되살아나 기억하게 되고, 잘 먹게 될 날도 오는 것 같아요. 우리 아이가 몸에 좋은 음식은 잘 먹게 되고, 몸에 안 좋은 음식은 멀리했으면 좋겠네요.

해 질 때에 목욕하고

"해 질 때에 목욕하고 해 진 후에 진에 들어올 것이요." (신명기 23:11)

엄마가 아이에게

신명기는 이스라엘 백성들을 애굽에서 이끌고 나온 모세가 이스라엘 출애굽 2세대들에게 이별 인사를 하는 내용을 담고 있어요. 모세는 광야 40년 동안 하나님께서 신실하게 인도하시고 돌봐주신 점에 대해 감사드려요. 또 십계명을 포함한 율법 하나하나를 이스라엘 백성들에게 자세히 설명해 주면서 잘 지킬 것을 당부해요. 특히 신명기 23장은 약속의 땅 가나안에서 이스라엘 백성들이 거룩하게 살아야 한다고 강조하고 있어요. 그중 배설물은 밖에서 땅을 파고 덮으며, 더럽고 부정한 몸은 해 질 때에 목욕해서 깨끗이 씻어야 한다고 말해요. 우리 아이도 목욕하는 거 좋아하죠? 주로 목욕을 언제 하나요? 낮에 하나요? 밤에 하나요? 어느 때 하든지 상관은 없지만 주로 잠자기 전에 몸을 씻는 것이 우리의 몸 건강에 좋다고 해요. 몸이 깨끗해져 세균이 우리 아이 몸 안으로 들어오지 못하게 하니까요. 그리고 잠자기 전에 목욕하면 기분도 개운해질 뿐만 아니라, 잠도 푹 잘 수 있어요. 특히 땀을 자주 흘리는 여름에 목욕을 자주 해 주면 모기도 안 물리고 냄새도 없어질 뿐더러, 피부가 뽀송뽀송해져서 느낌이 좋아요.

기도 하나님, 우리 아이(   )가 몸을 항상 깨끗이 하여 구별된 하나님의 백성으로서 몸과 마음이 항상 건강하도록 지켜 주세요.

목욕, 큰 헌신

아이들이 가장 좋아하는 게 아마 물놀이일 거예요. 특히 물은 아이들이 엄마 뱃속에 있을 때부터 친숙한 공간이라 그런지, 정말 좋아하는 놀이 중 하나예요. 저희 아이들도 여름이나 겨울이나 가리지 않고, "목욕하자" 하면 가장 좋아해요. 물속에서 작은 장난감을 가지고 놀기도 하고, 별것 없어도 자기들끼리 물놀이하며 깔깔거리고 웃곤 해요. 어릴 적에 친정엄마가 대중 목욕탕에 데려가 때밀이 수건으로 온몸을 밀어주던 기억이 새롭게 떠오르는 순간이죠. 그때는 엄마가 내 몸의 때를 얼마나 힘들게 밀어 주시는지 몰랐는데, 아이 둘을 키우며 목욕을 시키다 보면 그것이 얼마나 큰 헌신인 줄 깨닫게 되더라고요. 아이들의 몸을 비누칠만 하고 손으로 닦아 주면, 말끔한 느낌이 안 들어요. 그래서 때밀이 수건으로 밀면, 아이들이 아프다고 난리를 피운답니다. 그런데 정말 때밀이 수건으로 밀어야 아이들의 몸에 붙은 때들이 말끔하게 벗겨져요. 여름에는 그냥 대야에 물만 받아 줘도, 자기들끼리 한두 시간은 너끈히 놀곤 하죠. 특히 자주 아이들의 머리를 감기고 목욕시켜 주다 보면, 엄마는 아이의 몸 어딘가 멍든 곳은 없는지 아이의 몸 상태를 점검할 수도 있어요. 아이 또한 몸이 개운해지고 기분도 좋아져 잠을 깊이 잘 자게 된답니다. 대게는 엄마 아빠 둘 중 한 명이 아이 목욕시키는 전담자가 있기 마련인데, 아이가 커갈수록 여자아이는 엄마가, 남자아이는 아빠가 목욕을 시키는 게 좋아요. 목욕하고 푹 잠든 아이의 얼굴을 보는 것은 엄마로서 이 세상에서 느끼는 행복감 중 가장 배부른 행복일 거예요.

사랑하시는 자에게는 잠을 주시는도다

"여호와께서 집을 세우지 아니하시면 세우는 자의 수고가 헛되며
여호와께서 성을 지키지 아니하시면 파수꾼의 깨어 있음이 헛되도다
너희가 일찍이 일어나고 늦게 누우며 수고의 떡을 먹음이 헛되도다
그러므로 여호와께서 그의 사랑하시는 자에게는 잠을 주시는도다" (시편 127:1~2)

엄마가 아이에게

솔로몬은 우리의 힘으로 집을 세우려고 아무리 노력해도 하나님께서 함께하시지 않으면 모두 헛수고라고 말해요. 또 파수꾼이 잠을 안 자고 깨어 집을 지켜도, 하나님께서 집을 지켜주시지 않으면 헛되다고 말해요. 파수꾼은 어떤 것을 지켜 주는 사람이에요. 심지어 우리가 아침에 일찍 일어나고, 밤에 늦게 잠자리에 들 만큼 열심히 일해도, 하나님이 함께하시지 않으면 헛되다고 말해요. 이것은 하나님께서 함께하시는 삶의 중요성을 말해요. 하나님과 함께하고 하나님께서 지켜주시는 사람은 밤에 잠을 자도 걱정 없이 잘 수 있기 때문이에요. 그래서 하나님은 사랑하시는 자에게는 잠을 주신다고 하셨어요. 우리 아이는 밤에 잠을 잘 자나요? 밤에 잠을 잘 자려면 하나님께 모든 것을 맡기고, 하나님의 함께하심을 위해 늘 기도해야 해요. 그러면 불안하거나 무섭지 않고, 평안한 잠을 잘 수가 있어요. 사랑하는 자에게 잠을 주시는 하나님, 우리 아이가 잠을 푹 잘 수 있도록 주님이 파수꾼이 되어 주세요.

 기도 하나님, 우리 아이(   )가 밤에 잠을 푹 잘 수 있도록, 주님이 파수꾼이 되어 지켜 주소서.

잘 먹고, 잘 자고, 잘 싸고

유독 잠이 많은 아이도 있고, 잠이 없는 아이도 있어요. 아이들이 태어나면 "잘 먹고, 잘 자고, 잘 싸고"가 3대 과제이지요. 그러나 이 세 가지는 성인이 되고, 노인이 돼서도 마찬가지인 것 같아요. 한 번은 칠십 세가 다 된 장로님을 인터뷰한 적이 있는데, 밤에 잠을 잘 자고 아침에 일찍 일어나 변을 보고, 삼시세끼를 맛있게 먹고, 성경을 매일 읽으니 이보다 더 복된 노년이 없다고 말씀하신 게 기억나네요. 아이들 역시 밤에 잠을 잘 자야 잘 큰다고 하잖아요. 첫째 아이는 유아기에 주로 늦게 자고, 아침에 일찍 일어나 항상 눈 밑에 다크 서클이 있었어요. 반면, 둘째 아이는 일찍 푹 잠을 자고, 늦게 일어나는 편이에요. 그래서 엄마들은 아이들의 잠자리 습관을 길들이기 위해 여러 가지 노력을 해요. 밤 9시면 불을 다 끄기도 하고, 방안에 조그만 조명을 켜기도 하면서 아이의 성향에 따라 이 방법, 저 방법 다 써보지요. 둘째 아이의 경우는 잘 때 아직도 엄마 배를 만지고 자요. 아이에 따라 엄마 가슴이나 몸을 꼭 만져야 잠을 자는 아이들도 있어요. 가끔은 아이들이 엄마의 살을 먹고 자라는 것 같다는 생각이 들어요. 안아 주고, 업어 주고, 씻겨 주고, 아이들과 살을 비비면 어느새 엄마와 아이 간의 살 정이 혈연의 정보다 더 드는 것 같아요. 물론 엄마는 피곤하지요. 아이가 집안이나 밖이나 엄마 몸을 더듬거리는 것은 귀찮은 일이에요. 그런데도 엄마니까 아이에게 내 살을 맡기는 것이지요. 아이들이 숙면을 취하게 되면, 밤에 꿈도 잘 꾸는 것 같아요. 아이들이 자면서 웃음소리를 내면 엄마 미소가 저절로 지어져요. 아이가 뭔가 좋은 꿈을 꾸고 있는 것 같기 때문이지요. 하나님께서 우리 아이들과 함께하셔서 항상 잠을 잘 자는 축복을 주셨으면 해요.

5장
영성

말씀은 힘이 있어서 아이에게 스펀지처럼 잘 흡수된다. 말씀이 꿀처럼 달다는 것을 느끼도록 엄마가 아이에게 말씀을 먹여 주자. 또 아이가 힘들 때는 스스로 기도하도록 인도해 주자. 우리 아이가 공부에 지칠 때나 친구 때문에 힘들 때, 꿈을 찾아갈 때도 말씀과 기도가 큰 힘이 되고 방향키가 되도록 인도해 주자. 밥심으로는 하루를 살지만, 말씀과 기도의 힘으로는 평생을 살게 됨을 아이에게 가르쳐 주자.

1
너희는 이렇게 기도하라

"그러므로 너희는 이렇게 기도하라 하늘에 계신 우리 아버지여
이름이 거룩히 여김을 받으시오며 나라가 임하시오며 뜻이 하늘에서 이루어진 것같이
땅에서도 이루어지이다 오늘 우리에게 일용할 양식을 주시옵고 우리가 우리에게 죄 지은 자를
사하여 준 것같이 우리 죄를 사하여 주시옵고 우리를 시험에 들게 하지 마시옵고 다만 악에서
구하시옵소서 나라와 권세와 영광이 아버지께 영원히 있사옵나이다 아멘"(마태복음 6:9~13)

엄마가 아이에게

예수님은 우리 아이가 하나님께 어떻게 기도해야 할지 모를 때 주기도문을 통해 기도하는 방법을 가르쳐주세요. 먼저 하나님을 '아버지'라 친근하게 부르며, 하나님께서 다스리시는 하나님의 나라를 위해 기도해요. 또 매일 먹는 음식을 위해서도 기도하며, 필요한 것들을 채워 주시는 하나님의 사랑에 대해서도 감사해요. 무엇보다 하나님께 잘못한 일이 있으면 꼭 잘못했다고 말씀드려요. 그리고 하나님께서 나를 용서해 주신 것처럼, 나도 내게 잘못한 사람들을 용서해 줘요. 그리고 세상의 나쁜 것과 위험으로부터 지켜 주시길 기도해요. 마지막으로는 하나님께 소원이 있으면 말해 봐요. 이렇게 하나님께 오늘 하루 있었던 기쁘고, 힘들었던 일을 날마다 이야기해 봐요. 기도는 언제나 하고 싶을 때 마음속으로 해도 괜찮아요. 또 길게 안해도 되고 짧게 말해도 돼요. 그러나 기도도 습관이 중요해요. 그러니까 시간을 정해놓고 매일 주님을 기도로 만나러 가면 더 좋아요.

 기도: 하나님, 우리 아이(   )가 기도로 주님과 만나고, 하루에 있었던 일들을 주님과 나누며 동행하게 하소서.

작은 기도라도 습관화해요

부모가 아이의 머리에 손을 얹고 기도할 때야말로 부모가 하나님의 청지기로서 아이를 키운다는 사실을 절실히 느끼는 순간인 것 같아요. 이 주기도문을 엄마가 한 번 읽고, 아이에게 따라 읽게 해 보세요. 하나님의 마음이 어떤지 짐작하게 돼요. 첫째와 둘째 아이가 주기도문을 낭독하는데, 순수하고 어린 말투로 하나님께 기도하는 소리가 세상의 어떤 악기 소리보다 더 엄마의 마음을 울리네요. 내 아이의 주기도문 소리가 이렇게 예쁜데, 하나님은 우리의 기도 소리를 얼마나 기뻐 받으실까요? 아이가 "엄마, 기도를 꼭 이렇게 형식에 맞춰 길게 해야 해?"하고 묻네요. "아니, 기도는 하윤이가 하나님께 기도하고 싶은 것을 언제 어디서나 짧게 말씀드리면 돼." 그랬더니 아이들은 언제 어디서나 특히 어려운 일이 있을 때마다 "하나님, 우리 엄마 요리하다가 칼에 손을 베였는데, 안 아프게 해 주세요." "하나님, 열 빨리 내리게 해 주세요." "하나님, 오늘 받아쓰기 시험 잘 보게 해 주세요." 하고 시시때때로 기도하게 된답니다. 특히 자동차를 탄 후 아빠가 기도하자고 말하면, 두 녀석 모두 "하나님, 아빠 운전 잘하게 해 주세요. 예수님의 이름으로 기도드립니다. 아멘"이라며 자동으로 기도해요. 그건 아빠가 차를 탈 때마다 안전운전을 위해 기도훈련을 시켰기 때문이에요. 이처럼 기도는 어린 시절부터 습관과 반복이 중요하지요. 작은 기도라도 아이들이 습관적으로 하나님께 기도하도록 엄마가 인도해 주세요. 그러면 어려울 때마다 하나님께 무릎 꿇는 자녀로 자라게 될 거예요.

2
주의 말씀은 내 발에 등

"주의 말씀은 내 발에 등이요 내 길에 빛이니이다" (시편 119:105)

다윗은 왕이 되기까지 많은 어려움을 겪었어요. 사울 왕의 추격을 피해 동굴 안에도 숨고, 숲에서도 자는 등 죽음의 위기도 여러 번 넘겼어요. 그때마다 다윗이 살 수 있었던 힘은 바로 주님의 말씀이 있었기 때문이에요. 사랑하고 위로해 줄 가족이나 친구도 없었고, 먹을 것이나 따뜻한 집도 없었던 다윗은 주님의 말씀을 붙들고 어디로 가야 할지 모르는 길을 찾아가게 돼요. 이렇게 다윗은 말씀에 의지해 주님이 만나도록 예비하신 사람들을 만나 도움을 받았고, 훗날 왕의 자리에까지 오르게 돼요. 우리 아이도 외출했을 때 또는 부모님과 잠시 헤어져 있으면 불안하죠. 그럴 때는 주님을 의지해야 해요. 곧 하나님께서 도와줄 사람과 방법을 붙여 주시기 때문이에요. 밤에 어두운 길을 걸으면 무섭고 앞이 잘 안보이지요? 그런데 등불이나 손전등이 있으면 앞이 보여서 길을 갈 수 있잖아요. 그래서 말씀은 등불과 같이 우리 아이가 살아갈 때 어느 길로 갈지 알려줘요. 우리 아이가 매일 큐티하고, 교회에서 전도사님 말씀 잘 듣고, 말씀 암송을 해야 하는 이유이기도 해요. 우리 아이에게 말씀이 들어가면 영혼이 강해져요. 영혼이 강한 아이는 두려워 하지 않고 세상을 이길 수 있는 하나님의 자녀로 자라게 돼요.

 기도 하나님, 우리 아이(   )가 말씀의 불빛을 잘 따라가서 영혼이 강해지고, 세상을 이길 수 있는 믿음의 자녀로 자라게 하소서.

너만 큐티 하고 천국 갈래?

아이가 말씀을 좋아하려면 엄마가 먼저 말씀을 좋아해야 해요. 아이에게 말씀을 가르쳐주려면 엄마가 정확한 성경지식을 갖고 있어야 설명을 해줄 수 있어요. 안 그러면 잘못 해석해 줘서 아이가 커서도 잘못된 성경지식을 갖게 돼요. 그럴 때는 시중에 나와 있는 어린이 큐티지를 구입해, 아이와 매일 또는 일주일에 한 번 몰아서라도 큐티 하는 습관을 가져 보세요. 유대인들은 아이들이 어릴 적부터 말씀인 토라를 자주 읽도록 한대요. 그래서 유대인 중에는 노벨상 수상자나 세계적인 부자들이 많대요. 사실 어린이용 큐티지를 만들다 보면 엄마들이 아이와 함께 큐티를 하다가 더 은혜를 받는다는 독자 의견이 많아요. 어린이 수준에 맞게 쉽게 편집된 글과 그림들을 보고 있노라면, 그동안 잘 몰랐던 말씀이 쉽게 이해되고, 아이 큐티를 같이 하다가 엄마가 말씀에 감동받는 거지요. 저희 아이들이 가장 좋아하는 것 중 하나가 바로 큐티에요. 제목과 짧은 본문 말씀을 읽게 하고, 엄마가 큐티지에 있는 본문 설명을 쉽게 해석해 주면, 그림 그리기나 글씨 따라 쓰기, 만들기 동작을 하고, 기도하면 끝이에요. 사실 둘째 아이가 말씀보다는 그림이나 만들기에 더 흥미가 있어서 큐티 하자고 졸라대는 경향도 좀 있긴 해요. 어찌됐든 아이가 어려운 성경 본문을 그 조그만 입술로 읽을 때면 그 모습이 너무 예뻐서 큐티를 하면서 모자의 정이 솟구칠 때가 한두 번이 아니에요. 한 번은 둘째 아이가 큐티지를 혼자 보려 하자, 첫째 아이가 "너만 큐티 하고 천국 갈래? 형도 가야지" 하는 소리를 듣곤 다 같이 웃은 적이 있어요. 이처럼 말씀은 아이가 살아가는 데 필요한 등불과도 같아요. 엄마가 식습관 못지않게 습관화해 줘야 할 일이 바로 말씀을 먹이는 일임을 명심해요.

3
즐겨 내는 자를 사랑하시느니라

"이것이 곧 적게 심는 자는 적게 거두고 많이 심는 자는 많이 거둔다 하는
말이로다 각각 그 마음에 정한 대로 할 것이요 인색함으로나 억지로 하지 말지니
하나님은 즐겨 내는 자를 사랑하시느니라"(고린도후서 9:6~7)

엄마가 아이에게

십일조는 우리가 일해서 얻은 소득 중에서 십 분의 일을 하나님께 드리는 것을 말해요. 그렇다고 십 분의 구는 내 것이고, 딱 십 분의 일만 하나님의 것은 아니에요. 십의 전부가 모두 하나님의 것이에요. 그래서 하나님께 헌금을 드릴 때는 십 분의 일만 드리지만, 내 소득의 전부가 하나님의 은혜로 내게 주어진 것임을 인정하고 감사해야 해요. 헌금은 하나님 나라를 위해 쓰여요. 가난한 사람들과 물질이 필요로 한 교회와 사역자들을 위해 사용돼요. 그래서 헌금을 드릴 때는 인색하게 하지 말고, 기쁜 마음으로 드려야 해요. 우리 아이의 엄마 아빠도 한 달간 일하면 월급을 받고, 그 월급의 십 분의 일을 십일조로 헌금하세요. 우리 아이도 매 주일 헌금을 하지요? 또 때론 감사 헌금을 드릴 때도 있고, 부활절헌금, 추수감사헌금, 성탄절감사헌금도 엄마가 용돈을 주셔서 드릴 때도 있을 거예요. 헌금은 교회를 든든히 세우고, 교회를 통해 하나님 나라를 만들어 가는 데 우리 아이가 동참하는 일이에요. 그러니 기쁘게 참여해야 해요.

 기도 하나님, 부모로서 우리 아이(　　　　)에게 헌금생활에 본이 되게 하시고, 어린 시절부터 헌금을 통해 하나님 나라에 동참하는 기쁨을 훈련하게 하소서.

두려워하지 않고 드려요

아직 아이들은 어려서 헌금의 의미를 잘 몰라요. 엄마가 주일날 천 원씩 주는 돈을 당연히 헌금함에 내는 것인 줄 알 뿐이에요. 그 당연하게 생각하는 자체는 어른보다 나은 거 같아요. 돈에 대한 개념이 아직 없기에 생일이나 명절날 친척들이 주는 돈도 엄마한테 모두 맡기는 것을 아직은 당연하게 생각해요. 아마 좀 더 크면 자기 스스로 돈 관리를 하려 하겠지요. 그런데 돈의 개념을 이미 알아버린 어른들은 아이들처럼 누군가에게 맡기는 게 쉽지 않아요. 드리는 기쁨을 맛보기보다는 의무감에 인색해지고, 더 내는 것에 대해 갈등해요. 그런데 헌금생활이야말로 어릴 때부터 교육하지 않으면 커서도 지키기가 쉽지 않아요. 하나님께 내 인생의 모든 것을 맡기는 삶, 주재권을 드리는 대표적인 예가 바로 헌금이에요. 그런데 유독 다른 부분은 다 주님의 개입과 주재권을 드리는데, 헌금만큼은 내가 주인이 돼 버려요. 그 이유는 두렵기 때문이에요. 헌금을 드려도 내 생활이 쪼들리지 않고, 주님께서 채워주시리라는 믿음이 아직 부족해요. 즉 아직 내 삶의 모든 것을 하나님께 못 맡기는 것이죠. 일주일 동안 아이들이 심부름하거나 칭찬받을 일을 하면 주일 헌금하라고 돈을 천 원씩 줘요. 신발이나 책상 정리, 밥 남기지 않고 다 먹기 등 잘한 일에 대한 보상으로 일주일에 한 번만 용돈을 줘요. 그것을 잘 보관했다가 주일날 헌금을 내도록 해서 작지만 스스로 돈 관리하는 법을 배우게 돼요. 아이들에게도 모든 소득이 주님의 것이며, 하나님 나라를 위해 두려워하지 않고 드려야 한다는 점을 가르치는 부모가 되도록 해요.

4
네가 나를 사랑하느냐

"세 번째 이르시되 요한의 아들 시몬아 네가 나를 사랑하느냐 하시니
주께서 세 번째 네가 나를 사랑하느냐 하시므로 베드로가 근심하여 이르되
주님 모든 것을 아시오매 내가 주님을 사랑하는 줄을 주님께서 아시나이다
예수께서 이르시되 내 양을 먹이라"(요한복음 21:17)

엄마가 아이에게

예수님께서는 부활하신 이후 일등 제자였던 베드로에게 나타나셨어요. 베드로는 예수님을 세 번 부인했던 아픈 과거가 있었어요. 그런데도 예수님은 다시 고기 잡는 어부가 된 베드로에게 나타나 "네가 나를 사랑하느냐" 하고 세 번 물으세요. 베드로는 예수님께서 세 번이나 같은 질문을 하시자 "제가 예수님을 사랑하시는 줄 아시잖아요?" 하고 되물어요. 이에 예수님께서는 "내 양을 먹이라"는 엉뚱한 답변을 하세요. 사실 예수님은 베드로를 처음 만났을 때 이미 "사람 낚는 어부가 되게 하리라"고 하셨어요. 그러나 자신만만했던 베드로가 예수님을 세 번 부인한 후 낙담하자, 찾아오셔서 "네가 나를 사랑하느냐?"고 물으신 거예요. 그리고 "내 양을 먹이라"는 사명을 다시 주세요. 베드로는 이후 많은 지역에 가서 복음을 전하고, 제자들을 가르쳤어요. 한 번 잘못했다고 해서 부모님이 우리 아이를 다시는 안 보거나 계속 미워하지 않는다는 사실을 알고 있죠? 우리 아이가 잘못을 사과하면 부모님은 다시 사랑해 주실 뿐만 아니라, 또 다른 사랑도 덤으로 주시는 분이에요.

 기도 하나님, 우리 아이(   )가 주님을 사랑하는 자녀로 자라게 하시고, 사람을 세우는 사명을 감당하게 하소서.

엄마, 사랑해?

　엄마들은 아이들에게 자주 "엄마, 사랑해?" "이 세상에서 누가 제일 좋아?"라는 질문을 하곤 해요. 아이가 어릴 때는 "엄마가 제일 좋아" "엄마 사랑해"라고 답변하면 이 세상 모든 부귀영화가 부럽지 않지요. 아이가 잘못해서 야단을 맞고 울다가 그치면 엄마가 다가가 아이를 안아주고 "괜찮아, 다음부터 그러지 않으면 돼" 하고 다독여 주지요. 그리고 저 역시 예수님처럼 아이들에게 "하진아, 엄마 사랑해?" 하고 두세 번, 때론 여러 번 묻곤 해요. 잘못하고 다시는 그러지 않겠다고 다짐한 아이에게 다시 한 번 예수님처럼 "나를 사랑하느냐?"고 묻는 거예요. 그러면 아이는 여러 번 같은 질문에 "사랑해" 혹은 "사랑한다고 말했잖아, 엄마" 하고 답해요. 왜 엄마가 같은 질문을 반복하는지 모르겠다는 거죠. 아마 예수님도 마찬가지였을 거 같아요. 예수님을 사랑한다고 큰소리 탕탕 친 베드로가 실수하고 잘못한 후, 그 상처로 움츠러들었을 때 다시 찾아와 만나 주시잖아요. 그리고 "나를 사랑하느냐?"고 물으세요. 베드로의 상처를 치유해 주시고, 다시 예수님과의 관계를 회복할 기회를 주세요. 그리고 원래 주시려 했던 사람을 세우는 소중한 사명을 주세요. 엄마 역시 우리 아이가 잘못해서 풀이 죽어 있을 때면 다시 아이 곁으로 다가가게 되잖아요. "괜찮아, 실수할 수 있어. 힘내, 엄마가 다시 할 수 있도록 기회를 줄게"라고 다독이며 용기를 북돋우게 돼요. 아마 예수님도 베드로에게 같은 심정이셨을 거 같아요. 우리 아이가 어떤 실수와 실패를 하더라도, 다가가서 위로해 주고 다시 일어설 용기와 기회를 주는 게 바로 부모가 해야 할 역할이겠죠.

5
말씀에 의지하여 내가 그물을 내리리이다

"말씀을 마치시고 시몬에게 이르시되 깊은 데로 가서
그물을 내려 고기를 잡으라 시몬이 대답하여 이르되
선생님 우리들이 밤이 새도록 수고하였으되 잡은 것이 없지마는
말씀에 의지하여 내가 그물을 내리리이다 하고" (누가복음 5:4~5)

베드로는 밤새 물고기를 잡으려 했지만 한 마리도 잡지 못했어요. 이에 예수님께서는 베드로에게 깊은 데로 가서 그물을 내리라고 말씀하세요. 베드로는 밤새 노력해도 물고기를 못 잡았지만, 예수님의 말씀을 믿고 깊은 곳에 그물을 내리겠다고 순종해요. 베드로의 직업은 어부예요. 그것도 고기 잡는 데 있어서는 전문가로, 어디에 그물을 내리면 고기를 잡을 수 있는지 잘 아는 경험이 많은 어부예요. 반면 예수님의 직업은 목수예요. 고기 잡는 경험이 전혀 없으신 분이시지요. 그런데도 베드로는 자신의 경험보다는 예수님의 말씀에 의지해 깊은 데로 배를 옮겨 그물을 내려요. 그리고 예수님의 말씀대로 했더니 정말 많은 물고기를 잡게 되는 경험을 하지요. 우리 아이는 엄마나 아빠가 말씀하신 것에 순종하지 않고, 고집을 피운 적이 있나요? 베드로는 자신의 경험보다는 예수님의 말씀에 순종했어요. 우리 아이도 예수님과 부모님의 말씀에 순종해야 복을 받을 수 있어요.

 하나님, 우리 아이(   )가 살아가면서 경험보다는 말씀에 의지해 모든 삶의 중요한 순간들을 결정하고, 하나님의 뜻을 신뢰하며 순종할 수 있도록 인도하소서.

불안감과 욕심 내려놓기

　　첫째 아이를 키울 때와 둘째 아이를 키울 때는 차이가 있어요. 첫째 아이 때는 아이를 키운 경험이 없으니, 임신한 순간부터 하나님께 기도하고 하나님을 전적으로 의지하게 돼요. 그러나 둘째 아이부터는 이미 첫째 아이를 키워본 경험이 있어서 그런지 주님께 의지하는 정도가 줄어들게 돼요. 첫째 아이 때는 주님께 먼저 묻고 했던 일도 둘째 아이 때부터는 묻지 않고 내 경험을 의지해 행동할 때가 많았어요. 그러나 자녀는 모두 제 각각의 개성을 지니고 태어나서 주님께 전적으로 의지하며 키워야 해요. 내 경험에 의지해 아이에게 어떤 책을 사 줄지, 어떤 옷을 입힐지, 어떤 교육을 할지를 생각하기보다는 하나님께 먼저 뜻을 묻고 아이에게 가장 선한 것을 결정해야 해요. 아마 아이가 점점 고학년으로 성장할수록 이런 인간적이고 세상적인 고민이 많아질 거예요. 여섯 살부터 영어유치원에 보내고, 수학 학습지를 하거나 속셈학원에 보내고, 항간에 나와 있는 유명 저자들의 자녀교육서를 독파하는 등 엄마들의 자녀교육에 대한 정보력과 열정은 끝이 없어요. 그 이유는 '불안'과 '욕심' 때문이에요. 나만 우리 아이를 내버려두지는 않은가? 뭔가 교육을 시켜야 하지 않을까? 저렇게 놀게 해도 될까? 다른 아이들은 벌써 구구단을 다 외우고, 영어책까지 읽는다는데, 엄마들은 가만히 있으면 불안해져요. 그런 불안감과 욕심을 버리고 주님께 맡겨 보세요. 하나님은 우리의 인생뿐만 아니라 자녀교육에도 개입하시길 원하세요. 엄마부터 베드로처럼 내 경험을 버리고, 주님께 자녀교육을 맡기며 순종의 그물을 내리도록 해요.

6
낮에와 같이 단정히 행하고

"낮에와 같이 단정히 행하고 방탕하거나 술 취하지 말며
음란하거나 호색하지 말며 다투거나 시기하지 말고"(로마서 13:13)

바울은 구원의 때가 가까웠으니, 그리스도인들이 세상의 유행에 휩쓸려 살지 말라고 조언해요. 사람들은 낮에 단정하게 옷을 입고, 대부분은 술을 먹지 않아요. 그러나 밤이 되면 술에 취하고, 춤도 추고, 나쁜 행동을 하며 싸움을 하기도 해요. 온종일 일하고 밤이 되어 긴장이 풀려서 그럴 수도 있지만, 그리스도인들은 밤에도 낮처럼 단정하게 행동해야 해요. 우리 아이는 앞으로 커서 지나친 술이나 담배, 나쁜 행동이나 싸움을 일삼아서는 안 돼요. 이런 것들은 사람의 정신을 흐리게 하고, 분별력을 잃게 해요. 요즘은 중학생만 돼도 술을 마시고, 담배를 피운다고 해요. 그러나 예수님을 믿는 우리 아이는 술과 담배를 학생 신분으로 하면 안 된다는 것을 알고 있죠? 어른이 되어서도 술과 담배를 멀리하는 게 나아요. 술과 담배는 맑은 정신을 흐릴 뿐만 아니라, 무엇보다 우리의 건강에 해로워요. 우리 몸의 주인은 하나님이시며, 우리 몸은 성전과 같아요. 혹 부모님이 술과 담배를 하면 우리 아이가 "몸에 안 좋으니 빨리 끊으세요" 하고 말해 봐요.

기도 하나님, 우리 아이(   )가 밤이나 낮이나 오직 성령에만 취하게 하시고, 술이나 방탕, 음란, 호색, 다툼과 시기에 빠지지 않도록 지켜 주세요.

사랑하는 시간을 잃게 돼요

한 번은 아침 등굣길에 젊은 이십 대 아가씨가 담배를 피우며 우리 앞으로 걸어갔어요. 첫째 아이가 "엄마, 저 이모는 왜 걸어 다니면서 담배를 피워?" 하고 묻는 거예요. 그 소리를 들은 아가씨가 되돌아보며 우리를 쳐다봤어요. 순간 저는 사과를 해야 하나 갈등했는데, 다행히 아가씨가 옆 골목으로 들어가 피우더라고요. 또 밤에 아이와 함께 산책을 나가면, 술에 취해 비틀거리거나 싸우는 어른들의 모습도 보곤 해요. 아이가 "엄마, 왜 어른들은 쓰디쓴 술을 마시고 싸워?" 하곤 물어요. "힘들어서 마시나 봐" 하고 말하면, "그러면 하나님께 기도하면 되지, 왜 술을 마셔?" 하고 반문해요. "아직 하나님을 몰라서 그래" 하고 답해 주지만, 여전히 이해가 안 된 표정이에요. 사실 요즘은 술과 담배 또는 그 외 음란한 것에 중독 된 사람이 많아요. 일단 중독 되면 본인은 물론, 가족들의 삶에까지 나쁜 영향을 미쳐요. 사실 저희 친정아버지도 알콜중독이셔서 가족들이 꽤 힘든 시간을 보내야 했어요. 그런데 아버지가 돌아가시기 전 혼잣말한 것을 친정엄마가 들은 적이 있대요. "내가 얼마 못 살 거 같아. 왜 당신하고 애들한테 그랬는지 나도 모르겠어. 당신같이 좋은 사람한테. 다른 아이들은 아빠랑 참 친하던데." 그 소리를 듣고 저 역시 '좀 더 잘해드릴걸' 하고 후회되더라고요. 술이나 담배, 게임, 쇼핑, 스마트폰 등에 중독이 되면 자신의 말과 행동을 제어할 수 없고, 무엇보다 사랑하는 사람과 함께할 수 있는 소중한 시간을 잃어버리게 돼요. 하나님보다 우선시 하는 것들을 버리고, 오직 성령 충만하도록 기도해요.

7
맡은 자들에게 구할 것은 충성이니라

"사람이 마땅히 우리를 그리스도의 일꾼이요
하나님의 비밀을 맡은 자로 여길지어다
그리고 맡은 자들에게 구할 것은 충성이니라" (고린도전서 4:1~2)

엄마가 아이에게

　　바울은 하나님께서 우리를 그리스도의 일꾼이요, 하나님의 비밀을 맡은 자로 부르셨다고 말해요. 예수님의 일꾼은 예수님을 전하는 사람이에요. 우리 아이는 하나님의 비밀, 즉 예수님을 믿으면 천국에 간다는 사실을 주변 사람들에게 전해야 해요. 그래야 그리스도의 일꾼이 돼요. 그런데 그 일은 충성이 요구돼요. 충성은 윗사람을 위해 몸과 마음을 다하는 것을 의미해요. 보통 충성하면 군인 아저씨가 생각나죠? 우리 아이도 군인 아저씨가 나라를 지키듯이, 예수님의 충성스러운 일꾼으로 자라날 수 있어요. 무슨 일이든 충성 되게 하면 사람들에게 사랑을 받게 돼요. 예수님의 일꾼으로 충성 되면 얼마나 하나님께서 예뻐하시겠어요. 그럼 우리 아이가 하나님 나라의 비밀을 맡은 자로서 실천할 수 있는 충성에는 뭐가 있을까요? 가장 기본적으로는 주일날 예배시간에 늦지 않고, 하나님의 말씀을 듣는 것과 찬송하는 것을 기뻐하는 것이에요. 그리고 믿지 않는 친구들에게 예수님을 전해야 해요. 우리 아이도 하나님 나라의 충성스런 일꾼이 되어 봐요.

기도 하나님, 우리 아이(　　　　)가 어린 시절부터 신앙의 기본기를 잘 훈련받아 충성스러운 예수님의 일꾼으로 자라도록 인도하소서.

신앙의 기본기

아이를 데리고 주일날 교회로 가는 날은 아침부터 분주하지요? 아이가 여러 명이면 유년부와 유치부로 각각 데리고 가야 하고, 말씀 암송이나 간단한 공과예습도 해가야 하고, 아이가 성가대로 봉사하면 그 주 찬양곡도 미리 전날에 연습해 봐야 해요. 아이들을 하나둘 챙기고 나면 어른 예배에 참여하는 등 정신없지요. 남편은 예배시간 30분 전에 도착하는 것을 중요하게 생각해요. 먼저 교회에 도착한 아이들은 먼저 온 친구와 얘기도 나누며 놀기도 하고, 성가대 연습에도 참여하곤 해요. 예배가 시작되기 전 30분 먼저 오는 것은 허겁지겁 정시에 와서 예배를 시작하는 것과 많은 차이가 있어요. 주보를 미리 보고 그날 설교 말씀을 한 번 더 찾아 볼 수 있고, 갈급한 기도를 주님께 먼저 아뢸 수도 있어요. 이렇게 미리 와서 준비하는 것을 어느덧 아이들도 좋아하게 됐어요. 예배가 끝나고도 다음 주일을 위해 성가대 연습을 꼭 남아서 성실하게 하고, 그달의 말씀 암송이나 공과공부도 다시 집에 와서 엄마와 함께 해 봐요. 만약 여행 기간이 주일날과 겹치면 숙소에서 가까운 교회를 선택해 주일성수를 지켜요. 아이들은 여름 휴가 때마다 여러 지역의 다양한 교회에서 예배드리는 경험을 해요. 물론 어른 예배에 함께 참여할 때는 설교 듣는 것을 지루해 하긴 해요. 그러나 첫째 아이는 "엄마, 이렇게 여러 교회를 가 보는 것도 좋은 것 같아. 큰 교회도 있고, 작은 교회도 있고, 예쁜 교회도 있고, 가난한 교회도 있고, 아이들이 많은 교회도 있고, 적은 교회도 있고 참 여러 가지 모습이네" 하고 말해요. 어린아이들에게 예배시간에 늦지 않기, 주일성수하기 등 작은 일부터 신앙의 기본기를 충성하도록 훈련한다면 훗날 그리스도의 충성스런 일꾼으로 성장하지 않을까 싶네요.

이 땅의 그루터기니라

"그중에 십 분의 일이 아직 남아 있을지라도 이것도 황폐하게 될 것이나
밤나무와 상수리나무가 베임을 당하여도 그 그루터기는 남아 있는 것같이
거룩한 씨가 이 땅의 그루터기니라 하시더라"(이사야 6:13)

엄마가 아이에게

　이사야 선지자는 북이스라엘이 앗수르의 손에 의해 무너질 때, 하나님의 심판 메시지를 전해요. 이사야는 이스라엘 백성들이 우상을 숭배하며 하나님을 버리자, 남은 자들을 향해 하나님의 구원 계획이 메시아를 통해 이뤄질 것을 알려줘요. 하나님께서는 타락한 이스라엘 백성들을 불과 유황으로 모두 멸망시키지 않으시고, 그루터기 같은 희망을 지닌 사람을 남기시겠다고 말씀하세요. 그루터기는 나무나 곡식을 베고 난 뒤에 남은 밑동을 말해요. 그래서 그 그루터기는 언젠가 다시 자라날 수 있는 희망이 있음을 보여줘요. 하나님께서는 백성들이 죄를 저지르면 심판을 하시지만, 너무나 사랑하셔서 다시 회개하고 돌아올 기회도 남겨 두신 거예요. 우리 아이도 잘못해서 부모님에게 야단을 맞을 때도 있지만, 부모님께서는 다시 우리 아이가 잘못을 회개하고 돌아오면 용서해 주시잖아요. 그리고 다시 꼭 안아 주세요. 이같이 하나님은 언제나 우리 아이가 잘못하면 회개하고 돌아오기를 아버지의 마음으로 기다리세요. 그리고 다시 일어나 우리 아이가 하나님 나라의 멋진 일꾼으로 자라길 바라세요.

　기도　하나님, 우리 아이(　　　)가 교회를 지키는 든든한 그루터기 같은 일꾼으로 잘 자랄 수 있도록 인도해 주세요.

교회를 지키는 사람들

큰 교회든 작은 교회든 몇 번 다니다 보면 특별한 친분이 없는데도 자주 눈에 띄고 눈이 가는 사람들이 있어요. 교회학교 교사로 봉사하면서도 성가대에서 은혜롭게 찬양하는 분이 계신가 하면, 또 주보를 나눠 주는데, 주차 봉사도 하시는 분이 있어요. 이처럼 어느 교회를 가도 열심히 교회를 섬기시는 분들이 있어요. 그분들이 부르는 찬양의 모습을 보노라면 저절로 미소가 지어져요. 흰 머리카락이 다 보일 정도로 나이 드신 분들도 있고, 세상에서 제일 바쁠 것 같은 젊은 청년들도 성가대에 서서 주의 나라를 위해 아름답게 찬양해요. 비록 외모는 뛰어나지 않지만 신앙의 다양한 연륜이 깃든 모습으로 찬양하는 모습을 지켜보노라면 그들이야말로 교회를 지키는 '그루터기 같은 사람들'이라는 생각이 들어요. 교회 공동체가 삶의 중심이 된 사람들, 그냥 할 일 없어서 교회에서 사는 사람들이 아니라, 주님의 일이 좋아 바쁜 자기 생활이 있음에도 불구하고, 교회 구석구석을 아름답게 섬기는 사람들 때문에 교회가 아직 이 세상에 영향력을 끼치는 게 아닐까요? 아이가 소속된 부서의 교사로 그 부모가 섬기면 그것은 부모와 아이 모두에게 가장 좋을 일이에요. 우리 아이 역시 그런 교회를 지키는 그루터기 같은 사람이 되었으면 해요. 그냥 성경책 들고 왔다 갔다 하는 교인이 아니라, 예수님이 좋고, 교회가 좋고, 목사님이 좋고, 친구가 좋고, 같이 믿는 성도들이 좋아 교회를 지키는 그루터기 같은 청지기가 되었으면 해요. 그래야 신앙이 든든히 뿌리를 내리고, 모진 비바람에도 흔들리지 않고 서 있을 수 있거든요.

9
거룩하신 소명으로 부르심

"하나님이 우리를 구원하사 거룩하신 소명으로 부르심은
우리의 행위대로 하심이 아니요 오직 자기의 뜻과 영원 전부터 그리스도 예수 안에서
우리에게 주신 은혜대로 하심이라"(디모데후서 1:9)

엄마가 아이에게

바울은 디모데에게 자신에게 오라는 디모데후서 내용의 편지를 썼어요. 바울은 우리가 하나님의 구원을 받은 것은 착한 일을 많이 해서가 아니라, 하나님의 은혜 때문이라고 말해요. 하나님께서 우리에게 소명을 주신 것도 우리가 좋은 일을 해서가 아니라, 하나님의 은혜 때문이라고 말해요. 소명은 내가 하나님의 부르심을 받는 일에 최선을 다해 열심히 하는 거예요. 하나님께서 우리에게 일과 직업을 주신 것은 하나님이 주신 은혜를 증거하기 위해서에요. 사도 바울은 평생 자신에게 맡겨진 소명을 감사하며, 복음을 전하기 위해 헌신했어요. 바울은 우리 아이가 거룩한 소명으로 부르심 받은 존재라고 말해요. 우리 아이는 자신이 작고, 초라하고, 부족하다고 생각하나요? 아니면 반대로 크고, 잘나고, 똑똑하다고 생각하나요? 하나님은 우리 아이의 장단점과 상관없이, 착하고 나쁜 짓을 한 것과 상관없이, 우리 아이가 태어나기 전부터 이미 우리 아이가 해야 할 소명을 주셨고, 그 소명을 이 세상에서 잘 감당하라고 부르셨어요. 우리 아이는 앞으로 어떤 일을 하든지 하나님께서 복음을 증거하는 소명을 위해 부르셨음을 명심해야 해요.

기도 하나님, 우리 아이(   )가 하나님이 부르신 거룩한 소명에 동참하고, 주님을 전하는 사명을 잘 감당하게 하소서.

소명, 맡겨진 임무

아이들이 좀 더 말이 늘면 "왜?"라는 단어를 집중적으로 자주 사용해요. 이 "왜"라는 단어는 엄마들이 답변하기 힘든 질문의 첫머리에 자주 사용되곤 해요. "엄마, 나는 왜 태어났어?"라는 아주 쉬운 것 같지만 답하기 어려운 고차원적 질문을 할 때가 그런 경우예요. 이 질문에 가장 일차원적인 답은 "엄마 아빠가 사랑을 해서 우리 아이가 태어났지"라는 답일 거예요. 그러나 보다 본질에 가까운 답은 "하나님께서 우리 아이에게 소명을 주셔서 이 땅에 태어나게 하신 거야"라고 말해 줘요. 그러면 "소명이 뭐야?"라는 귀납적 질문이 꼬리에 꼬리를 물게 돼요. "소명은 하나님이 하윤이에게 맡기신 임무 같은 거야." "오늘 엄마의 임무는 김치를 담그는 건데, 하윤이의 임무는 수학 숙제를 다 하는 거야. 그게 바로 오늘 주어진 소명이야. 그런데 평생 우리가 살면서 해야 할 소명은 바로 하나님과 예수님을 알지 못하는 사람들에게 복음을 전하는 거야. 전하는 방법은 여러 가지야. 글로써 전하는 사람도 있고, 목소리로 전하는 사람도 있고, 그림이나 음악으로 전하는 사람 등 다양해. 하윤이도 하나님이 주신 은사를 잘 활용해서 하나님의 말씀을 전하는 소명을 잘 감당하자." 그러면 첫째 아이는 "엄마, 그럼 하윤이는 그림을 잘 그려서 하나님을 전할게"라고 답해요. 둘째 아이는 "엄마, 그럼 하진이는 뭘로 하나님을 전해?" 하고 물어요. 그럼 "하진이가 하나님을 전할 도구를 한 번 스스로 찾아 보자"라고 답해 줘요. 아이들에게도 하나님께서 부르신 소명이 있음을 알려 주고, 아이들이 일찍 그것을 발견하도록 인도해 주도록 해요.

10
그의 나라와 그의 의를 구하라

"그러므로 염려하여 이르기를 무엇을 먹을까 무엇을 마실까 무엇을 입을까
하지 말라 이는 다 이방인들이 구하는 것이라 너희 하늘 아버지께서 이 모든 것이
너희에게 있어야 할 줄을 아시느니라 그런즉 너희는 먼저 그의 나라와 그의 의를 구하라
그리하면 이 모든 것을 너희에게 더하시리라 그러므로 내일 일을 위하여 염려하지 말라
내일 일은 내일이 염려할 것이요 한 날의 괴로움은 그날로 족하니라" (마태복음 6:31~34)

 엄마가 아이에게

예수님께서는 믿는 사람들이 무엇을 먹고 마실지, 무엇을 입을지 걱정하지 말고, 먼저 하나님의 나라와 의를 구하라고 말씀하세요. 우리가 그렇게 하면 하나님께서 우리의 필요를 채우시고, 축복도 많이 주신대요. 하나님은 들에 핀 꽃들과 하늘을 나는 새까지 돌보시는 분이세요. 우리나라는 물론 온 우주를 창조하셨어요. 그런데 우리는 당장 내일 무엇을 먹을지, 무엇을 입을지 걱정해요. 이에 예수님께서는 하나님을 내 삶의 주인으로 모시고, 말씀에 순종하라고 하세요. 하나님의 나라는 먹고 마시지 않아도 되는 곳이에요. 우리 아이도 아침마다 무슨 옷을 입을까, 어떤 반찬을 먹을까 걱정하며 엄마에게 떼를 쓰지 않나요? 하나님께 의지하지 않고, 내 힘으로 하려고 애쓰지 않나요? 예수님은 우리 아이가 이런 걱정을 하기보다는 하나님의 나라를 생각하며, 밝고 명랑하게 자라길 바라세요. 꼭 성령 충만한 아이로 자라가야 해요.

 기도   하나님, 우리 아이(   )가 의식주를 걱정하기보다는 먼저 하나님의 나라와 의를
구하는 마음을 갖게 하소서.

군대 가기 싫어!

엄마들은 아이들이 세계를 향해 넓은 꿈을 펼치라는 의미로 세계지도를 꼭 사주지요. 큰 방 벽 한쪽을 가득 채운 세계지도를 보면서 '어느 나라에 갈까' 하고 가족끼리 이야기를 하기도 하고요. 아이들은 세계지도를 보면서 각 나라의 국기와 이름, 위치를 파악하고, 가고 싶은 나라를 말하기도 해요. 첫째 아이는 루브르박물관을 꼭 가보고 싶다며 문화예술이 발달한 프랑스나 유럽을 손으로 가리키곤 해요. 그런데 둘째 아이는 세계 120개 국가 국기를 다 외우며 자연 경관이 뛰어난 나라들을 가 보고 싶다고 말해요. 하나님이 만드신 다양한 나라들을 경험하고픈 생각이 많은 것 같아요. 그러면서 어느 날 군인 아저씨들이 TV에 나와 훈련받는 모습을 보면서 "우리나라는 왜 군 대가 있어?" 하고 묻는 거예요. "남과 북으로 나뉘어서 남자들은 나라를 지 키기 위해서 20세가 넘으면 군대를 가야 해" 하고 말해 줘요. 그럼 한창 연예 인 아저씨들이 훈련받는 모습을 보고 깔깔거리고 웃어요. 그러다 일곱 살인 둘째 아이가 누워서 정말 싫다는 말투로 "아, 군대 가기 싫어" 하고 말해요. "하진아, 벌써 군대 갈 걱정 안 해도 돼. 그건 네가 더 나이 먹은 뒤 한참 후 의 일이야. 중요한 것은 지금 행복하게 살면 돼." 그래도 아이는 걱정이 되는 지, 그 프로그램을 볼 때마다 자신이 군대 갈 걱정을 미리 앞당겨 하고 있어 요. 우리가 일상생활에서 날마다 걱정하는 것도 하나님께서 보시기에는 이 처럼 안 해도 되는 쓸데없는 걱정들을 미리 당겨 하는 것과 같아요. 내일 일 은 내일 염려하고, 오늘은 하나님의 나라와 의를 구하기로 약속해요.

6장
가정

아이가 태어나면 아이의 몸도 자라지만 엄마 역시 아이를 통해 배우고 성장한다. 잃어버렸
던 동심도 배우고, 절대적인 사랑과 헌신도 배운다. 아이가 성장하면 엄마는 거꾸로 나이를
먹지만, 그 무엇과도 바꿀 수 없는 소중한 추억들을 가정 안에서 만들어간다. 엄마와 아이에
겐 서로 사랑할 시간이 한정돼 있다. 우리 아이들에게 엄마의 사랑으로, 몸도 마음도 튼실하
게 성장하도록 이끌어 주자. 훗날 내 아이가 커서 행복하고 따뜻했던 가정으로 추억되게 해
주자.

1
온 집안이 하나님을 믿으므로

"그들을 데리고 자기 집에 올라가서 음식을 차려 주고
그와 온 집안이 하나님을 믿으므로 크게 기뻐하니라" (사도행전 16:34)

바울과 실라가 복음을 전하다가 감옥에 갇혔어요. 그런데 그들은 감옥 안에서도 복음을 전했어요. 이에 천사는 감옥 문을 열어 주었어요. 감옥에서 죄인들을 지키던 간수는 바울과 실라를 자신의 집으로 데리고 가서 맛있는 음식들을 대접해요. 왜냐하면 바울과 실라를 통해 이 세상에서 한 번도 듣지 못했던 복음을 듣고, 구원의 감격에 빠졌기 때문이에요. 그리고 자신이 받은 구원의 감격이 너무 벅차서 가족들에게까지도 복음을 전했어요. 그리고 간수의 모든 집안 식구들은 하나님을 믿게 됐고, 온 집안이 크게 기뻐했대요. 우리 아이의 집안도 온 가족들이 모두 믿음 생활을 하나요? 엄마나 아빠 한쪽만 교회에 다니지는 않나요? 이 세상에서 가장 큰 축복은 하나님을 만난 것이고, 또 그 하나님을 우리 온 가족이 함께 믿는 것이에요. 만약 우리 가족 중 아직 믿지 않는 가족이 있거나 믿음이 약해진 가족이 있다면, 우리 아이가 한 번 "하나님을 잘 믿는 가정이 되게 해 주세요"라고 기도해 봐요. 그러면 하나님께서 우리 아이의 기도에 응답해 주실 거예요.

 기도 하나님, 우리 아이(　　　)에게 무엇보다도 믿음의 가정환경을 만들어 줘서 믿음의 유산이 아이에게 잘 계승되도록 인도하소서.

교회가 중심이 된 가정

저는 믿지 않는 집안에서 24년을 살다가 기독교 관련 직장에 취직하면서 교회에 자연스럽게 발을 디디게 됐어요. 첫 번째로 10년 동안 다녔던 교회는 어릴 적부터 부모가 다니고, 또 그 자녀들이 다니는 가족적인 분위기였어요. 교회를 중심으로 엄마, 아빠, 형, 동생, 누나가 모두 각 부서에서 봉사하고 예배 드리며, 믿음을 쌓아가는 모습이 제 눈길을 붙잡았어요. 추운 겨울날도 온 가족이 새벽예배에 나와 기도하고, 다시 집으로 묵묵히 걸어가던 모습은 제겐 아직도 아름답게 기억되는 모습 중 하나에요. 교회가 삶의 중심이 되어 살아가는 가족의 모습, 한 가지 목적을 지닌 가족의 모습은 어떤 고난이 찾아와도 이겨낼 수 있을 만큼 단단해 보였어요. 그런데 결혼을 하니 시댁이 모두 믿는 식구들이라, 함께 가정예배와 추도예배도 드리니 처음에는 신기하기도 하고, '나도 믿는 집안의 식구가 됐구나!' 하는 감회가 남다르게 다가오더라고요. 아이들이 하나둘 태어나 함께 예배드리면서 옆에서 성경책을 넘기거나 찬양을 따라하는 모습을 보고 있으면 '나도 믿음의 가정을 꾸렸네!' 하는 뿌듯함이 생기더라고요. 지금도 주일이면 아이들을 데리고, 유년부와 유치부에 아이들을 데려다주고, 주일예배를 남편의 강권(?)으로 본당 앞쪽에서 앉아 드린답니다. 아이들에게 가장 큰 축복은 부모의 믿음이에요. 또 신앙의 환경을 만들어 주는 것은 비싼 학습 분위기를 만들어주는 것보다 더 좋은 교육 환경을 만들어 주는 것이지요. 새벽기도회에서 할머니의 가족들을 향한 중보기도, 아빠와 함께 부르는 찬양, 엄마와 함께 하는 큐티 등이 모여 우리 아이의 신앙을 튼실히 만들어 주고, 험난한 산을 넘을 때마다 힘이 돼 줄 거예요.

2
사랑을 받는 자녀같이

"그러므로 사랑을 받는 자녀같이
너희는 하나님을 본받는 자가 되고" (에베소서 5:1)

엄마가 아이에게

　바울은 에베소교회 성도들에게 하나님을 본받으라고 말해요. 우리는 하나님의 자녀이기 때문에 하나님을 닮아가도록 노력해야 해요. 하나님은 사랑이세요. 하나님은 조건 없이 우리를 사랑하세요. 우리의 있는 모습 그대로 사랑하세요. 우리가 예쁘지 않아도, 공부를 못해도, 부족하고 약점이 많아도 우리를 사랑하세요. 그러나 우리의 부족한 모습 그대로 내버려 두시지 않으세요. 사람은 사랑을 받으면 변화돼요. 특별히 하나님의 사랑을 받으면 더 좋은 사람이 되고자 변화되고, 마음도 착해지며, 믿음도 더 좋아지게 돼요. 우리 아이도 하나님의 사랑을 받은 자녀가 됐으니, 하나님의 자녀답게 살아가야 해요. 우리 아이는 엄마 아빠에게 사랑을 받으면 기분이 어때요? 기분이 좋아지고, 착한 일을 더 많이 하고 싶어지지 않나요? 엄마 아빠의 말씀도 더 잘 들으려고 노력하게 되지요. 마찬가지로 하나님의 사랑을 받은 아이들은 그 사랑을 다른 사람에게도 나눠주고 싶어져요. 사랑을 많이 받고 베풀며 살아가도록 노력해요.

기도 하나님, 우리 아이(　　　　)가 가정 안에서 부모의 사랑을 듬뿍 받으며 사랑이 많은 아이, 사랑을 많이 베푸는 아이로 자라게 하소서.

오늘 행복한 하루였어?

저는 결혼을 하기 전에 '내가 만약 결혼해서 가정을 꾸린다면 정말 좋은 가정을 만들 거야'라는 생각을 한 적이 있어요. 내가 선택한 부모와 가정이 아니었기에 '내가 만약 가정을 꾸린다면 이보다는 행복한 가정을 우리 아이에게는 줄 수 있겠지' 하는 자신감과 결의가 있었던 것 같아요. 저희 친정아버지는 50대 초반에 암으로 일찍 돌아가셨는데, 가부장적이고 자녀들에게 별로 사랑 표현도 잘 안 하셨어요. 잘 안 풀리는 직장 때문에 술로 시간을 보내시곤 하셨고, 그런 아버지 때문에 친정엄마 역시 안해 본 일이 없을 정도로 온갖 고생을 하셨지요. 부모님의 사업 때문에 떨어져 살 때도 있었고, 어느 시기를 지나니 아버지와는 거의 대화를 하지 않게 되었어요. 그래서 아이를 낳으면 좋은 부모가 돼서 사랑을 많이 줘야겠다고 생각했던 것 같아요. 결혼해서 만든 내 가정은 내가 노력하기에 따라 얼마든지 행복하게 만들 수 있다고 자만했던 것 같아요. 그런데 살다 보니 그게 쉽지가 않네요. 그러나 물질적으로는 풍족하지 않을지 모르지만, 우리 아이들에게 '사랑한다'라는 말을 자주 해주고, 아이들과 추억을 쌓는 일들을 함께하려고 노력해요. 요즘도 매일 아이들이 잠자기 전에는 "하윤아, 사랑해. 좋은 꿈 꿔." "오늘 행복한 하루였어?" 하고 꼭 물어 봐요. 우리 아이들이 커서 자신의 어린 시절과 가정을 떠올리면 행복한 가정, 좋은 엄마 아빠로 기억됐으면 싶어요. 그래서 아이들과 많은 곳을 다니며 아름다운 추억을 쌓아 주려 하고, 아이들이 엄마에게 들려주는 이야기에도 되도록 눈 맞추며 들어주려고 해요. 사랑을 많이 받고 자란 사람은 사랑을 베풀 줄도 안다고 하잖아요.

3
자녀들아 모든 일에 부모에게 순종하라

"자녀들아 모든 일에 부모에게 순종하라
이는 주 안에서 기쁘게 하는 것이니라" (골로새서 3:20)

사도 바울은 자녀들에게 모든 일에 있어서 부모님에게 순종하라고 말해요. 부모님을 공경하는 것은 하나님을 기쁘시게 하는 일이라고 강조해요. 다른 것을 다 지켜도 부모님을 공경하지 않고, 부모님의 말씀에 순종하지 않으면 아무 소용이 없어요. 우리 아이가 이 땅에서 살아가면서 가장 우선시해야 할 일이 바로 부모님께 순종하는 일이에요. 우리 아이는 집에서 엄마 아빠의 말씀을 얼마나 잘 듣고 있나요? 부모님이 하지 말라고 하신 말씀이나 꼭 지켜야 할 약속들은 잘 지키고 있나요? 때론 잔소리처럼 들리고, 엄마 아빠가 하라고 하는 일들이 하기 싫을 때도 있지만 부모님을 사랑하고, 부모님의 말씀에 순종하는 것이 하나님을 사랑하고 기쁘시게 하는 일과 같은 일이 된다는 점을 명심해야 해요. 부모님의 말씀에 순종하지 않는 사람은 하나님의 말씀에도 순종하기 어렵기 때문이에요. 오늘부터라도 엄마 아빠가 말씀하시면 주저하거나 거부하지 않고, 말씀에 순종하며 약속을 잘 지키는 우리 아이가 되도록 노력해요.

기도 하나님, 우리 아이(   )가 부모의 말씀에 잘 순종하며 자랄 수 있도록 해 주시고, 엄마 아빠를 사랑하며 공경하게 해 주세요.

혼내는 순간도 일관되게

엄마가 자녀들에게 자주 하는 말 중에는 "이거 하면 안 돼"처럼 주로 '안 돼'라는 부정어가 많아요. 세상이 험하다 보니, 낯선 사람 따라가면 안 돼, 과자 많이 먹으면 안 돼, 손 안 닦으면 안 돼, 늦게 자면 안 돼, 떠들면 안 돼, 방 어지럽히면 안 돼, 싸우면 안 돼 등 하루에 수도 없이 '안 돼'라는 말을 아이들에게 하게 돼요. 물론 '안 돼'라는 엄마 아빠 말에 백 퍼센트 순종하는 아이들은 없어요. 그래서 엄마 아빠가 어린 자녀를 키우는 시기가 마음속에 가장 화가 많을 때이기도 해요. 아직 어리긴 하지만 부모의 말에 순종하지 않는 아이들의 장난과 말썽에 하루에도 혈압이 오르내리는 일이 반복되곤 하죠. 스스로 마음을 잘 다스리지 않으면, 아이들에게 항상 '화난' 엄마의 얼굴과 목소리만 들려주게 돼요. 아이들이 엄마 아빠의 말에 잘 순종하기 위해서는 엄마 아빠의 역할이 중요한 것 같아요. 보통 아빠는 엄하게, 엄마는 자상하게 사랑을 더 많이 주는 존재로 여겨지잖아요. 그런데 둘 다 엄하거나 둘 다 감싸기만 하면 아이들이 사랑을 많이 못 느끼거나 반대로 예의 없는 아이로 자랄 가능성이 있어요. 부모가 일관되게 혼내는 순간과 경우를 같게 하고, 칭찬과 위로도 꼭 해 줘야 해요. 아이들은 마음이 여려서 아빠가 무섭게 야단을 치면 곧 마음에 상처를 받아 울어버려요. 그럴 때는 엄마가 다독여주고, 야단을 친 아빠도 나중에는 "사랑해" 하고 안아 주면 아이는 부모가 자신을 미워서 야단치지 않았다는 사실을 깨달아요. 그래서 야단을 맞아도 다시 엄마 아빠 품에 안기는 게 자식이에요. 아이들에게 부모의 엄격함과 사랑을 균형 있게 잘 전하도록 해요.

4
우리는 한 친족이라

"그러므로 아브람의 가축의 목자와 롯의 가축의 목자가 서로 다투고
또 가나안 사람과 브리스 사람도 그 땅에 거주하였는지라 아브람이 롯에게 이르되
우리는 한 친족이라 나나 너나 내 목자나 네 목자나 서로 다투게 하지 말자
네 앞에 온 땅이 있지 아니하냐 나를 떠나가라 네가 좌하면 나는 우하고
네가 우하면 나는 좌하리라"(창세기 13:7~9)

엄마가 아이에게

  롯은 아브라함의 조카에요. 아브라함과 롯은 하나님의 축복을 받아 양과
소가 많아졌어요. 그런데 아브라함의 목자들과 롯의 목자들이 서로 싸우게
돼요. 아브라함은 조카 롯에게 우리는 한 가족이기 때문에 같이 싸우기보다
는 지혜롭게 함께 지내자고 화해를 제안해요. 그러면서 윗사람인 아브라함은
조카 롯에게 눈앞에 보이는 좋은 땅을 먼저 차지할 수 있는 권한을 줘요. 만
약 롯이 왼쪽 땅을 좋게 여기면 자기는 오른쪽 땅에서 살겠고, 롯이 오른쪽
땅을 선택하면 자기는 왼쪽 땅에 살겠다고 말해요. 아브라함이 좋은 땅을 롯
에게 먼저 양보한 거지요. 아브라함처럼 가족은 싸우면 안돼요. 또 주님 안
에서 한 가족인 믿는 사람은 싸우는 모습을 안 믿는 사람 앞에서 보이면 안
돼요. 우리 아이는 형제들끼리 자주 싸우나요? 싸움이 일어나면 어떻게 해결
하나요? 이기려고 더 애쓰나요? 아니면 아브라함처럼 양보를 하나요? 우리
아이는 가족끼리 서로 양보하는 것을 잊지 말아요.

 기도 하나님, 우리 아이(   )들이 서로 싸우지 않고, 양보하는 미덕을 기르며 가정이
화평하게 하소서.

형아, 같이 가

아이들이 둘 이상이 되면 서로 놀다가 싸울 때가 많아요. 장난감을 서로 가지고 놀려다가 싸우기도 하고, 때론 모르고 동생을 쳐서 울게 만들기도 해요. 아주 서로 귀여워 죽겠다며 사랑하다가도, 싸울 때 보면 치고받고 난리도 아니에요. 특히 남자아이 둘을 키우면 점점 커갈수록 아이들의 몸싸움이 격렬해져요. 엄마의 혈압이 올라가는 순간이죠. 왜 싸웠느냐고 묻고, 누가 더 잘못했네 하고 말해 줘도 막무가내로 울어 젖힐 때는 솔직히 답이 없어요. 물론 아이들은 크면서 싸울 때도 있어야 해요. 그런데 싸운 후 어떻게 화해시키느냐는 매우 중요하지요. 아브라함처럼 롯에게 먼저 양보를 하고 선택권을 줄 수 있는 마음을 아이들에게 바라기는 쉽지만은 않을 거예요. 어른들도 실천하기 힘든 일이니까요. 그러나 아이들에게는 아직 순수한 동심이 있어서, 양보하고 배려하는 이야기를 자꾸 해 주면 그게 착한 행동이라는 것을 알고 실천하려고 해요. 형제 간에 '가족은 싸우면 안 된다', '서로 양보해야 한다'고 말해 줘요. 엄마 아빠가 이 세상에 없으면, 의지할 사람은 너희 둘뿐이니 형은 동생을 잘 챙겨 주고, 동생은 형을 잘 따라야 한다고 말해 줘요. 그럼 치고받고 싸우다가도 밖에 나갈 때면 남자아이 둘이 손을 잡고 걸어가는 모습이 참 사랑스러워요. 아빠가 뭔가 먹을 것을 사오면, 형이 "하진아, 빨리 와 먹어" 하고 부르기도 해요. 특히 동생이 뒤를 끌어올리며 "형아"라고 부를 때, 그 어감이 전 너무 듣기 좋더라고요. "형아, 같이 가", "형아, 같이 물총 놀이 하자" 등 이 세상에 둘도 없는 형제, 서로 사랑하고 양보하며 어려울 때는 서로 도우며 살아가도록 가르쳐요.

채소를 먹으며 서로 사랑하는 것이

"가산이 적어도 여호와를 경외하는 것이
크게 부하고 번뇌하는 것보다 나으니라 채소를 먹으며 서로 사랑하는 것이
살진 소를 먹으며 서로 미워하는 것보다 나으니라"(잠언 15:16~17)

엄마가 아이에게

하나님은 부자이면서 믿음이 없는 것보다는 가난해도 하나님을 의지하며 사는 것이 훨씬 낫다고 말씀하세요. 또한 고기를 먹으며 가족끼리 서로 매일 싸우고 미워하는 것보다는, 가난해서 채소밖에 못 먹더라도 서로 사랑하는 것이 낫다고 말씀하세요. 하나님께서는 이 세상에 교회와 가정을 만드셨어요. 그리고 두 공동체 모두 서로 사랑하고 평화롭기를 바라세요. 아무리 물질적으로 풍요로워도 매일 싸우고 미워하면 무슨 소용이 있겠어요. 우리 아이의 가정은 어떤가요? 맛있는 반찬을 자주 먹고, 좋은 옷도 입지만 엄마 아빠나 우리 아이와 동생이 매일 싸우지는 않나요? 아니면 그렇게 부자는 아니지만 가족끼리 서로 사랑하며 웃음이 끊이지 않나요? 행복은 결코 돈의 많고 적음이나 잘 먹고 잘사는 것에 있지 않아요. 온 가족이 하나님을 온전히 믿고 서로 의지하며, 엄마 아빠가 또는 부모와 자녀 서로가 사랑을 주고받는 게 중요해요. 우리 아이는 이 사실을 믿고 있나요? 그럼, 엄마 아빠에게 또는 형제자매에게 뽀뽀하며 사랑한다고 말해보세요.

기도 하나님, 물질적 축복이 우리 아이(　　　　)의 행복을 좌우하지 않게 하시고, 가족들이 하나님 안에서 서로 사랑하는 모습을 무엇보다 우선시하게 하소서.

부모가 사랑하는 모습을 보여줘요

우스갯소리로 아이를 잘 키우기 위한 3요소로 엄마의 정보력, 할아버지의 경제력, 아빠의 무관심이라는 말이 있어요. 사실 결혼을 하고 아이를 낳고 3년이 지나니 경제적인 부분이 얼마나 중요한지, 왜 친정엄마가 "돈돈돈" 했는지 실감이 나더라고요. 그러나 우리 아이들에게 가장 좋은 교육 환경은 엄마 아빠가 사랑하는 모습을 자주 보여주는 것이래요. 한 번은 TV에서 남녀가 뽀뽀하며 안아 주는 장면이 나왔는데, 첫째 아이가 지나가는 말로 "우리 엄마 아빠는 저러지 않는데" 그러는 거예요. 아이들 앞에서 스킨십을 자주 표현하지 않으니, 아이들이 엄마 아빠는 서로 사랑하지 않는 줄 아는 것 같더라고요. 사실 결혼하고 나면 왜 남편에게 곱게 말이 안 나가는지 잘 모르겠어요. 아이들에게 하듯이, 남편에게도 역시 고운 말, 칭찬과 격려의 말을 해야 한다는 것을 깨달아요. 엄마가 아빠에게 어떤 말투와 감정으로 이야기하는지, 엄마 아빠가 서로 사랑하며 존중하는지를 우리 아이들은 다 보고 듣고 느끼고 있거든요. 그런 엄마 아빠의 대화하는 모습을 보며, 아이들 역시 행복을 느끼기도 하고 불안을 느끼기도 해요. 부모가 싸우는 모습을 보면 아이는 굉장한 불안감을 느끼거든요. 저 역시 어릴 적 부모님이 싸우시면 마음이 덩달아 우울해지곤 했던 기억이 나요. 가정이 행복하기 위해서 돈이 필요하기는 하지만 절대적이지는 않다는 것을 깨달아요. 대신 하나님을 의지하며 오늘보다 나은 내일을 부부가 믿음으로 기도하는 모습을 보일 때, 아이들이 가장 행복하게 여기지 않을까 싶네요.

6

네 부모를 즐겁게 하며

"의인의 아비는 크게 즐거울 것이요
지혜로운 자식을 낳은 자는 그로 말미암아 즐거울 것이니라
네 부모를 즐겁게 하며 너를 낳은 어미를 기쁘게 하라" (잠언 23:24~25)

솔로몬 왕은 부모와 자녀의 관계에 대한 지혜를 말하고 있어요. 즉 지혜로운 자식을 낳으면 부모가 즐겁게 된다고 말해요. 특히 나를 낳아준 엄마 아빠를 기쁘게 해 드리라고 솔로몬은 말하고 있어요. 우리 아이가 엄마 아빠에게 무엇을 해 드리면 기뻐하실까요? 우리 아이는 엄마 아빠를 자주 즐겁게 해 드리고 있나요? 우리 아이가 한창 예쁜 짓을 할 때도 있었지만, 서서히 장난치고 떼쓰고 엄마 아빠의 즐거움보다는 골칫덩어리가 되어 가고 있지는 않나요? 오늘 엄마 아빠가 몇 번이나 우리 아이 때문에 웃었나 생각해 봐요. 혹 엄마 아빠가 우리 아이 때문에 오늘 하루 화를 내거나 힘들어 하시지는 않았나요? 형이나 동생하고 싸우진 않았나요? 책과 장난감으로 놀고서 치우지 않고 방안을 어질러 놓았나요? 지혜로운 자녀는 엄마 아빠를 기쁘게 해 드린다고 솔로몬 왕이 말했어요. 오늘 엄마 아빠가 힘들어 하시면 우리 아이가 예쁜 재롱과 심부름을 해서 엄마 아빠의 얼굴에 미소를 짓게 해 보세요. 우리 아이는 엄마 아빠의 기쁨의 근원이랍니다.

 하나님, 우리 아이(   )가 부모에게 기쁨이 되는 아이로 자라게 하시고, 부모를 즐겁게 해서 가정 안에 화목의 근원이 되게 하소서.

과거와 현재를 비추는 거울

  아이가 태어나면 자는 모습도 예쁘고, 눈을 뜨면 눈 뜬 모습은 더 예쁘지요. 그런데 아이들이 자라면서 말썽도 피우고, 엄마 뒤를 껌 딱지처럼 붙어 다니면 솔직히 잘 때가 제일 예뻐요. 아이들이 부모를 즐겁게 해 줄 때는 여러 가지예요. 엄마가 힘들 때 옆에 와서 엄마 팔다리를 주물러 줄 때, 또는 마냥 품 안의 아기 같은데 학교나 어린이집에서 잘 적응할 때면 신통방통하지요. 늘 뒤치다꺼리를 해 줘야 할 것만 같지만, 또 어느새 커서 잔심부름도 곧잘 해서 '아유, 많이 컸네' 하는 생각이 들기도 해요. 둘째 아이는 노래를 잘하지는 않는데, 교회에서 성가대를 하면서부터는 밤에 부쩍 노래책 들고 노래하는 것을 즐겨요. 그 노랫소리를 요리하다가 듣고 있으면 저절로 웃음이 나요. 또 두 녀석이 태권도를 1장부터 8장까지 절도 있게 하는 모습을 보면 군무를 연상시키며 씩씩하게 크는 것 같아 든든해져요. 이런 아이들의 모습을 보면서 나는 얼마나 우리 부모님을 즐겁게 해 드렸나 하는 반성이 들어요. 주로 용돈 몇 푼 드리는 것으로 때우지는 않았는지, 사랑한다는 말 한 마디 건네기, 엄마의 아픈 팔 안마해드리기, 목욕탕에 가서 때 한 번 밀어드리지 못해 영 죄스럽네요. 아이를 키우는 것은 나의 과거와 현재를 동시에 돌아보게 해요. 그래서 부모가 돼야 부모 심정을 안다고 하는 것 같아요. 또 내 부모님에게 잘 못해 드렸던 점을 보면서 또 하나님께 잘 못하고 있는 점까지 돌아보게 돼요. 이처럼 자식을 키운다는 것은 하나님의 마음을 배우는 훈련이 아닐까 싶어요. 아이들이 우리에게 기쁨을 주듯이, 육신의 부모님과 하나님께 기쁨을 드리는 존재가 되도록 노력해요.

7
팔십사 세가 되었더라

"또 아셀 지파 바누엘의 딸 안나라 하는 선지자가 있어 나이가 매우 많았더라
그가 결혼한 후 일곱 해 동안 남편과 함께 살다가 과부가 되고 팔십사 세가 되었더라
이 사람이 성전을 떠나지 아니하고 주야로 금식하며 기도함으로 섬기더니 마침 이때에
나아와서 하나님께 감사하고 예루살렘의 속량을 바라는 모든 사람에게
그에 대하여 말하니라"(누가복음 2:36~38)

:::: 엄마가 아이에게 ::::

예수님이 태어났을 당시, 팔십사 세가 된 선지자 안나 할머니와 죽기 전에 그리스도를 보기 원했던 시므온 할아버지가 살았어요. 안나 할머니와 시므온 할아버지는 밤에도 낮에도 성전을 떠나지 않고 이스라엘에 구세주가 나기를 기도했어요. 어느 날 시므온 할아버지는 성전에 갔다가 마리아의 품에 안겨 있는 아기 예수님을 보았고, 안나 할머니 역시 하나님께서 아기 예수님을 보내 주신 사실을 알고 감사기도를 드렸어요. 그리고 안나 할머니는 수많은 사람들에게 예수님을 통해 사람의 죄가 용서받을 것이라고 말해 줬어요. 우리 아이에게는 할아버지, 할머니가 있나요? 할아버지, 할머니를 자주 보는 친구들도 있을 것이고, 명절날만 가끔 만나는 친구들도 있을 거예요. 할아버지와 할머니는 우리 아이가 태어날 때부터 우리 아이를 사랑해 주시고, 건강하기를 기도해 주시는 분들이세요. 할아버지와 할머니에게 전화해서 "할아버지, 할머니, 사랑해요"라고 말해 보세요. 무척 좋아하실 거예요.

 기도 하나님, 우리 아이(   )가 할아버지와 할머니의 사랑으로 잘 자라고, 그분들의 사랑을 잊지 않게 해 주세요.

할머니의 사랑

　어린아이에게 가장 좋은 영향을 미치는 분들은 역시 할아버지와 할머니세요. 제가 직장 맘인 관계로 두 아이들이 학교와 어린이집, 태권도학원을 갔다오면 퇴근 전까지 시어머니께서 아이들을 돌봐주시곤 해요. 시어머니의 손자에 대한 헌신적인 모습을 보면 막힌 담이 허물어지듯이 감사드리게 돼요. 그분들의 인생 경험과 연륜은 자녀교육의 여러 부분에 무시 못할 존재로 나타나요. 저희 아이들의 할아버지는 과한 액션이나 재미난 장난감이 없는데도 아이들이 할아버지 옆에만 가면 참 조용하게 잘 놀아서 미스터리 중 하나에요. 할머니는 첫 손자라 그런지 첫째 아이에 대한 사랑이 남다르세요. 아마 시어머니의 첫 손자에 대한 사랑은 그 어떤 장애물도 끊을 수 없는 사랑일 거예요. 바쁜 직장 일로 깜박하는 저를 대신해 몸이 약한 첫째 아이를 세심하게 잘 챙겨 주세요. 그런데 아이는 누군가 자신을 사랑해 주고 있다는 사실을 그 누구보다 잘 알아요. 야근하는 엄마를 기다리다 할머니 무릎을 베고 얕은 잠이 든 아이에게 찬송가를 불러 주면 아이는 언제 새겨들었는지 며칠 후, 무심결에 그 찬양 가사를 혼잣말로 따라 부르곤 해요. 할머니가 챙겨주는 식사뿐만 아니라, 새벽기도회에 나가 아이를 위해 기도해주시면 아이는 또 할머니의 기도를 먹고 자라게 되는 것 같아요. 할머니가 들려주는 옛날이야기를 듣고 종알종알 질문하고, 할머니가 씻겨주는 손과 발에도 한없는 사랑이 깃들어 있음을 알아요. 물론 겉으로는 투정도 부리고, 할머니를 힘들게 하는 날도 많지만요. 우리 아이를 돌봐 주시는 우리의 부모님에게도 감사하는 마음을 늘 갖도록 해요.

8
믿음으로 멸망하지 아니하였도다

"믿음으로 기생 라합은 정탐꾼을 평안히 영접하였으므로
순종하지 아니한 자와 함께 멸망하지 아니하였도다" (히브리서 11:31)

당시 라합은 기생이라는 좋지 못한 직업을 가졌고, 이방인으로서 죄가 많았어요. 그런데 이 라합이 하나님에 대한 소문을 듣고 믿음이 생겼어요. 그래서 이스라엘 정탐꾼이 가나안에 왔을 때 몸을 숨겨줬어요. 이 일은 대단한 용기가 필요한 일이었어요. 왜냐하면 만약 이스라엘 정탐꾼을 숨긴 사실을 들키면 큰 벌을 받았기 때문이에요. 그런데 오히려 라합은 정탐꾼을 숨겨준 사실 때문에 구원을 받게 되고, 땅까지 선물로 받게 되요. 그래서 라합은 행함으로 의롭다는 칭찬을 받게 돼요. 더욱더 놀라운 사실은 라합이 살몬과 결혼해서 이스라엘 믿음의 조상이 된다는 점이에요. 남편 살몬과 결혼해 보아스를 낳고, 보아스는 룻과 결혼해 오벳을 낳고, 오벳은 이새를 낳고, 이새는 결국 다윗을 낳게 돼요. 참으로 놀랍죠? 라합은 이방인이었으나, 믿음을 지녀서 훗날 다윗이라는 믿음의 가문을 잇는 조상의 족보에 오르게 된 거예요. 우리 아이도 혹 할아버지나 아버지 대에서 믿지 않더라도, 하나님을 충성스럽게 믿기만 하면 믿음의 조상이 될 수 있어요. 만약 믿는 집안이면 그 사실을 감사해야 해요. 아직 믿지 않는 집안이 이 세상에는 많거든요.

 하나님, 믿음의 조상이 된 라합처럼 우리 아이(   )에게 믿음의 가정을 만들어 주고, 본이 되는 신앙을 전수해 믿음의 명문가정을 이룰 수 있도록 인도해 주세요.

믿음의 가정 만들어 주기

우리 아이에게 믿는 가정을 선물한다는 것은 가장 큰 축복이죠. 부모가 믿지 않거나 엄마 아빠 한쪽만 믿는다면, 부모 양쪽이 모두 신앙생활을 하는 경우와 비교해 많은 어려움이 생길 수 있어요. 그러나 라합은 아예 믿는 부모도 없었고, 그녀 자신도 다 성장한 후 믿었지만, 믿음을 실천하고 믿음의 배우자를 만나 다윗의 조상이 되는 큰 축복을 얻게 돼요. 저 역시 친정 식구들이 모두 믿지 않았는데, 시댁이 모두 믿는 집안이라 아이들 역시 믿음의 축복을 태어나기 전부터 받고, 교회학교에서 차근히 신앙을 배우고 있어요. 명절 때나 가정예배를 드릴 때 온 가족이 모여 예배 드리는 모습, 찬송하는 모습, 성경책을 읽는 모습을 보여주는 것만으로도 어린아이들은 기독교문화를 체험하게 돼요. 아이들에게 엄마 아빠가 믿음의 본이 된다는 것은 중요하지만 사실 이는 어려운 일이기도 해요. 그러나 오늘 하루 말씀 한 구절을 우리 아이에게 읽어 주는 것만으로도 작지만 큰 믿음의 진보가 된다는 점을 잊지 않았으면 해요. '맹모삼천지교(孟母三遷之敎)'라는 말이 있어요. 맹자의 어머니는 아들에게 좋은 교육 환경을 만들어 주고자 공동묘지에서 시장, 시장에서 서당 근처로 세 번이나 이사를 했다고 하잖아요. 그런데 부모가 믿음의 환경을 만들어 주는 일은 그보다 더 중요해요. 좋은 교회와 목자, 선생님을 만나게 해 주고, 부모가 집안에서 말씀을 사모하는 모습을 보이는 것은 아이에게 무엇이 중요한지 우선순위를 가르쳐주는 중요한 잣대가 돼요. 우리 아이가 믿음의 가정에서 잘 자라서 민족과 열방을 구원하는 주의 자녀로 자랄 수 있도록 부모가 본이 되도록 기도해요.

9
아버지가 그를 보고 측은히 여겨

"이에 일어나서 아버지께로 돌아가니라 아직도 거리가 먼데
아버지가 그를 보고 측은히 여겨 달려가 목을 안고 입을 맞추니 아들이 이르되
아버지 내가 하늘과 아버지께 죄를 지었사오니 지금부터는 아버지의 아들이라
일컬음을 감당하지 못하겠나이다 하나" (누가복음 15:20~21)

엄마가 아이에게

한 아버지에게 두 아들이 있었어요. 둘째 아들이 아버지로부터 돈을 달라고 해서 받은 뒤 집을 나갔어요. 그 아들은 집을 나간 뒤 방탕하게 그 돈을 모두 써버리고, 거지가 돼서 집으로 다시 돌아왔어요. 그런데 아버지는 멀리서도 그가 아들인 줄 알아보고, 불쌍히 여겨 한 걸음에 달려가 아들을 반갑게 안고 입을 맞추며, 새 옷과 반지, 새 신까지 주며 잔치를 열었어요. 아버지는 아들이 집으로 다시 돌아온 게 반가웠던 거예요. 아들은 아버지에게 죄를 지었다며 진실로 울면서 회개해요. 우리 아이도 잘못을 저질러서 부모님의 마음을 아프게 한 적이 있나요? 잘못했다는 사실을 깨달으면 빨리 부모님께 잘못한 점을 사과하고 용서를 받아야 해요. 사람은 누구나 잘못과 실수를 할 수 있어요. 문제는 실수한 다음에 어떻게 대처하는가 하는 점이에요. 빠른 시간 내에 회개하고, 잘못한 사람에게 사과해야 해요. 특히 부모님에게 상처를 준 일이 있다면 어서 빨리 "잘못했어요, 죄송해요"라고 말하고, 다시 활짝 웃어 봐요. 그러면 부모님이 용서해 주시고, 꼭 안아 주실 거예요.

기도 하나님, 우리 아이(   )가 잘못을 하더라도 빨리 회개하고, 전보다 더 사랑받는 자녀가 되도록 인도해 주세요.

엄마는 언제나 네 편이야

아이가 부모에게 기쁨을 주기도 하지만, 또 한편으로는 아이들로 인해 부모가 상처를 받을 때도 있어요. 한 번은 첫째 아이가 동생하고 싸우고 엄마가 동생 편을 들면서 야단을 치자, 마음이 상했는지 엄마에게 집을 나간다고 말하는 거예요. 그때 좀 저도 감정적으로 첫째 아이에게 화를 냈던 것 같아요. 그러더니 정말 현관문을 열고 나가는 거예요. 좀 기다려도 안 들어와서 혹시나 하는 불안감에 살짝 문을 열고 나가봤더니 멀리 가지도 않고 바로 집 앞 계단에서 서성거리고 있었어요. 그래서 첫째 아이를 달래서 집으로 들어와 꼭 껴안아 주고, "엄마가 야단쳐서 미안해. 다시는 집 나간다고 하면 안 돼" 하면서 달래 준 적이 있어요. 아이도 자기가 잘못한 것을 알았는지 훌쩍이더라고요. 안 아픈 손가락이 없듯이 부모에게 안 사랑스러운 자녀는 없어요. 아직 아이들이 어려서 제 마음을 크게 상하게 하는 일은 없지만, 점점 클수록 학업과 이성 교제, 친구 관계와 사춘기 반항, 대학과 취업, 결혼 문제 등으로 부모의 마음을 상하게 하고, 독립적인 주장을 펼 날이 곧 오겠지요. 그러나 부모에게는 한결같이 '내 자식'인 거 같아요. 다른 아이보다 공부를 못해도, 말썽을 피워도, 안아 줄 수밖에 없는, 영원한 '내 아이 편'이 바로 엄마예요. 아마 우리 하나님도 영원한 내 편이실 거예요. 우리가 어떤 잘못을 해도 다시 회개하고 돌아오면 받아 주시고 안아 주시는 분. 아이가 내 속을 긁을 때마다 내가 그동안 긁은 하나님의 심정을 조금은 알게 돼요. 그래서 자녀를 키우면서 하나님의 마음을 조금씩 배워가는 것 같아요.

10

네 자녀에게 부지런히 가르치며

"네 자녀에게 부지런히 가르치며 집에 앉았을 때에든지
길을 갈 때에든지 누워 있을 때에든지 일어날 때에든지 이 말씀을 강론할 것이며
너는 또 그것을 네 손목에 매어 기호를 삼으며 네 미간에 붙여 표로 삼고
또 네 집 문설주와 바깥 문에 기록할지니라" (신명기 6:7~9)

엄마가 아이에게

모세는 하나님으로부터 십계명을 받고, 이스라엘 백성들에게 율법의 말
씀을 자녀들에게 부지런히 가르치라고 강조해요. 그것은 단순히 율법을 지키
라는 것이 아니라, 애굽의 노예생활과 핍박에서 구원해 주신 하나님의 은혜
를 잊지 말라는 것이에요. 이를 위해 이스라엘의 부모들은 출애굽 이후 태어
난 자녀들에게 하나님의 은혜를 잊지 않도록 말씀을 부지런히 가르쳐야 했
어요. 집에 있을 때든지, 길을 갈 때든지, 누워 있을 때든지, 일어날 때든지 자
녀들은 말씀을 부지런히 배워야 했어요. 또 말씀을 손목에 매고, 얼굴에 붙
여 표로 삼고, 심지어 집 기둥과 문에도 말씀을 붙이고 항상 보고 새기라고
했어요. 우리 아이는 엄마 아빠가 성경 말씀을 자주 가르쳐주시나요? 아직은
어려서 성경 말씀이 어려울 수 있으나, 엄마 아빠가 쉽게 설명해 주시는 말
씀을 듣고 성경을 이해하도록 노력해요. 말씀을 자주 보고, 읽으며 묵상하면
그 말씀이 어느 날 꿀 송이보다 더 달게 느껴지고, 우리 아이가 어려울 때 큰
도움이 될 거예요.

기도 하나님, 우리 아이(   )에게 무엇보다 어린 시절부터 말씀을 집안에서부터 배우
게 해서 내적으로 강한 아이로 자라도록 인도하소서.

아이의 내면을 길러 주는 교육

아이에게 말씀을 가르쳐주기 위해 어린이 성경책을 한 번쯤은 사 봤을 거예요. 그러나 아무리 어린이 성경책이 그림이 화려하고 쉽게 편집돼 있어도, 아이가 혼자 성경책을 보기는 쉽지 않아요. 이 시기 아이들에게는 꼭 엄마가 붙어서 책이든 성경책이든 읽어 줘야 해요. 특히 성경책은 어려운 단어도 많아서 엄마나 아빠가 말씀을 읽어 주고, 해석도 해 줘야 해요. 교회학교에 다니는 아이들은 전도사님이나 선생님을 통해 성경 말씀을 한 달에 몇 번은 암송하거나 읽을 기회가 있을 거예요. 유대인들은 아직도 성경 말씀으로 어린 자녀들에게 영성, 인성 등 내면적 교육을 강하게 가르쳐요. 우리나라가 어린 자녀들에게 영어와 수학, 한글을 조기 교육하고 있는 것과는 정반대예요. 영어, 수학, 한글은 사람의 내면을 기르는 교육이 아니에요. 반면, 성경은 어릴 때부터 사람의 내면을 튼실하게 하고, 영성과 인성을 길러 줘서 인생의 어려움을 말씀에 의지해 극복해 나가도록 만들어 줘요. 부모 외에 하나님과 말씀에 의지할 존재가 있다는 것을 아이들에게 알려 주는 교육은 비싼 영어유치원이나 학원에 보내는 것보다 훨씬 중요해요. 신앙 교육과 세상 교육 사이에서 엄마가 중심을 잘 잡아야 해요. 20년 후 각광받는 직업이 뭐가 될지 알 수도 없고, 이젠 성적대로 미래가 보장된 시대도 지났잖아요. 집안의 가훈도 성경에서 뽑아 적어서 액자로 걸어 놓아 봐요. 우리 집 가훈은 "항상 기뻐하라 쉬지 말고 기도하라 범사에 감사하라"(살전 5:16~18)인데, 종이에 써서 벽에 붙여놓아 아이들과 자주 쳐다보게 돼요. 부모와 자녀가 함께 말씀을 자주 보고, 읽고, 쓰면 말씀으로 가정에 닥친 여러 어려운 고비들을 함께 넘기는 은혜를 누리게 될 거예요.

7장

만남

우리 아이가 자라면서 어떤 만남을 갖느냐는 무척 중요하다. 좋은 친구와 스승, 상사 그리고 영적 멘토가 되어 줄 목자와 교회, 평생의 동반자인 배우자 등 어떤 사람을 만나느냐에 따라 한 사람의 인생이 많이 달라지기 때문이다. 우리 아이에게 믿음의 친구와 스승, 영적 멘토, 지혜로운 배우자와의 만남의 축복이 예비 되어 있기를 항상 기도하는 엄마가 되자.

1
두 사람이 한 사람보다 나음은

"두 사람이 한 사람보다 나음은 그들이 수고함으로
좋은 상을 얻을 것임이라 혹시 그들이 넘어지면 하나가 그 동무를
붙들어 일으키려니와 홀로 있어 넘어지고 붙들어 일으킬 자가 없는 자에게는
화가 있으리라 또 두 사람이 함께 누우면 따뜻하거니와 한 사람이면
어찌 따뜻하랴 한 사람이면 패하겠거니와 두 사람이면 맞설 수 있나니
세 겹 줄은 쉽게 끊어지지 아니하느니라" (전도서 4:9~12)

: 엄마가 아이에게 :

솔로몬은 두 사람이 함께하는 것이 혼자 있는 것보다 낫다고 말해요. 한 사람이 넘어지면 다른 한 사람이 옆에 있어서 붙들어 주고 일으켜 줄 수 있으니까요. 또 혼자보다는 두 사람이 함께 있으면 마음이 따뜻해진다고 해요. 그런데 그런 사람이 없으면 어려운 일이 닥칠 때 외롭다고 말해요. 우리 아이는 친한 친구가 있나요? 아직 어려서 진한 우정을 잘 모를 수도 있지만, 평생을 살아가면서 마음에 맞는 친구 한두 명이 있다는 것은 큰 재산을 갖고 있는 것보다 중요해요. 내가 어려울 때 도와주고, 힘들 때 격려해 주는 사람이 있다면 슬픔은 반으로 줄어들고, 어려움도 빨리 극복할 수 있어요. 학교에서나 유치원에서 친구들, 형이나 누나, 언니들과 사이좋게 지내야 해요. 혼자 무엇인가를 하는 것도 괜찮고, 좋은 일이에요. 혼자 있을 때 기도도 더 잘 되고, 생각도 깊어져요. 그러나 다른 사람과 함께 무엇인가를 하는 것은 더 기쁘고 즐거운 일이에요.

 하나님, 우리 아이(   )에게 외롭지 않도록 사람들을 붙여 주시고, 기쁠 때나 슬플 때나 힘이 되게 하소서.

서로의 인생을 파이팅 해 주는 사람

　우리 아이들은 우리 때보다 더 경쟁이 심한 구조 속에서 살아가고 있어요. 그래서 부모들도 벌써부터 같은 반 짝꿍이나 친구들을 우리 아이의 경쟁자로, 이겨야 할 대상으로 키우지는 않았는지 되돌아보게 돼요. 아직 어린 아이들이 좀 더 친구를 친구답게 사귈 수 있도록 부모들의 배려가 중요한 것 같아요. 어른이 돼 갈수록 새로운 친구를 만들기가 힘들어요. 또 사람의 관계도 계속 연락하고 경조사를 챙기며 마음을 주지 않으면 오래 유지되기가 힘들어요. 힘들 때 마음을 터놓고 울 수 있고, 내 인생을 위해 자신의 인생처럼 조언해 줄 수 있는 사람, 내 일이라면 두 팔을 걷어붙이고 찾아와 도와줄 사람이 있다면 정말 행복한 사람이에요. 나이가 들수록 사람만큼 소중한 게 없는 거 같아요. 저는 혼자서도 잘 노는 편이었는데, 동갑내기 친구보다는 주로 위나 아래 또래 사람들과 친했어요. 늘 언제나 부르면 달려와 격려와 지지를 해 주는 디자이너 강현정 자매, 1년에 한두 번 만나도 진솔한 신앙을 들려주시는 멘토 김혜숙 목사님, 솔직하고 유쾌하신 장지희 집사님, 늘 말씀으로 자신의 삶을 재해석해 은혜를 전해 주는 이경남 기자, 그리고 믿음의 남편 권혁두 집사와 눈에 넣어도 안 아픈 우리 왕자님들 등 하나님께서 내 인생에 붙여 주신 사람들이 함께 있음으로 인해 느끼는 기쁨과 행복이 참 크답니다. 자주 만나지 못해도 속 얘기를 다 할 수 있는 사람, 서로의 인생을 위해 진심으로 걱정해 주고, 승리하는 인생을 위해 파이팅 해 주는 사람이 있다는 것은 정말 행복한 인생이에요. 우리 아이에게도 그런 사람들이 많았으면 좋겠어요.

지도한 예언을 따라 선한 싸움을 싸우며

"아들 디모데야 내가 네게 이 교훈으로써 명하노니
전에 너를 지도한 예언을 따라 그것으로 선한 싸움을 싸우며 믿음과 착한 양심을 가지라
어떤 이들은 이 양심을 버렸고 그 믿음에 관하여는 파선하였느니라"(디모데전서 1:18~19)

엄마가 아이에게

　　사도 바울에게는 아주 아끼는 제자 디모데가 있었어요. 심지어 바울은 혈육 관계가 아닌데도 불구하고, 디모데를 아들이라고 부르며 끔찍이 사랑했어요. 바울은 감옥에 갇혔어도 디모데에게 편지로 인사하며, 디모데의 건강과 사역을 걱정하고 많은 조언을 해 줘요. 바울과 디모데의 관계는 스승과 제자의 관계에요. 성경에는 스승인 예수님과 제자의 관계를 맺은 수많은 사람이 나와요. 예수님의 열두 제자 중 한 명인 베드로, 예수님과 사도 바울, 예수님과 삭개오 등은 대표적인 스승과 제자 관계이지요. 예수님은 잘난 사람보다 정말 보잘것없고 약한 사람들을 자신의 제자로 삼으셨어요. 우리 아이도 나이가 들고, 학년이 올라갈수록 수많은 선생님을 만나게 될 거예요. 그 중에는 우리 아이를 유독 사랑해 주시고, 우리 아이가 가진 장점과 재능을 눈여겨봐 주시며 격려해 주시는 선생님도 있을 거예요. 그럴 때는 선생님의 지도를 따라 잘 따라가며 배우도록 해요. 선생님은 인생을 먼저 산 사람으로서 우리 아이가 잘 크고 배우도록 많은 지식과 격려를 해 주시는 고마운 분이니까요.

 기도 하나님, 우리 아이(　　　)가 좋은 믿음의 스승을 만나, 은사를 발전시켜 선한 싸움을 싸울 수 있도록 인도하소서.

나를 알아봐 주는 스승

저 역시 수많은 선생님 중에서 초등학교 6학년 때 만났던 담임선생님이 가장 기억에 남아요. 곧 초등학교를 졸업하고 중학교로 입학할 사춘기에 접어든 아이들에게 인생의 중요한 덕목들을 주제별로 가르쳐주셨던 선생님. 특별히 초등학교 6학년을 거치면서 별로 주목을 받지 못했던 저를 알아봐 주시고, 사랑해 주셨던 선생님과의 만남은 누군가에게 인정받는다는 기쁨을 알게 해주었죠. 그런데 우리 아이가 커 가면서 그런 선생님을 만난다면 참 좋을 거 같아요. 부모로서 내가 해 줄 수 없는 부분을 여러 전문분야의 선생님들을 통해 인격이나 재능적인 면에서 코치해 주실 수 있으니까요. 지금까지 우리 아이는 어린이집 선생님, 피아노 선생님, 태권도 관장님, 초등학교 담임선생님과 돌보미교실 선생님, 교회 전도사님과 교회 선생님 등을 만났지만 앞으로는 더 많은 선생님을 만나게 될 거예요. 한 사람이 태어나서 성인으로 성장하기까지 정말 많은 스승을 만나게 돼요. 그런데 그중에 세상적인 지혜뿐만 아니라, 바울과 디모데의 관계처럼 믿음을 가르쳐주시는 스승을 만난다면 얼마나 좋을까요? 다행히 우리 아이들은 어린이집부터 교회와 학교 모두 좋은 선생님을 만나 지금까지 잘 자라온 것 같아요. 아이들이 밤에 잠을 잘 때 머리에 손을 얹고 기도해 주는데, 기도하는 축복 중 하나가 바로 만남의 축복이에요. 그중에서도 좋은 믿음의 스승을 만나 인생의 지혜를 얻고, 믿음의 선한 싸움을 싸울 수 있는 든든한 신앙이 쌓이기를 기도해요. 특히 요즘같이 교권이 무너진 상황에서 좋은 스승들이 학교와 교회에서 세워지도록 엄마들이 기도의 손을 모아야 해요.

3

다니엘과 하나냐와 미사엘과 아사랴와

"왕이 그들과 말하여 보매 무리 중에 다니엘과 하나냐와 미사엘과 아사랴와
같은 자가 없으므로 그들을 왕 앞에 서게 하고 왕이 그들에게 모든 일을 묻는 중에
그 지혜와 총명이 온 나라 박수와 술객보다 십 배나 나은 줄을 아니라"(다니엘 1:19~20)

엄마가 아이에게

다니엘에게는 세 명의 친구가 있었어요. 하나냐와 미사엘, 아사랴가 그 세 친구에요. 다니엘과 세 친구는 나라가 망해서 우상을 숭배하는 바벨론의 왕궁으로 잡혀갔어요. 그런데 다니엘과 세 친구는 바벨론 왕이 보기에도 지혜롭고 총명해 보였나 봐요. 모든 사람 중에 다니엘과 세 친구 같은 사람이 없을 정도로, 지혜와 총명이 바벨론의 점쟁이와 마술가보다 열 배나 낫다고 바벨론 왕의 칭찬이 자자했어요. 다니엘도 총명하고 믿음이 강했지만, 다니엘의 옆에는 믿음도 좋고 지혜가 많은 세 친구가 항상 같이 있어서 뜨거운 풀무불 속에서도 믿음으로 살아나는 놀라운 경험을 해요. 이런 하나님의 함께하심을 체험하는 것은 다니엘과 세 친구의 인생에 큰 영향을 줬을 거예요. 우리 아이에게는 다니엘과 같은 믿음의 친구들이 있나요? 특히 같이 교회에 다니고 믿음을 지닌 친구가 있는 게 참 중요해요. 세상의 믿지 않는 친구와 달리, 우리 아이가 어려운 일이 있을 때 함께 하나님께 기도해 줄 수 있거든요. 우리 아이 역시 믿음의 친구들을 사귀고, 친구들에게도 좋은 믿음의 친구가 되도록 노력해요.

 기도 하나님, 우리 아이(   )가 다니엘과 세 친구처럼 지혜와 총명이 가득하고, 믿음이 좋은 친구를 만나도록 축복하소서.

믿음 좋은 친구를 만나요

아이들이 크면서 친구 이야기가 점점 늘어가고, 또 집에 친구를 데려오기도 해요. 그러면 엄마는 내심 좋은 친구인지 살펴보게 돼요. 공부는 잘하는지, 어디에 사는지 아이에게 묻게 돼요. 그러면서 속으로 우리 아이에게 다니엘처럼 믿음도 좋고, 지혜도 있으며, 총명한 친구들이 옆에 있으면 내심 안심하게 되지요. 요즘은 초등학교 고학년으로 갈수록 공부 잘하는 친구들을 일부러 우리 아이와 사귀도록 노력하는 엄마들이 많다고 해요. 그 친구가 다니는 학원에 우리 아이를 같이 보내고, 그 친구 생일잔치에 우리 아이를 보내고, 엄마들끼리 모임을 만들어 일부러 친해지면서 교육정보도 많이 얻는다고 해요. 저같이 바쁜 직장 맘들은 어쩌다 학교 모임이 있어 학교에 가도, 후속 모임인 엄마들의 친교모임에 참여하지 못하고 부리나케 직장으로 다시 복귀할 때가 많아요. 그래서 담임선생님이나 학급 친구들의 이야기, 좋은 학원이나 학습지 교육정보 등을 도통 들을 수가 없어요. 그러나 아이들의 친구까지 인위적으로 만드는 것은 뭔가 잘못된 것 같아요. 대신 자연스럽게 아이들이 교회에서 믿음의 친구들을 만나고, 성장하면서 어려울 때 기도제목을 나눌 수 있는 영적 동지를 만나길 기도해요. 나를 위해 기도해 주는 믿음의 친구를 만나는 것은 공부 잘하는 친구를 만나는 것보다 더 중요한 일이지요. 우리 아이가 공부 잘하는 친구보다는 믿음이 좋은 친구 세 명 정도만 있다면, 다니엘과 세 친구처럼 험난한 인생길에 함께 길동무가 되어 줄 수 있으니까요.

4
그는 양을 지키나이다

"또 사무엘이 이새에게 이르되 네 아들들이 다 여기 있느냐
이새가 이르되 아직 막내가 남았는데 <u>그는 양을 지키나이다</u>
사무엘이 이새에게 이르되 사람을 보내어 그를 데려오라
그가 여기 오기까지는 우리가 식사 자리에 앉지 아니하겠노라"(사무엘상 16:11)

엄마가 아이에게

하나님은 이미 다윗이 어렸을 때부터 사울 왕을 대신할 왕으로 준비하셨
어요. 하나님의 명령을 받고 사무엘 선지자가 다윗의 아버지 이새의 집에 왔
을 때, 다른 형제들은 왕이 될 욕심에 사무엘의 눈에 띄려고 집으로 몰려왔
어요. 하지만 다윗은 목자로서 자신의 본분을 지키며, 들에서 양을 돌보기에
바빴어요. 왕이 되는 것보다 양들을 지키는 게 중요했기 때문이에요. 하나님
은 중요한 순간에도 양을 지키는 목자로서 다윗의 마음가짐을 좋게 보시고,
훗날 이스라엘의 왕으로 예비하셨어요. 양은 목자의 인도를 받아야 길을 잃
지 않아요. 목자는 양이 푸른 풀밭에서 쉬게도 하고, 물가에서 물도 마시게
해요. 그래서 양은 자기를 먹여주고 항상 지켜주는 목자의 소리와 몸짓에 순
종해요. 이처럼 목자가 양을 돌보듯이, 훗날 하나님께서는 다윗을 돌봐 주셨
어요. 우리 아이에게는 엄마 아빠 말고 목자 같은 분이 있나요? 교회 전도사
님이나 선생님은 우리 아이를 위해 기도해 주시는 목자세요. 그분들의 기도
와 헌신에 감사드리는 우리 아이가 되도록 해요.

 기도 하나님, 우리 아이(   )에게 좋은 목자를 만나는 축복을 주시고, 세상을 이길 수
있는 믿음으로 자라게 해 주소서.

좋은 목자를 만났으면

살다 보면 한 교회를 몇 십 년 계속 다닐 때도 있지만 이사나 직장과 학교의 이전에 따라 교회를 옮길 때가 있어요. 그때마다 사람들이 교회를 선택하는 기준은 여러 가지가 있겠지만 그중에서도 그 교회의 목회자를 보고 선택하는 경우가 많아요. 좋은 목자, 즉 영적 멘토를 만나는 것은 학교 선생님이나 세상 친구 못지않게 중요해요. 우리의 영성에 큰 영향을 미치기 때문이에요. 좋은 교회학교 교역자와 선생님을 만나는 것은 우리 아이의 신앙성장에 큰 도움이 돼요. 좋은 목자는 항상 다윗처럼 자신의 양을 우선시해요. 저역시 첫 교회에서 조재호 목사님과 두 번째 교회에서 영적 거장인 옥한흠 목사님을 만나, 예수님에 대해 제대로 알게 되고 제자답게 사는 삶이 무엇인지 배울 수 있었던 것이 가장 큰 축복이었어요. 영적 목자를 만나는 축복은 어찌 보면 좋은 배우자를 만나는 것보다 더 중요해요. 영적 목자를 통해 내가 변화되면, 좀 부족한 배우자를 만나더라도 믿음으로 감당할 수도 있기 때문이에요. 지금은 교회가 세상으로부터 많은 지탄을 받고 있어요. 이럴 때일수록 아이들이 좋은 목자를 만나 세상의 유혹에 흔들리지 않는 튼실한 믿음을 갖는다면 세상의 유혹도 이겨낼 수 있을 거예요. 그래서 그런지 주일마다 아이들을 챙기고 신앙 교육을 해 주시는 전도사님과 교회 선생님, 그리고 성가대 선생님의 모습이 남다르게 여겨져요. 세상처럼 교육비를 받는 것도 아닌데, 우리 아이들의 신앙성장을 위해 애써 주시는 분들이잖아요. 주일 예배 전 아이의 신앙성장을 위해 애써 주시는 목자 같은 그분들을 위해 잠시 기도하고, 스승의 날이나 연말에는 작은 감사의 표현이라도 하면 어떨까 싶어요.

5

돕는 배필을 지으리라

"여호와 하나님이 이르시되 사람이 혼자 사는 것이 좋지 아니하니
내가 그를 위하여 돕는 배필을 지으리라 하시니라" (창세기 2:18)

엄마가 아이에게

하나님은 우주를 창조하시고, 마지막에 하나님의 형상을 닮은 인간을 창조하셨어요. 인간 아담을 창조하신 후, 아담이 너무 외로워 보여 돕는 배필로서 하와를 만드시고 함께 살도록 하셨어요. 돕는 배필이라는 것은 아내와 남편이 각각 서로에게 도움이 되어 준다는 의미예요. 잠언을 지은 솔로몬은 현숙한 여인을 얻는 것은 진주보다 더 값지다고 말했어요. 우리 아이도 커서 언제가 사랑하는 사람을 만나 결혼을 해 가정을 꾸릴 거예요. 특히 현숙하고 돕는 배필인 남편과 아내를 만나는 축복은 좋은 스승과 친구를 만나는 축복 못지않게 중요해요. 왜냐하면 스승과 친구는 같이 한집에 살지 않지만, 남편과 아내는 한집에서 함께 살아야 하기 때문이에요. 한집에서 산다는 것은 나의 좋은 점과 나쁜 점이 그대로 드러나기 때문에, 외모나 학벌보다는 인품이나 믿음이 참 중요해요. 성품이 인자하고, 믿음이 있는 배우자와 결혼을 하면 어려운 고비가 있어도 잘 극복할 수 있거든요. 또 내게 부족한 점을 배우자가 채워 줄 수도 있어요. 좋은 배우자를 만나는 것을 어려서부터 기도해 보도록 해요.

 하나님, 우리 아이(   )가 미래에 믿음과 성품이 좋은 배우자를 만나 행복한 가정을 꾸리도록 인도하소서.

아이가 닮고 싶은 아내와 남편

부모는 아이가 태어나면서부터 그 아이의 장래를 위해 기도하게 돼요. 당장은 잘 먹고 잘 크도록 기도하지만, 커갈수록 공부를 잘해 좋은 대학에 가고 좋은 직장에 들어가도록 기도하게 되지요. 그러나 진짜 중요한 기도는 내 자녀가 좋은 배우자를 만나 행복한 가정을 꾸리는 것이에요. 이것만큼 중요한 기도가 없어요. 좋은 대학을 나오고, 좋은 직장에 취직해도, 돕는 배필을 제대로 만나지 못하면 깨지는 가정이 부지기수에요. 가정이 깨지면 그 사람의 인생도 많이 힘들게 돼요. 어쩌면 인생의 진정한 축복은 돕는 배필을 만나 행복한 가정을 꾸리는 것 같아요. 직장에서의 인정이나 일에서의 성취욕보다는 좋은 배우자와 좋은 부모가 되는 것만큼 어려운 역할도 없어요. 좋은 부모가 되기 전에 내 배우자에게 좋은 아내와 남편이 되고 있는지 질문해 봐요. 자녀들은 부모의 모습을 보고 배운다고 하잖아요. 아마 우리 아이의 미래 배우자상은 지금 내가 하는 아내 역할, 남편 역할을 얼마나 잘하고 있는지에 따라 영향을 받는 것 같아요. 아이들이 클수록 아이들 앞에서는 배우자의 흉을 보거나 부부싸움을 하지 않으려고 노력해야 해요. 아이들이 엄마 아빠의 싸움으로 인해 마음의 상처를 받거든요. 저희 부부는 주로 싸울 때는 문자나 메신저로 싸우고, 집에서는 되도록 큰소리를 안 내려고 해요. 부모 중에는 부부싸움 할 때 일부러 존댓말을 사용하고, 싸운 후 아이들이 불안해하지 않도록 설명해 주는 부모도 있다고 해요. 부모가 많이 사랑하는 모습을 아이들에게 보여주는 것만으로도 큰 행복을 아이에게 준다고 해요. 우리 아이들이 닮고 싶은 아내와 남편이 되도록 이제부터라도 노력해야겠어요.

6
지혜로운 사람의 책망을 듣는 것이

"지혜로운 사람의 책망을 듣는 것이
우매한 자들의 노래를 듣는 것보다 나으니라" (전도서 7:5)

엄마가 아이에게

솔로몬은 하나님께 지혜를 달라고 부탁했어요. 우리는 우리에게 지혜의 말을 해 주는 사람의 말을 경청해야 해요. 비록 내가 듣기 불편하고 나를 비판하는 소리를 하더라도, 그 사람의 지혜로운 말이 내게 도움이 된다면 들어야 해요. 그런 말은 어리석은 사람이 나를 칭찬하는 말보다 훨씬 나에게 좋아요. 왜냐하면 아픈 쓴소리가 앞으로의 내 인생을 더 좋게 만들어 주기 때문이에요. 그러나 어리석고 미련한 사람의 칭찬은 잠시 듣기에만 좋을 뿐 내 인생에는 별로 도움이 되지 않아요. 항상 나를 칭찬하는 사람보다는 나의 단점이나 잘못된 부분을 고치라고 말해 주는 사람이 필요함을 잊지 말아요. 우리 아이는 엄마 아빠가 칭찬할 때 기분이 좋나요? 야단칠 때가 기분이 좋나요? 당연히 칭찬 받을 때가 좋지요. 그러나 부모님에게 야단을 맞을 때도 있을 거예요. 그런데 부모님의 야단이 듣기 싫다고 계속 투정을 부리지는 않나요? 부모님은 우리 아이가 바르게 크도록 하나님께서 우리 아이에게 붙여주신 분들이에요. 부모님의 야단도 우리 아이가 잘 크는 데 밑거름이 된다는 사실을 잊지 말고, 화를 내거나 기분 나빠하지 말고 우리 아이의 잘못된 부분을 고치도록 노력해 봐요.

 기도 하나님, 우리 아이(   )에게 쓴소리도 마다치 않고 해 줄 수 있는 인생의 멘토가 있어서, 지혜를 얻고 제대로 된 인생길을 걸어갈 수 있도록 인도하소서.

야당이 한 사람쯤 있어야

아이를 키우다 보면 엄마의 목소리는 점점 커지게 돼요. 아이가 하나일 때와 두 명, 세 명일 때에 따라 또 달라져요. 아이가 크면서 크고 작은 실수들을 할 때마다 엄마의 목소리는 커지게 돼요. 성경에도 "매를 아끼는 자는 그의 자식을 미워함이라"(잠 13:24)라고 했어요. 그러나 아이들에게 야단을 치는 것도 지혜가 필요해요. 남편은 아이들이 식당에서 떠드는 것을 싫어해요. 외국에서는 아이들이 공공장소에서 떠드는 경우가 거의 없다고 해요. 저는 둘째 아이가 뭐든지 흘리고 먹으며, 집안을 어지럽히는 게 가장 힘들더라고요. 남자아이 둘을 키우다 보니, 자기들끼리 서로 치고받고 싸울 때도 있어요. 아이들의 이야기를 들어보고, 한쪽이 잘못했으면 다른 쪽을 더 야단이라도 치면 서운해서 '왕' 하고 울어버려요. 야단을 칠 때는 감정적으로 야단치거나 매를 들지 않으려고 하지만 쉽지 않네요. 둘째 아이는 "엄마가 큰소리로 야단치지 말고, 예쁜 소리로 말해. 그러면 그렇게 할게"라고 말해요. 그런데 조카들도 자기 엄마가 야단을 치면 잘 안 들어요. 그런데 이모인 제가 "커서 하고 싶은 일을 하려면 지금 조금 공부해 두는 게 커서 더 많이 공부하는 것보다 나아" 하면 거부감 없이 곧잘 알아듣곤 해요. 아마 감정이 안 실린 상태에서 말을 하니까 그런가 봐요. 우리 아이가 부모가 아닌 멘토처럼 따르고 쓴소리도 해 줄 사람이 옆에 한 명쯤 있었으면 해요. 이 세상에는 모두가 나의 여당이어도 한 사람 정도는 나의 야당이 있어야 해요. 그래야 제대로 된 인생길을 걸어갈 수 있는 것 같아요. 우리 아이에게도 그런 쓴소리를 해 줄 사람이 한 명쯤은 옆에 있었으면 해요.

7
모든 사람과 더불어 화목하라

"할 수 있거든 너희로서는 모든 사람과 더불어 화목하라
내 사랑하는 자들아 너희가 친히 원수를 갚지 말고 하나님의 진노하심에 맡기라
기록되었으되 원수 갚는 것이 내게 있으니 내가 갚으리라고 주께서 말씀하시니라
네 원수가 주리거든 먹이고 목마르거든 마시게 하라 그리함으로 네가 숯불을
그 머리에 쌓아 놓으리라 악에게 지지 말고 선으로 악을 이기라" (로마서 12:18~21)

바울은 유대인이나 이방인이나 모두 구원을 받는다고 말해요. 그러니 오직 믿음으로 구원받은 새 언약 백성답게 서로 사랑하라고 말해요. 특히 내게 나쁜 짓을 한 사람에게 악으로 갚지 말고, 선으로 악을 이기라고 말해요. 심지어는 원수가 굶주리면 먹을 것을 주고, 목마르다고 하면 마실 것을 주래요. 또 당시 숯불에 음식을 구워 먹었기 때문에 숯불을 꺼뜨리면 안 되었어요. 그런데 숯불을 꺼뜨리면 아침에 화로를 머리 위로 올리고, 숯불을 구하러 다녔어야 했나 봐요. 이때 만약 원수가 숯불을 꺼뜨리면 숯불까지 주라고 해요. 원수에게 착한 일을 행함으로써 자신의 잘못을 뉘우치게 하라는 의미에요. 원수 갚는 일에 내 소중한 시간과 감정을 낭비하지 말고, 하나님께 맡겨야 해요. 우리 아이는 형이나 동생, 친구가 내게 잘못하면 똑같이 갚아 주려고 하지 않나요? 나에게 나쁜 짓을 한 친구나 사람이 있으면 미워하지 말고 용서하도록 노력해요.

 기도: 하나님, 우리 아이(   )가 모든 사람과 화목하게 하시고, 불편한 인간관계도 주님께 맡기도록 하소서.

두루두루 잘 지내요

저희 아이들은 대체로 모든 사람과 두루두루 잘 지내는 편이에요. 첫째 아이는 얌전할 것 같은데, 오히려 모험심도 강하고 친구들과 장난치며 노는 것을 좋아해요. 둘째 아이는 외모가 잘 놀고 외향적일 거 같은데, 오히려 밖에 나가면 모범생처럼 얌전해지고 규칙을 잘 지키는 편이에요. 친구들하고 놀 때는 놀지만, 아직 어려서 그런지 혼자 역할극 하는 것을 즐기는 편이에요. 이맘때 아이들에게는 아직 원수라 불릴 만큼의 싸움을 한 경험은 없을 거예요. 대신 소소하게 친구들이나 형제끼리 놀다가 싸우는 정도에요. 그나마 몇 시간 지나면 금방 풀어지는 관계가 대부분이죠. 그래도 자기에게 잘해 주는 친구와 그렇지 않은 친구를 금방 구분해요. 그래서 삼삼오오 무리를 지어 놀고 싶은데, 같이 놀아 주지 않은 친구가 있으면 상처를 받곤 해요. 그것은 유치하지만, 어른들도 마찬가지예요. 어른이 된다는 것은 내가 좋아하는 사람과 안 좋아하는 사람의 구분이 더 분명해지고, 친한 사람의 수도 점점 소수로 한정돼 버리는 것 같아요. 특히 나에게 해를 끼치고, 나를 싫어하는 사람이 있으면 받은 만큼 똑같이 돌려 주려는 습성이 어른들에게는 강해요. 그러나 성경은 먹을 것과 마실 것뿐만 아니라, 당시 삶에 가장 소중했던 필수품인 숯불까지 머리에 얹어 주라고 말씀하세요. 악을 품고 사는 것은 바로 나에게 가장 큰 손해이기 때문이에요. 악 갚는 일도 하나님께 모두 맡겨 버리세요. 특히 어린 시절에 아이들이 두루두루 여러 사람과 화목하게 지내는 것이 아이들의 인성이나 성품이 모나지 않게 자라는 데 중요한 것 같아요.

요셉이 그의 주인에게 은혜를 입어 섬기매

"요셉이 그의 주인에게 은혜를 입어 섬기매
그가 요셉을 가정 총무로 삼고
자기의 소유를 다 그의 손에 위탁하니"(창세기 39:4)

엄마가 아이에게

요셉은 자신을 질투한 형들에 의해 애굽에 노예로 팔려가요. 그런데 애굽 왕인 바로의 친위대장 보디발이 요셉을 노예로 사 가요. 하나님께서 요셉과 함께하셔서 보디발의 집을 축복하세요. 요셉은 일을 열심히 해서 주인 보디발의 눈에 띄게 돼요. 그리고 하나님께서 요셉이 하는 일을 축복하셔서 주인 보디발의 인정을 받아요. 요셉이 얼마나 성실히 일했는지 보디발의 집 가정 총무로까지 승진했어요. 심지어 보디발은 자신의 재산을 모두 요셉에게 맡길 정도로 신뢰했지요. 요셉이 정말 일을 잘했나 봐요. 보디발이 요셉에게 집의 모든 소유를 믿고 맡기면서부터 하나님께서 보디발의 집과 소유물에 더 큰 축복을 내리세요. 우리 아이도 주변의 선생님이나 형, 누나, 언니로부터 칭찬을 받거나 사랑을 많이 받은 적이 있나요? 주변 사람들에게 칭찬과 사랑을 받으면 좋은 선물도 받게 되지요. 다른 사람에게 칭찬과 사랑을 받는다는 것은 정말 기분 좋은 일이에요. 그러기 위해서는 요셉처럼 주어진 일과 공부를 열심히 하고, 부모의 말씀에 순종해야 해요. 그러면 나중에 직장에 가서도 요셉처럼 직장 상사나 윗사람의 인정과 신뢰를 받게 될 거에요.

기도 하나님, 우리 아이(   )와 항상 함께하셔서 누구를 만나든지 인정받게 하시고, 좋은 선생님과 직장 상사를 만나 은사와 능력을 마음껏 펼치도록 하소서.

윗사람에게 인정받는 사람

아이가 누군가의 인정과 사랑을 받는다는 사실은 부모로서 어깨를 들썩이게 만드는 일에요. 글짓기나 동시를 잘 지어서 학교 선생님께 칭찬을 받거나 말씀 암송을 잘해서 교회 선생님에게 칭찬을 받았다는 소식을 들으면 아이 키우는 보람을 느끼지요. 아이들도 마찬가지예요. 친구들로부터 "그림 하면 하윤이지, 정말 잘 그려. 나중에 유명한 화가나 건축가가 되면 모른 척하지 말기" 하는 말을 들었다고 스스로 자랑스러워해요. 한 번은 출근하는 길에 둘째 아이 유치원 담당선생님을 만났는데, "어머니, 하진이는 우리 반 모범생이에요. 수업 집중력도 좋고, 정리도 잘해요" 하고 칭찬의 말을 해 주고 가셨어요. 갑자기 들은 말이지만 자식 칭찬에 기분 좋지 않을 엄마가 어디에 있겠어요. 그날 온종일 기분이 좋았답니다. 또 교회 선생님이 어느 날 첫째 아이 교회 가방에 카드 한 장을 넣어 보내셨는데, "언제나 묵묵히 선생님을 도와 주는 하윤이가 고맙다"라고 적혀 있는 거예요. '아, 우리 아이가 교회에서 말썽 피우지 않고 묵묵히 선생님을 잘 돕는구나' 하고 몰랐던 사실을 알게 된 기쁨이 밀려오더라고요. 바라기는 아이가 학년이 올라갈수록, 우리 아이들의 장단점을 잘 파악하고 인정해 주는 좋은 선생님을 만나, 아이들이 학교생활이 즐거웠으면 싶어요. 또 요셉이 보디발을 만났듯이, 학교를 졸업하고 세상에 나와 우리 아이들의 실력을 인정해 주는 좋은 직장 상사를 만나 인정받고, 능력을 마음껏 펼쳤으면 싶어요. 보디발이 요셉에게 자신의 모든 소유를 위임하고 맡길 정도라면 윗사람의 신뢰가 대단히 컸다는 얘기거든요. 물론 이 모든 일은 하나님께서 함께해 주셔야만 가능한 일이지요.

9
이웃을 기쁘게 하되 선을 이루고

"우리 각 사람이 이웃을 기쁘게 하되 선을 이루고
덕을 세우도록 할지니라"(로마서 15:2)

바울은 로마교회에 편지를 쓰면서 성도들에게 신앙의 양심문제로 서로 분열되거나 싸우지 말라고 당부해요. 가끔 교회 안에서도 믿는 사람들끼리 싸우는 일이 생길 때가 있어요. 그럴 때는 믿음이 강한 성도들이 믿음이 약한 성도들을 이해하고 포용해야 해요. 바울은 율법에 정한 음식 법과 절기 문제 때문에 싸우는 로마교회 교인들에게 중요한 것은 성령 안에서 의와 평안과 희락이라고 강조해요. 무엇이 옳은지 그른지 다투기보다 서로 사랑하라는 말이에요. 바울은 자기 자신을 기쁘게 하기보다는 이웃을 기쁘게 해야 한다고 말해요. 또 서로가 옳다고 싸우는 모습을 세상 사람들에게 보이기보다 하나님의 영광을 구해야 한대요. 그래야 믿는 자로서 선을 이루고, 덕을 세우는 교회의 모습을 만들어 갈 수 있대요. 우리 아이도 만약 교회에 다니는 친구끼리 싸우는 모습을 안 믿는 친구가 보면, 어떻게 그 친구에게 예수님을 전할 수 있겠어요? 또 싸우고 나면 마음이 어때요? 기분도 별로 안 좋고 친구와의 관계도 불편하지요. 가끔은 친구에게 내 물건을 양보하고 빌려줘 봐요. 그러면 친구가 무척 고마워할 거예요. 앞으로는 우리 아이 주변의 이웃이나 친구, 그리고 형제자매들과 사이좋게 지내도록 노력해요.

 하나님, 우리 아이(   )가 가정과 더불어 사는 이웃에게도 관심을 두고, 이웃과 다투지 않고 선을 행하며 아름다운 공동체를 이루게 하소서.

하나님이 붙여준 이웃

우리 옆집에는 다행히 첫째 아이와 같은 어린이집 출신에 같은 초등학교에 다니는 친구가 있어요. 어린이집 재롱잔치 때는 함께 춤을 추는 단짝이었고, 둘이 은근 잘 어울려 여덟 살까지는 커서 결혼한다고 농담 삼아 말하기도 했어요. 그런데 첫째 아이가 아홉 살이 되자 본체만체하는 거예요. "하윤아, 고은이랑 요즘 왜 같이 안 놀아?" "그냥…" 아침에 첫째 아이를 학교에 데려다 주러 현관문을 나서면 옆집 고은이네도 아빠랑 나오는 것을 몇 번 부딪혔어요. 그런데 첫째 아이가 "엄마, 빨리 가자" 그러는 거예요. "왜, 고은이랑 같이 가기 싫어?" "그냥, 혼자 가고 싶어." "하윤아, 친구인데 잘 챙겨줘야지. 1층에 사는 수현이처럼 언제 캐나다로 이사 가서 못 만날지 모르잖아. 친구랑은 잘 지내야 해." "알았어, 엄마." 대학생 때 본 영화 〈시네마 천국〉의 주인공 토토는 커서 어린 시절 동네 이웃들을 다시 만나며, 그 시절 그들의 모습을 떠올리는데 그 장면이 제겐 인상적이었어요. 저 역시 어릴 적 고척동에 살았을 때 동네 사람들의 얼굴이 그때 그 시절 얼굴들로만 아직까지 기억되거든요. 그때만 해도 동네 사람들의 얼굴과 이름은 물론, 집안 경조사도 다 알았어요. 은경이네 엄마는 바느질을 잘해, 순모네 엄마는 노래 잘하고 재미있으시지, 현순이네 아빠는 옛날에 부자였대, 순형이네는 곧 이사 간대 등. 만약 친구 집안에 안 좋은 일이 있으면 은근 걱정이 돼 과자라도 하나 더 그 친구에게 챙겨 줬던 것 같아요. 지금은 다들 어디서 어떻게 사는지 모르지만, 이웃은 하나님께서 우리에게 붙여 주신 사람들이에요. 하나님께서 우리에게 붙여 준 이웃과 잘 지내고, 아름다운 이웃 공동체가 되도록 노력해요.

10
요나단의 마음이 다윗의 마음과 하나가 되어

"다윗이 사울에게 말하기를 마치매
요나단의 마음이 다윗의 마음과 하나가 되어
요나단이 그를 자기 생명 같이 사랑하니라" (사무엘상 18:1)

엄마가 아이에게

다윗에게는 요나단이라는 마음이 아주 잘 맞는 친구가 있었어요. 그런데 요나단의 아버지는 다윗을 시기하고 질투해 죽이려고 여러 번 시도했던 사울 왕이었어요. 그런데도 요나단은 아버지 사울 왕 앞에서 친구인 다윗의 편을 들고, 다윗의 생명까지 살려 줘요. 요나단은 정말 다윗을 친구로서 많이 좋아한 것 같아요. 언제나 다윗의 편을 들고, 다윗을 위한 일이라면 아버지보다도 더 소중히 여겼어요. 이렇게 나를 무조건 지지해주는 친구를 만나기도 힘들어요. 다윗도 나중에 요나단의 아들을 챙기는 등 친구 요나단의 우정에 보답을 해요. 우리 아이에게는 이런 우정을 지닌 친구가 있나요? 친구에는 여러 종류가 있어요. 나를 좋아하는 친구, 나를 싫어하는 친구, 나한테 관심 없는 친구 등. 그런데 진정한 친구는 나와 가깝고 어려울 때 도와주는 사람이에요. 우리 아이에게는 다윗과 요나단처럼 마음이 잘 통하고, 어려울 때 서로 도와주는 친구가 있나요? 그런 소중한 친구가 옆에 한 명쯤은 있었으면 싶어요. 그런 친구와 함께 예수님을 잘 믿고, 우정도 돈독히 쌓아가기를 바랄게요.

 기도 하나님, 우리 아이(   )에게 다윗과 요나단처럼 마음이 잘 통해 하나 되어 어려운 일이 있으면 서로에게 든든한 벗이 되어 주게 하소서.

좋아하면 다 보여!

우리의 삶은 어찌 보면 수많은 사람과의 관계로 이뤄져 있어요. 직장에서 만나는 사람들, 교회에서 만나는 사람들, 학교에서 만나는 사람들, 수많은 사람과 만나고 헤어지는 것을 반복하지요. 그중에는 만나면 기분 좋은 사람도 있고, 불편한 사람도 있어요. 오랜만에 만나도 기분 좋은 사람도 있고, 자주 만나도 정이 안 가는 사람도 있어요. 내가 만나는 사람 모두가 나를 좋아해 줄 수는 없어요. 반면 내가 만나는 모든 사람이 나를 싫어하지도 않아요. 사울 왕도 처음에는 다윗을 좋아했는데, 시기와 질투로 다윗을 미워하게 됐어요. 사람과 사람 사이의 관계에도 사탄은 역사하고 방해를 하는 것 같아요. 사람과의 관계가 불편해지면, 마음이 힘들게 돼요. 그런데 내가 별로 해준 것도 없는데, 내게 잘 해주고 좋아해 주는 사람도 있어요. 마치 요나단이 다윗을 무작정 좋아해 준 것처럼, 그런 사람을 만나면 힘이 나고 즐거워져요. 왜냐하면 마음이 통해 하나가 되었기 때문이에요. 누군가를 좋아하면 그 사람이 하는 작은 행동에도 관심을 갖게 돼요. 첫째 아이와 함께 산책을 나가다 보면 길가 풀밭에 있는 개미도 보고, 나무 위 사슴벌레도 보고, 매미소리도 듣고, 집 없는 고양이와 강아지 등 사소한 것에도 관심을 가져요. 차를 타고 가면, "엄마, 병원은 사람 이름을 따서 주로 간판을 만드네" 하며 자기가 세밀하게 관찰한 것을 말하곤 해요. "하윤아, 너는 어떻게 그런 작은 것에 관심이 많아?" "좋아하면 다 보여. 하윤이가 엄마도 좋아하니까 오늘 엄마가 귀걸이 예쁜 것 한 것도 보여." 사람과 사람의 관계는 관심을 갖는 것에서부터 출발하는 것 같아요.

8장

엄마 잠언

엄마는 아이에게 많은 이야기를 해 준다. 책도 이 시기에 가장 많이 읽어 주게 되고, 대화도 이때만큼 아이와 많이 할 때도 없을 것 같다. 그렇기에 엄마가 어떤 말을 들려 주든지 우리 아이는 그 이야기를 먹고 자랄 것이다. 엄마가 좋아하는 성경 말씀 90가지를 한 번 적어보자. 그리고 왜 좋아하는지 이유를 아이에게 하나씩 들려 주자. 아이가 엄마의 이야기에 귀를 기울이며 눈빛을 빛낼 것이다.

1
사람이 마음으로 자기의 길을 계획할지라도

"사람이 마음으로 자기의 길을 계획할지라도
그의 걸음을 인도하시는 이는 여호와시니라"(잠언 16:9)

잠언은 솔로몬이 자신의 삶을 되돌아보며 느낀 교훈을 담고 있어요. 그중에서도 하나님께 우리 인생의 모든 계획을 맡겨야 한다는 내용이 나와요. 우리 아이도 점점 자라면서 이것을 해야지, 저것을 해야지 등 스스로 계획을 세우거나 마음속으로 하고 싶은 일이 있을 거예요. 그런데 그게 모두 내 마음대로, 내가 하고 싶은 대로 되지 않을 때가 많아요. 특히 나이가 어릴수록 자기 뜻대로 하고 싶어 고집을 부리는 경향이 있어요. 우리 아이도 집안 사정이나 부모님의 형편을 잘 모르고, 비싼 장난감을 사 달라거나, 숙제를 안 하고 밤늦게까지 TV를 보거나, 엄마가 하라는 일을 안 하고 자기 뜻대로 고집 부릴 때가 있죠? 그런데 무슨 일이든지 그게 선한 일일지라도, 하나님께서 인도하시지 않으면 우리는 단 한 발자국도 움직일 수 없다는 사실을 알아야 해요. 우리 아이가 눈을 떠 아침을 맞고, 저녁에 잠자리에 들 때까지 하나님의 인도하심이 없으면 우리는 눈을 뜨고 잠을 잘 수도 없어요. 내 계획을 내려놓고, 하나님께서 우리 아이의 인생을 복된 길로 인도해 주시길 날마다 기도해요.

 기도 하나님, 우리 아이(   )가 아침에 눈을 뜨고 저녁에 잠들 때까지, 내 계획이 아닌 앞서 행하시는 하나님의 계획과 인도하심에 맡기는 인생이 되게 하소서.

저가 앞서 행하신다

내가 언제 결혼을 하고, 아이를 낳을지, 내 계획대로 되지 않지 않아요. 어떤 사람은 자신이 계획한 대로 모두 하나님의 응답을 받기도 하겠지만, 대부분의 사람과 성경의 인물들은 모두 '내 계획'대로 되지 않음을 뼈저리게 깨닫고, 다시 하나님께 은혜를 구하러 돌아오지요. 저는 이십 대부터 항상 스마트폰 메인 화면의 문구로 "저가 앞서 행하신다"라는 말씀을 새겨 넣고 한 번도 바꾸지 않았어요. 내가 계획한 일이 하나님의 뜻과도 맞으면 그 일에 주님께서 함께해 주실 것이고, 앞서 가셔서 어떤 장애물이라도 미리 제거해 주실 것이라는 믿음 때문이에요. 반대로 내가 계획한 일이 하나님 뜻과 맞지 않으면 하나님이 내 계획을 트시겠지만, 나중에 보면 내게 더 좋으신 계획들로 선하게 인도하심을 보게 될 때가 많았거든요. 내 인생의 좋은 일도 안 좋은 일도 모두 하나님께서 앞서 행하신 결과에요. 저에겐 이보다 더 좋은 말씀이 없네요. 여선지자 드보라는 시스라가 철 병거와 군사를 데리고 오자 겁먹은 바락에게 "여호와께서 앞서 행하시니 일어나 싸우라"고 격려해요. 우리도 자녀를 키우다 보면 철 병거 같은 세상의 막강한 힘에 눌려 마음이 두렵고 상처 입을 때가 있어요. 그게 돈일 수도 있고, 자녀 문제일 수도 있으며, 내 욕심 때문일 수도 있어요. 그러나 우리에게는 하나님이 앞서 행하시어 가장 선한 것을 우리에게 준비해 두시기에 두려워할 필요가 없어요. 우리 자녀를 키울 때도 마찬가지에요. 앞서 행하시는 하나님을 믿고, 내 계획이 아닌 하나님의 선하신 인도하심에 자녀의 양육문제도 모두 맡기도록 해요.

2
야곱이 그 아들들을 불러 이르되

"야곱이 그 아들들을 불러 이르되 너희는 모이라
너희가 후일에 당할 일을 내가 너희에게 이르리라"(창세기 49:1)

엄마가 아이에게

야곱은 죽기 전에 12명의 아들을 불러 모아놓고 아들들이 살아온 인생
과 각 사람의 장단점에 맞춰 유언을 남겨요. 유언은 사람이 죽음에 이르렀
을 때 부탁하는 말을 남기는 거예요. 장자 르우벤은 야곱의 능력이었지만 아
버지를 욕되게 했고, 시므온과 레위는 폭력으로 저주를 받게 된대요. 그러나
유다는 형제들의 찬송을 받고, 온 백성이 복종한대요. 스불론은 해변에서 살
게 되고, 잇사갈은 양 우리 사이에 꿇어앉은 나귀처럼 쉴 곳을 보고 좋게 여
기며, 단은 백성을 심판한대요. 갓은 군대를 추격할 것이고, 아셀은 왕의 수
라상을 차리며, 납달리는 암사슴처럼 아름다운 소리를 내요. 요셉은 샘 곁
에 무성한 가지로 힘이 넘치며, 하나님께서 도우시고 하늘과 땅의 축복을 받
는대요. 베냐민은 아침에는 빼앗은 것을 먹고, 저녁에는 가진 것을 나눈다고
해요. 우리 아이도 언젠가 엄마 아빠가 죽음에 이르렀을 때 유언하는 소리를
들을 날이 올 거예요. 야곱처럼 엄마 아빠도 우리 아이가 살아온 각 모습대
로 유언하고 축복할 거예요. 야곱이 아들 중에서 가장 많이 축복한 사람은
요셉이었어요. 요셉처럼 우리 아이도 하늘과 샘의 축복을 모두 받는 복된 인
생이 되어요.

기도 하나님, 우리 아이(   )가 살아가면서 하나님의 말씀을 놓치지 않게 하시고, 엄마가
미리 쓴 유언장을 마음에 새기며 주와 동행하는 삶을 살게 하소서.

엄마의 유언장

저도 야곱처럼 제 아이들에게 유언장을 써 보았어요. 엄마들도 한 번 써 보세요. "하윤아, 하진아, 너무 예쁜 우리 아들들, 엄마가 많이 사랑해. 너 희와 마지막이라 생각하니, 무슨 말을 해 줘야 할지 잘 모르겠지만 꼭 필요 한 말만 해 줘야 할 것 같아. 하나님이 너희처럼 예쁜 아들을 엄마에게 주셔 서 너무 감사했어. 엄마는 너희를 통해 하나님의 사랑과 축복을 깨달았어(요 일 4:8). 너희를 야단칠 때나 사랑할 때의 마음이 엄마를 향한 하나님의 마음 이 이렇겠구나를 어렴풋이 느낄 수도 있었어. 너희가 하나님을 경외하면 부 족함이 없도록 채워 주시는 그분의 은혜를 체험할 것이고(시 34:9), 말씀을 꼭 마음에 새기며(신 6:6) 살아가길 바란다. 그래야 인생의 중요한 결정을 내릴 때 하나님의 뜻에 맞게 분별할 수 있고, 복 있는 사람이 된단다(시 40:4). 힘든 일 이 있을 때 하나님을 찾으면 상을 주실 거야(히 11:6~7). 항상 겸손하고 말실 수를 하지 않으며(잠 10:19), 주변 사람들에게 사랑받는 자가 되렴(엡 5:1). 고난 이 올 때는 욥과 다윗처럼 하나님을 찬송하고 이겨내렴. 여호수아와 갈렙처 럼 믿음의 눈으로 모든 것을 보고 축복을 받으렴(수 1:36). 때론 다른 사람들 이 노(no)라고 할 때도 한여름에 방주를 만든 노아처럼 소신껏 너희 일을 행 하며(창 6:14), 다윗처럼 가장 익숙한 것으로 비전을 삼고(삼상 17:39~40) 인정받 는 사람이 되길 바란다. 또 현숙한 여인을 만나 가정을 꾸리고(잠 31:10), 자녀 들에게 본이 되는 부모가 되렴. 주는 것이 받는 것보다 행복하니 주변 사람 들에게 많이 베푸는 인생이 되렴(행 20:35). 항상 정직하고, 지혜를 쫓아 온전 한 자가 되기 힘쓰고(잠 2:7), 땅끝까지 복음을 전해 하나님의 나라와 의를 구 하는 인생이 되렴(마 6:33). 엄마는 천국에서 너희를 위해 중보할게(딤전 2:5)."

3
천하만사가 다 때가 있나니

"범사에 기한이 있고 천하만사가 다 때가 있나니 날 때가 있고 죽을 때가 있으며
심을 때가 있고 심은 것을 뽑을 때가 있으며 죽일 때가 있고 치료할 때가 있으며
헐 때가 있고 세울 때가 있으며 울 때가 있고 웃을 때가 있으며 슬퍼할 때가 있고
춤출 때가 있으며 돌을 던져 버릴 때가 있고 돌을 거둘 때가 있으며 안을 때가 있고
안는 일을 멀리 할 때가 있으며 찾을 때가 있고 잃을 때가 있으며 지킬 때가 있고
버릴 때가 있으며 찢을 때가 있고 꿰맬 때가 있으며 잠잠할 때가 있고
말할 때가 있으며 사랑할 때가 있고 미워할 때가 있으며 전쟁할 때가 있고
평화할 때가 있느니라"(전도서 3:1~8)

엄마가 아이에게

솔로몬은 세상을 살아갈 때 모든 일에는 정해진 때가 있으니 오늘 주어진 하루에 최선을 다하라고 말해요. 우리 아이에게도 정해진 시간이 있는 것을 아나요? 혼자 세수와 양치를 할 때, 혼자 학교에 갈 때, 키가 클 때와 밥을 먹을 때, 공부할 때와 놀 때 등 우리 아이는 점점 자랄수록 뭔가를 혼자 하고 결정해야 할 때가 점점 많아지게 돼요. 엄마는 우리 아이를 지켜봐 주시고 도와만 줄 뿐, 이제부터는 우리 아이 스스로 해야 할 일이 늘어날 거예요. 그리고 점점 커갈수록 웃을 때도 있고, 울 때도 있으며, 찾을 때와 잃을 때, 지킬 때와 버릴 때가 있고, 사랑할 때와 미워할 때, 싸울 때와 평화할 때, 조용할 때와 말할 때가 있다는 것을 알게 될 거예요. 무슨 때를 만나든지 주어진 하루를 기뻐하며, 말씀을 잘 따라가길 바랄게요.

 하나님, 우리 아이(   )가 인생의 모든 일에 기한이 있음을 알고, 하나님의 때에 맞게 잘 따라가게 인도하소서.

하나님의 때를 놓치지 말기

이 세상은 모든 일에 때가 있어요. 그때를 놓치면 그 시기에 해야 할 일을 못 하는 상실감과 외로움을 느끼게 돼요. 제때에 학교에 진학해서 누리는 평범한 일상들, 제때에 연애하는 달콤함, 제때에 취직해 직장을 갖는 안정감, 제때에 결혼해서 가정을 꾸리는 행복함, 제때에 아이를 낳아 기르는 기쁨, 제때에 내 집을 마련하는 뿌듯함, 제때에 승진하고 인정받는 성취감, 제때에 노후를 준비해 대비하는 만족감 등 제 나이에 맞게 일상에서 경험해야 할 일들이 있어요. 이 일상에서 때를 놓치면 스스로 불안해져요. 또 제때에 복음을 만나 구원의 감격을 경험하고, 제때에 신앙훈련을 받아 성숙하며, 제때에 좋은 교회와 영적 멘토를 만나야 영적인 풍성함도 경험하게 돼요. 그런데 누구나 이런 평범한 일상을 제때에 누리지는 못해요. 요즘처럼 경제적으로 어려운 시기는 이런 남들이 누리는 평범한 일상이 호사로 여겨질 때조차 있어요. 남편의 실직으로 내 집 마련의 뿌듯함이 연기될 수 있어요. 결혼이 늦어질 수도 있고, 출산이 늦어져 자녀로 인한 기쁨을 맛보지 못할 수도 있어요. 또 자녀가 엄마 맘대로 커 주지 않아 속상할 때도 있어요. 그러나 늦은 때도 내게 맞는 때인 것 같아요. '제때'라는 기준은 세상이 아니라 하나님께서 만드시는 거에요. 내게 주어진 현재에 감사해 하고 기뻐한다며 좀 늦더라도 하나님의 인도하심에 도달할 수 있어요. 중요한 것은 하나님을 경외하며 믿고, 인내로 기다리며 최선을 다하는 오늘인 것 같아요. 변화가 없어 보이는 오늘이지만 그런 하루하루가 모여 '내 때'를 만드는 것 같아요. 우리의 자녀가 인생의 모든 때를 잘 따라가길 바랄 뿐이에요.

4
명철한 사람은 그것(모략)을 길어 내느니라

"사람의 마음에 있는 모략은 깊은 물 같으니라
그럴지라도 명철한 사람은 그것을 길어 내느니라"(잠언 20:5)

사람은 착하기도 하지만 악한 면이 있기도 해요. 그래서 "열 길 물 속은 알아도 한 길 사람 속은 모른다"라는 속담도 있잖아요. 살다 보면 사람에게 속고, 사람에게 배신당하고, 사람에게 상처받는 일이 생기기도 해요. 믿을 만한 사람이고 선한 사람인데, 어느 때 보면 이기적이고 악한 행동을 일삼기도 해요. 반대로 교만하고 악한 사람인데, 착한 일을 하기도 해요. 밤길을 걷다 보면, 사람을 만날 때 가장 무섭기도 하고 가장 반갑기도 해요. 사람만큼 무서운 존재도 없고, 사람만큼 따뜻하고 위대한 존재도 없어요. 우리 아이도 착하고 어여쁜 행동을 하다가, 어느 순간 보면 악하고 떼쟁이로 돌변할 때가 있죠? 동생을 한없이 사랑해 주다가, 갑자기 때리고 꼬집으며 욕을 할 때도 있지요. 왜 그런 거 같아요? 아마 우리 아이 마음속에 하나님이 주시는 사랑과 지혜가 부족하기 때문일 거예요. 우리 아이 마음속에 사랑과 지혜가 가득하면 악한 행동을 하지 않겠지요. 그래서 날마다 하나님의 사랑과 지혜가 가득하길 기도하고, 말씀 보기를 게을리하면 안돼요. 그렇지 않으면 악한 영이 우리의 마음을 지배해 악한 행동을 하게 돼요.

 하나님, 우리 아이(   )가 명철한 사람이 되어 악한 모략을 이겨내고, 선한 모략을 깨달아 하나님께서 주신 인생의 목적을 잘 순종하게 하소서.

선한 모략으로 든든히 서기

'모략(謀略)'이라는 말은 다른 사람을 해치기 위해 사실을 꾸며내거나 속임수를 쓰는 계책이나 책략 등 부정적일 때 주로 사용해요. 즉 악한 모략을 일삼는 사람이 주로 사용하는 말이에요. 사람은 악해서 하루라도 하나님을 의지하지 않으면, 악한 본성이 불쑥불쑥 튀어나와요. 어제까지 나를 사랑하고 잘해 주던 사람도 하루아침에 돌변해 나에게 비수를 꽂고 시기하며 비방하는 사람이 될 수 있어요. 그러나 선한 모략, 즉 깊은 물처럼 지혜로운 모략도 있어요. 선한 모략은 하나님의 말씀과 기도 안에 침잠해 있어야 얻을 수 있는 지혜와 같아요. 선한 모략은 말씀을 깊게 묵상하며, 나를 향하신 하나님의 선하신 뜻과 계획을 깨달아 그것을 내 삶에 길어 올려 소명을 이루는 데 사용해야 해요. 우리가 원하고자 하는 삶은 이미 우리 안에 있어요. 명철한 사람은 악한 모략을 가진 사람이 다가와 나쁜 짓을 해도 흔들리지 않아요. 선한 모략이 마음을 평온하게 만들고 단단하게 만들어주기 때문이에요. 하나님이 내게 주신 선한 모략을 가지고, 하나님의 공급해 주심을 구하며, 하나님의 인도하심에 철저히 순종해요. 우리 아이가 학교나 유치원에서 왕따가 될 수도 있고, 괴롭힘을 받으며 상처를 받을 수도 있어요. 그러나 우리 아이 마음이 하나님의 선한 모략으로 든든히 선다면, 어떤 어려움과 상처도 넉넉히 이겨낼 수 있을 거예요. 더불어 명철한 사람이 되어 하나님이 주신 선한 모략을 한 번뿐인 아이 인생에서 멋지게 펼쳐 보일 수 있을 거예요. 이제부터라도 우리 아이가 선한 모략을 길어 올리는 믿음을 가질 수 있도록 엄마가 좋은 인도자가 되어 줘요.

5

네 영혼이 잘됨같이 네가 범사에 잘되고

"사랑하는 자여 네 영혼이 잘됨같이 네가 범사에 잘되고
강건하기를 내가 간구하노라" (요한삼서 1:2)

요한은 우리의 영혼이 잘됨같이 모든 일상생활에서도 잘되기를 간절히
기도해요. 요한은 다른 사람을 잘 섬기는 가이오와 섬기지는 않으면서 칭찬
만 받으려는 디오드레베를 비교해요. 요한은 가이오가 사랑이 충만한 사람
이라고 칭찬해요. 가이오가 사랑이 충만하고 잘 섬기는 사람이 될 수 있었
던 것은 그가 성령 충만했기 때문이에요. 그래서 요한은 잘 섬겨준 가이오에
게 육체도 건강하고, 물질적으로도 풍요로우며, 가정적으로도 행복하기를 기
도해 줘요. 우리 아이의 영혼도 성령 충만하고, 몸도 건강하며 공부도 잘하
게 되는 것이 솔직한 엄마 마음이에요. 성령 충만한 사람은 마음이 넉넉해져
다른 사람도 잘 섬기게 되고, 자기 일에도 최선을 다하게 돼요. 또 주변 사람
으로부터 착한 행실로 인해 칭찬을 받게 돼요. 화가 나거나 슬픈 일에도 기
분이 좌우되지 않아요. 범사에 늘 감사하게 돼요. 우리 아이는 영적으로뿐만
아니라 육체적으로도 하나님의 축복을 많이 받는 아이로 자라기를 엄마가
두 손 모아 기도해요.

 기도: 하나님, 우리 아이(   )가 영혼이 잘됨같이, 항상 범사에도 잘되고 강건하기를 기도
드려요.

화장실에 걸린 요한삼서 1장 2절

결혼하면 집들이를 하게 되지요. 그런데 집들이 선물도 천차만별이에요. 어떤 사람은 전통적인 집들이 선물인 휴지와 세제, 어떤 사람은 식용유와 햄 세트, 좀 센스 있는 사람은 액자와 발 매트나 수건을 선물해요. 그리스도인 들은 집들이에 초대받으면 성경 말씀이 새겨진 액자나 십자가를 선물로 준비 하곤 해요. 한 번은 신혼 초 시댁 식구들이 집들이를 왔는데, 시어머니가 바로 이 요한삼서 1장 2절 말씀이 새겨진 작은 액자를 선물로 가져오셨어요. "사랑하는 자여 네 영혼이 잘됨같이 네가 범사에 잘되고 강건하기를 내가 간구하노라"라는 십자가 모양의 액자였는데, 말씀이 너무 좋아 이 액자를 어 디에다 걸면 가장 자주 볼 수 있을까 궁리를 하다가 결국 화장실에 걸어놓게 됐어요. 화장실에 가면 꽤 오래 있는 남편과 목욕하기를 즐기는 아이들, 그리 고 저 역시 빨래며 이것저것 챙기러 자주 가는 화장실에서 잠시 조용히 멈 추는 시간이 있으면, 이 액자에 새겨진 요한삼서 1장 2절 말씀을 조용히 읽 곤 해요. 하나님은 우리 부모님처럼 정말 간절히 우리를 '사랑하는 자'라고 부르시며, 우리의 영혼뿐 아니라 범사에도 잘되고 강건하기를 간구하시는 분 이세요. 이 말씀이 화장실에 있는 덕분에 어쩔 수 없이 이 말씀을 보면서 하 루를 시작하고, 또 퇴근 후 저녁에 씻으려고 화장실에 들려 이 말씀을 보면 서 하루를 마감하게 되네요. 아이들도 자주 보게 되는 말씀인데, 이 말씀처 럼 아이들이 영적으로나 육적으로 잘되고 강건해서 세상의 죄를 잘 이겨내 고, 넉넉한 마음으로 섬기는 일도 잘했으면 싶어요. 또 물질적인 축복도 받 고, 육체적으로도 건강하게 잘 살았으면 싶네요. 지금까지 엄마 마음이 가득 묻은 성경 말씀이었어요.

6
하나님의 사랑과 그리스도의 인내

"주께서 너희 마음을 인도하여 하나님의 사랑과 그리스도의 인내에
들어가게 하시기를 원하노라"(데살로니가후서 3:5)

엄마가 아이에게

　　바울은 데살로니가교회 성도들이 초기부터 많은 핍박을 받으면서도 신앙을 지킨 점에 대해 칭찬과 격려를 아끼지 않아요. 그러면서도 복음 전파를 위해 애쓰는 바울과 디모데를 위해 중보기도 하라고 권해요. 또 데살로니가교회 성도들에게 하나님의 사랑과 그리스도의 인내에 들어가길 원한다고 당부해요. 엄마가 우리 아이에게 당부하거나 조언을 할 때가 있지요? 주로 우리 아이가 잘되길 바랄 때 그런 말을 해요. 바울은 자신이 복음을 전한 데살로니가교회 성도들에게 하나님의 사랑과 그리스도의 인내를 배우라고 말해요. 어떤 어려움이나 고난이 찾아와도 하나님의 사랑과 그리스도의 인내를 생각하면 이겨내지 못할 일이 없기 때문이에요. 우리 아이도 우주 만물을 창조하시고 이 땅에 아들 예수를 보내주신 하나님의 사랑을 배우면 사랑하지 못할 사람이 없을 거예요. 또 수많은 고난과 십자가의 고통을 받으신 예수님의 인내를 생각하면, 아무리 힘든 일이 있어도 이겨낼 수 있을 거예요. 우리 아이가 살아갈 때 사랑과 인내는 가장 중요한 마음 훈련이라는 사실 잊지 말아야 해요.

 하나님, 우리 아이(　　　)가 하나님의 사랑을 느끼며 사랑이 많은 사람이 되고, 예수님의 인내를 경험하며 어려운 일도 잘 이겨내는 믿음을 갖게 하소서.

결혼 축하 카드

결혼할 때 한 집사님이 축하 카드를 주셨어요. 카드 안에는 '사랑하라'와 '인내하라'라는 말씀이 적혀 있었어요. 당시 사랑하라는 말씀은 이해가 됐는데, 인내하라는 말씀은 마음에 와 닿지 않았어요. 그런데 결혼한 지 10년이 되니, 가장 와 닿는 말씀이 '인내하라'는 말씀이네요. 결혼 후 직장 일과 가정일을 병행하는 것은 인내가 필요했어요. 내 화를 줄여야 가정에 평화가 왔고, 내 편함과 게으름을 줄여야 집안이 깨끗하게 되고, 남편과 아이가 따뜻한 밥 한 끼와 깨끗한 옷을 입게 되었고, 내 잠을 줄여야 아이들을 돌보고 원고를 쓸 수 있었어요. 물론 직장 맘들은 너무 힘들면 '완벽'을 추구하며 스스로 스트레스를 받기 보단 '대충'하며 자유함을 누릴 필요도 있어요. 그럼에도 직장 맘들에게 가사와 육아는 힘들 수밖에 없어요. 그런데 어느 날 답을 찾았어요. 그것은 하나님의 사랑과 예수 그리스도가 당하신 인내를 배우도록 하심이었어요. "하늘에 계신 너희 아버지께서 구하는 자에게 좋은 것으로 주시지 않겠느냐"(마 7:11)라는 말씀은 자식을 키우며 더 절실히 깨닫게 됐고, 아이들이 아플 때 새벽잠을 못 자며 간호할 때는 "너희 염려를 다 주께 맡기라 이는 그가 너희를 돌보심이라"(벧전 5:7)라는 말씀으로 주님의 사랑을 깨닫게 했어요. 아이들이 싸우다가도 사과를 할 때는 "내 죄악을 숨기지 아니하였더니 곧 주께서 내 죄악을 사하셨나이다"(시 32:5)라며 회개만 하면 용서해 주시는 주님의 마음도 배웠어요. 가정과 직장에서 뜻밖에 어려운 일을 만나면 "그리스도께서 이미 육체의 고난을 받으셨으니 너희도 같은 마음으로 갑옷을 삼으라"(벧전 4:1) 하신 예수님의 인내를 미약하나마 배우면서 하나님과 예수님의 성품을 닮아가는 것 같아요.

7
구하라 찾으라 두드리라

"구하라 그리하면 너희에게 주실 것이요 찾으라 그리하면 찾아낼 것이요
문을 두드리라 그리하면 너희에게 열릴 것이니 구하는 이마다 받을 것이요
찾는 이는 찾아낼 것이요 두드리는 이에게는 열릴 것이니라"(마태복음 7:7~8)

:::: 엄마가 아이에게 ::::

　예수님은 "구하라 그리하면 주실 것이요 찾으라 그리하면 찾아낼 것이요
문을 두드리라 그리하면 열릴 것이다"라고 말씀하세요. 즉 우리가 하나님께
적극적으로 기도하고, 기도한 것을 구하기 위해 노력해야 함을 강조하고 있
어요. 하나님은 이미 우리가 기도하기 전에 우리가 무엇이 필요한지를 다 알
고 계세요. 그러나 하나님이 다 알고 계시다고 해서 우리가 기도를 안 하면
응답을 받을 수가 없어요. 왜냐하면 하나님은 기도를 통해 우리 아이가 하나
님과 만나기를, 그리고 우리 아이와 대화하기를 기다리고 계세요. 그래서 구
하지 않으면 받을 수가 없어요. 그런데 기도만 했다고 해서 다 받는 게 아니
고, 찾아야 하고 두드리는 과정도 필요해요. 내일 시험을 보는데 "하나님, 시
험 잘 보게 해 주세요" 하고 기도만 했다고 100점을 맞는 것은 아니잖아요.
복습도 하고 미리 시험공부를 하는 노력도 필요한 거예요. 우리 아이가 하나
님께 원하는 것을 기도했으면, 주실 것을 믿고 찾아야 하고, 똑똑하고 두드리
는 노력도 해야 한다는 점을 명심해요.

 기도　하나님, 우리 아이(　　　)가 항상 하나님께 기도로 구해서 받고, 적극적으로 노력해서
　　　찾아내며, 열심히 두드려서 열매가 주렁주렁 열리는 인생이 되게 하소서.

성령께서 연약함을 도우세요

하나님은 우리가 말씀을 읽든지, 기도를 하든지 언제나 우리와 교제하시기를 원하세요. 이미 우리의 필요를 가장 잘 아시는 하나님은 우리가 구하고, 찾고, 두드리는 그 과정에서 우리의 신앙이 성장하길 기대하세요. 또 자녀를 키우다 보면 하나님 앞에 저절로 엎드려 기도할 일이 생겨요. 직장 일이나 가정의 일, 자녀교육이 내가 계획한다고 해서 내 뜻대로 백 퍼센트 되지는 않잖아요. 때론 하나님의 뜻이 아닌 나의 이기적인 기도제목이 기도 안에 포함될 때도 많지만, 그렇더라도 하나님은 우리가 기도하길 원하세요. 기도하는 과정을 통해 우리가 하나님의 뜻에 맞는 기도로 수정되길 기대하세요. 그래서 바울은 "이와 같이 성령도 우리의 연약함을 도우시나니 우리는 마땅히 기도할 바를 알지 못하나 오직 성령이 말할 수 없는 탄식으로 우리를 위하여 친히 간구하시느니라"(롬 8:26)고 하셨어요. 즉 성령께서 우리의 연약함을 도와 우리가 기도할 바를 정확히 알지 못할 때, 우리를 대신해 친히 기도해 주신대요. 내가 약하고 부족하다는 겸손과 내려놓음이 내 기도 속에 있을 때, 성령님의 도우심으로 하나님의 뜻에 부합된 기도를 하게 되는 것 같아요. 그렇지 않으면 구해도 찾아도 두드려도 응답을 받지 못하는 것 같아요. 또 기도만 하고 찾으려는 노력, 두드리는 행동도 하지 않으면 응답을 늦게 받을 수도 있어요. 우리 아이가 다윗과 요셉처럼 믿음이 성장해 나가길 기도하면서도, 정작 부모가 아이의 신앙성장을 위해 아무것도 안 한다면 더디게 이뤄지겠지요. 엄마도 아이도 구하고, 찾고, 두드려서 하늘 문이 열리는 응답을 많이 받았으면 해요.

8
자족하는 마음이 있으면

"그러나 자족하는 마음이 있으면 경건은 큰 이익이 되느니라
우리가 세상에 아무것도 가지고 온 것이 없으매 또한 아무것도 가지고 가지 못하리니
우리가 먹을 것과 입을 것이 있은즉 족한 줄로 알 것이니라"(디모데전서 6:6~8)

:::: 엄마가 아이에게 ::::

　　바울은 디모데에게 경건에 힘쓰라고 말해요. 또 재물에 마음을 빼앗기지 않도록 지금 상태에 만족하라고 조언해요. 우리 아이는 이 세상에 태어났을 때 맨몸으로 태어났죠? 어떤 옷이나 돈을 가지고 태어나지 않았어요. 오히려 돈은 우리가 하나님을 믿는 데 있어서 방해 요소가 될 때가 많아요. 그런데 이 세상은 돈이 없으면 단 하루도 살아갈 수 없어요. 어떤 사람은 돈을 너무 좋아해요. 그런데 또 어떤 사람들은 돈 때문에 서로 싸우기도 하고, 하나님을 멀리하기도 해요. 우리 아이도 점점 커갈수록 돈의 가치를 알게 될 거예요. 설날이나 추석날 또는 생일에 할아버지, 할머니가 주시는 용돈 말고도, 부모님이 가끔 심부름을 잘할 때 주시는 돈 때문에 형제 간에 싸울 때도 있죠? 그럴 때는 어떻게 해야 할까요? 하나님은 돈을 사랑하지 말고, 하나님을 사랑하고 하셨어요. 그러려면 현재 주어진 상태에 만족하고 감사해야 해요. 내가 부자이든, 가난하든 하나님께 감사하며, 지금의 상황에서 최선을 다해 열심히 살아가야 해요.

 기도: 하나님, 우리 아이(　　　)가 현재 어떤 상황이든 주님이 주신 환경에 만족하게 하시고, 하나님의 함께하심 속에서 감사드리며 경건에 이르게 하소서.

내려놓기 힘든 욕심들

자족하는 마음을 갖기가 왜 그리 힘들까요? 분명 열 손가락을 세어 보면 하나님께서 내게 주신 감사할 축복 거리가 넘치는데 말이죠. 돈을 더 벌고 싶고, 더 인정받고 싶고, 더 채우려는 욕심이 항상 마음속에 있는 것 같아요. 우리 아이가 건강하게만 자라줘도 좋겠다 싶다가도, 막상 건강해지면 공부도 더 잘했으면 싶고, 더 좋은 학교에 갔으면 싶잖아요. 이 세상에서 가장 내려놓기 힘든 욕심이 바로 자녀의 미래에 대한 엄마 욕심이래요. 또 가정이라는 게 혼자 살 때와 달리, 여러 명이 함께 살다 보니, 돈이 쓰일 곳이 많아요. 이번 달에 쓸 돈이 부족하면 그 부족함으로 인해 남편과 갈등이 일어나고, 영적으로도 가라앉는 경험을 할 때가 있어요. 이런 원망과 불평이 있으면 말씀도 기도도 제대로 되지 않아요. 돈 때문에 불평을 한다면 내 은혜도 떨어지고, 엄마의 우울함은 집안 분위기까지 덩달아 어둡게 만들어요. 또 직장 맘으로서 야근을 많이 하면 당연히 아이들이 잠들어 있을 때 집에 오게 되고, 집안일 등을 소홀하게 돼요. 자족하기란 쉽지 않아요. 우리에겐 뭘 더 해야 하지 않나 하는 생각이 늘 있는 것 같아요. 또 주어진 것에 감사하지 못하는 경향도 있어요. 그러나 하나님과의 관계가 바로 서 있으면 수입이 좀 적어도 지출을 줄이면 불평할 정도는 아니지요. 또 직장 맘으로서 개인적 성취감을 느끼는 것도 가정과 자녀 양육의 시기를 잘 조절해서 균형을 이뤄가야 해요. 어려운 일이지만 어느 시기에는 직장 일에 더 집중하고, 어느 시기에는 가정일에 더 집중할지 분별이 필요해요. 하나님께 자족하는 마음과 지혜를 달라고 기도해 보세요.

9
형통한 날에는 기뻐하고 곤고한 날에는 되돌아 보아라

"형통한 날에는 기뻐하고 곤고한 날에는 되돌아 보아라
이 두 가지를 하나님이 병행하게 하사 사람이 그의 장래 일을
능히 헤아려 알지 못하게 하셨느니라"(전도서 7:14)

엄마가 아이에게

　　형통이란 모든 일이 자신의 의도대로 잘되어 가는 것을 말해요. 반면, 곤고는 어렵고 힘든 상황을 말해요. 모든 사람의 인생은 형통할 때 즉 잘될 때도 있고, 곤고하고 잘 안 될 때도 있어요. 한 사람의 인생이 모두 기쁘고 행복하지만은 않아요. 또 한 사람의 인생이 모두 슬프고 불행하지만도 않아요. 사람의 인생에는 행복과 불행이 섞여 있어요. 우리는 고난 속에서도 감사함과 기쁨을 발견해야 해요. 오늘 전도서 저자는 행복할 때는 마음껏 기뻐하고, 슬플 때는 왜 이런 일이 일어났는지 과거를 되돌아보며 반성하라고 조언해요. 하나님이 이 두 가지를 병행하게 하셔서 사람이 자신의 미래 일을 알 수 없게 만드셨다고 해요. 우리 아이도 오늘 하루 기쁘고 즐거웠나요? 그럼 내일도 기쁘고 즐거울까요? 그것은 우리 아이가 알 수 없어요. 왜냐하면 하나님이 우리 인생을 예측하지 못하게 하셨기 때문이에요. 항상 교만하지 않고 하나님을 의지하며, 겸손하고 착하게 살라고 그렇게 하신 것 같아요. 오늘 하루도 내 힘이 아닌 하나님의 인도하심과 은혜를 구하며 기쁘게 살아가도록 해요.

 기도　하나님, 우리 아이(　　　)가 좋은 일이 있을 때는 기뻐하고, 힘든 일이 있을 때는 자신의 잘못을 회개하며, 자신의 힘이 아닌 하나님의 은혜로 살아가게 하소서.

욥의 답변

　인생에는 좋은 일과 나쁜 일이 돌아가며 오지요. 내게 좋은 일이 있을 때는 그 일이 하나님의 은혜로 왔다는 점에 감사하고 기뻐해야 해요. 그렇지 않고 내가 잘나서 내 힘으로 이뤄진 행복과 성공이라고 생각하면 그 형통함은 결코 오래가지 않더라고요. 반면 곤고한 날, 즉 안 좋은 일이 생기면 '왜 이런 일이 내게 일어났지?' 하고 과거를 되돌아보게 돼요. 내가 무엇을 잘못했는지 반성하는 계기가 되며, 하나님 앞에 악을 행하지는 않았는지 돌아보게 돼요. 아이를 키울 때도 형통한 날과 곤고한 날이 함께 와요. 아이가 아플 때가 가장 곤고하지요. 반면 아이가 피우는 재롱, 말 한마디와 행동 하나하나가 엄마에게는 또 다른 행복이 돼요. 성경에 욥의 가정을 보면 갑자기 욥의 자식들도 죽고, 전 재산을 모두 잃게 돼요. 한 가정에 일어난 비극 중 가장 최악인 거 같아요. 욥의 아내는 욥에게 하나님을 욕하고 죽으라는 심한 상처의 말을 해요. 자식이 죽고, 돈을 잃은 아내의 폭언에 욥은 "우리가 하나님께 복도 받았는데, 화도 받지 아니하겠느냐"라고 차분히 답변해요. 우리는 가정에 아이들이 태어난 것만으로도 이미 큰 축복을 하나님께 받았어요. 그런데 어느 날 경제적인 어려움이나 건강을 잃는 등 가정의 불행도 올 수 있어요. 우리가 죄를 지어서 받게 되는 고난도 있고, 욥처럼 아무 잘못도 없는데 오는 고난일 수도 있어요. 우리는 그 의미를 알 수 없어요. 하나님께서 미래의 일을 우리 힘으로는 알지 못하게 하셨거든요. 우리 가정이 앞으로 더욱 하나님을 의지해야 한다는 사실만이 우리가 할 수 있는 일인 거 같아요.

다 지켜 행하라 그리하면 네가 형통하리라

"오직 강하고 극히 담대하여 나의 종 모세가 네게 명령한 그 율법을 다 지켜 행하고
우로나 좌로나 치우치지 말라 그리하면 어디로 가든지 형통하리니 이 율법책을
네 입에서 떠나지 말게 하며 주야로 그것을 묵상하여 그 안에 기록된 대로 다 지켜 행하라
그리하면 네 길이 평탄하게 될 것이며 네가 형통하리라"(여호수아 1:7~8)

엄마가 아이에게

모세는 여호수아에게 말씀을 다 지켜서 왼쪽으로나 오른쪽으로나 치우
치지 말라고 조언해요. 말씀을 잘 지키면 어떤 길로 가든지 잘되고 복을 받
는대요. 모세에 이어 이스라엘의 지도자가 된 여호수아에게는 뭔가 리더십을
펼칠 기준이 필요했어요. 그런데 모세는 여호수아에게 말씀에 있는 대로 하
기만 하면 형통하게 된다고 말하지요. 우리 아이도 엄마가 말씀한 대로만 하
면, 울 일이 거의 없어요. 엄마가 길거리에서는 뛰지 말라고 하신 말을 지키
면 넘어져 울 일도 없고, 밥 먹을 때 천천히 꼭꼭 씹어 먹으면 빨리 먹다 체
할 일도 없어요. 물총 놀이를 적당히 하면 감기 걸릴 확률도 낮고, 일찍 자라
는 엄마 말씀을 들으면 다음 날 머리 아플 일도 없어요. 엄마 말씀을 잘 들으
면 아프지도 않고 건강할 수 있어요. 그런데 하나님의 말씀은 오죽하겠어요.
우리 아이는 앞으로 성장하면서 하나님의 말씀을 잘 붙들고 따라가야 축복
되고 형통하게 된다는 점을 명심하도록 해요.

 기도: 하나님, 우리 아이(   )가 하나님의 말씀을 잘 붙잡고, 좋을 때나 안 좋을 때나 모든
결정을 지혜롭게 할 수 있도록 인도하소서.

엄마 말씀은 다 옳아요

과거나 현재나 친정엄마가 하신 말씀은 다 옳아요. 그런데 그 말이 잔소리처럼 들려 그 반대로 행동한 적도 많았던 것 같아요. 하나님의 말씀도 당연한 말씀들이 많아요. 하지만 우리는 내 눈에 좋아 보이는 대로 행동하게 돼요. "비 올 것 같으니까 우산 갖고 나가라" 하신 말씀을 무시하고 밖에 나갔다가 비를 쫄딱 맞기도 하고, "시장에 갈 때는 밥 먹고 가라. 안 그러면 과소비하게 돼"라는 말씀을 안 듣고 나갔다가 이것저것 돈 낭비하고 들어올 때도 많았어요. 결혼하고 명절 때 시어머니로부터 한 가지 배운 음식 중 아직도 맛있게 먹는 요리가 바로 배추 전이에요. 소금 간만 조금 하면, 말 그대로 아무 재료도 넣지 않아도 되고, 돈도 별로 들지 않아 참 맛있게 먹는 음식이에요. 그런데 그 간단한 요리도 요령이 있어요. 생배추를 뜯어 먼저 방망이로 두들겨 숨이 죽으면 밀가루가 잘 먹고, 부칠 때도 예쁘게 되지요. 불도 약한 불로 해야지 안 그러면 금세 타버려요. 기름을 너무 두르면 기름 맛만 나고 배추의 아삭함을 맛보기 힘들어져요. 시어머니가 가르쳐주신 배추 전 만드는 요령대로만 그대로 따라하면 성공적인 배추 전이 나와요. 그런데 빨리 만들려고 내 요령을 피우면 십중팔구 실패작이 돼버려요. 배추 전 하나 만드는 데도 정석대로가 아닌 내 꾀를 부리면 실패하는데, 더욱이 인생의 항해사인 하나님의 말씀을 놔두고, 내 구미에 맞는 대로 행동하면 어쩌겠어요. 특히 자녀를 기를 때, 수많은 교육 정보 중에서 가장 정답을 알려 주는 정보는 바로 하나님의 말씀이에요. 말씀에서 떠나지 않고, 말씀대로만 살면 형통하게 하시는 주님을 우리 아이가 만나게 될 거에요.

9장

좋은 엄마

누군가에게 좋은 사람이 되기는 쉽지 않다. 특히 내 아이에게 좋은 엄마가 되는 것은 쉬운 일이 아니다. 아이에게 화도 내고, 욕심도 부리게 되고, 엄마의 꿈을 대신할 아이로 키우지는 않은지 되돌아봐야 한다. 하나님이 주신 내 아이의 있는 모습 그대로 잘 자라도록 믿음으로 기도해 주고, 지켜봐 주고, 곁길로 가지 않도록 인도해 줘야 한다. 내 품을 떠나기 전까지.

예수께서 네 어머니(마리아)라 하신대

"예수께서 자기의 어머니와 사랑하시는 제자가 곁에 서 있는 것을 보시고
자기 어머니께 말씀하시되 여자여 보소서 아들이니이다 하시고
또 그 제자에게 이르시되 보라 네 어머니라 하신대
그때부터 그 제자가 자기 집에 모시니라"(요한복음 19:26~27)

엄마가 아이에게

　인간 어머니인 마리아의 몸을 빌려 태어나신 예수님께서는 결국 십자가에 못 박혀 돌아가세요. 그러나 예수님께서는 숨을 거두기 전에 십자가 곁에 서 있던 어머니 마리아를 발견하시고, 마리아에게 "여자여 보소서 아들이니이다"라고 말씀하세요. 돌아가시는 순간 예수님은 자신의 육신의 어머니 마리아를 보시고 걱정하셨던 것 같아요. 이를 보면 모자지간의 정은 예수님이라도 끊을 수 없었던 것 같아요. 예수님은 제자에게 "네 어머니다"라고 말씀하시며, 제자에게 어머니의 노후를 당부하세요. 예수님의 유언과 같은 말씀을 듣고, 제자 중 한 명이 마리아를 자신의 집에 편히 모시게 돼요. 우리 아이는 예수님의 모습을 보면서 무슨 생각이 드나요? 예수님은 정말 효자이시지요? 죽는 순간까지 어머니 마리아를 걱정하시는 모습을 보니, 우리 아이도 엄마에게 잘해 드리세요. 엄마가 오늘 집안 일을 많이 하셨으면 어깨를 안마해 드리고, 사랑한다고 말해 봐요.

 하나님, 내가 낳았지만 우리 아이(　　　)가 하나님께서 잠시 제게 맡기신 자녀라는 사실을 명심하고, 엄마 품을 떠날 때까지 잘 보살필 수 있도록 인도하소서.

하나님이 잠시 맡기신 아이

가끔 예수의 어머니인 마리아의 입장이 되어 볼 때가 있어요. 사랑하는 약혼자와 결혼도 하기 전인데, 천사가 나타나 임신을 하게 될 것이라고 말해 줘요. 당시 처녀였던 마리아의 입장에서는 주변 사람들에게 어떻게 보일지 걱정이 됐겠지요. 더구나 야곱에게 임신했다고 말하면 파혼 당하지 않을까 내심 심적 고통도 컸을 거예요. 천사가 야곱에게 사정을 얘기해 준 덕분에 한 고비를 넘기고, 출산의 꿈에 부풀었을 마리아는 결국 가장 초라한 마구간에서 아기를 낳게 돼요. 또 아기 예수가 성장하면서 또래 아이들과 달리, 비범한 언행을 보이는 모습에 고민도 많았을 거고요. 그냥 평범한 내 아이로 키우고 싶은 마음과 하나님의 아들이라 언젠가는 내어 드려야 한다는 마음 사이에서 갈등을 했겠지요. 예수님이 삼십 세가 됐을 때는 결혼도 하지 않고, 여러 곳을 떠돌며 말씀을 전하세요. 마리아의 입장에서는 이미 천사가 메시아라고 알려 주긴 했지만, 마음속에는 아들이 결혼해서 평범하게 살았으면 하는 엄마 마음이 있지 않았을까요? 그런데도 자기 아들을 통해 많은 사람이 변화되고, 병 고침을 받는 모습을 목격하면서 인간적인 마음을 차츰 비워 갔겠지요. 워낙 신실했던 마리아이기에 예수님의 3년간의 공생애 사역을 보면서 하나님께 감사드렸을 거예요. 그러나 십자가에서 예수님이 돌아가셨을 때는 어미로서 아들을 잃는 슬픔에 가슴이 찢어지는 고통을 겪었을 거예요. 그리고 마리아가 다시 살아나신 예수님을 만났을 때, 육신의 어미로서가 아닌 진정한 메시아로서 예수님을 보게 되지 않았을까 싶네요. 마리아를 보면서 내가 낳은 아이지만, 하나님께서 잠시 맡기신 하나님의 자녀라는 점을 깨닫고 키워야 할 것 같아요.

2
리브가는 야곱을 사랑하였더라

"이삭은 에서가 사냥한 고기를 좋아하므로
그를 사랑하고 리브가는 야곱을 사랑하였더라" (창세기 25:28)

엄마가 아이에게

이삭은 사십 세에 리브가를 아내로 맞아 기도로 에세와 야곱이라는 쌍둥이 아들을 얻게 돼요. 이삭은 사냥을 좋아해 활동적이던 큰아들 에서를 더 사랑했고, 리브가는 조용한 성격의 작은아들 야곱을 더 사랑했어요. 리브가는 이미 쌍둥이를 임신했을 때 하나님께서 큰 자가 어린 자를 섬기리라는 예언을 들었는데, 그 말씀을 마음에 품고 있었나 봐요. 결국 리브가는 이삭이 늙고 눈이 어두워지자, 에서의 장자권을 따내 야곱에게 주기 위해 속임수를 쓰게 돼요. 에서가 사냥을 나간 사이, 야곱을 에서처럼 털이 많도록 분장시키고, 이삭이 좋아하는 별미를 직접 만들어 야곱에게 들고 가서 아버지 이삭의 축복을 받아내게 해요. 이삭이 늙어서 눈이 잘 안 보였거든요. 리브가는 너무 야곱을 사랑한 나머지 속임수라는 방법을 사용했어요. 우리 아이는 형제가 있나요? 엄마 아빠가 누구를 더 사랑하는 것 같아요? 혹 형이나 언니, 또는 동생을 더 사랑한다고 느끼나요? 엄마 아빠는 우리 아이들을 편애하지 않고 똑같이 사랑하신다는 사실을 믿어야 해요. 다른 형제자매를 더 사랑한다고 오해하지 말고, 형제자매들 간에 사이좋게 지내야해요.

 기도 하나님, 우리 아이(   )가 부모의 편애가 아닌 공평한 사랑을 받으며 형제자매간의 우애 있게 자라게 하소서.

엄마가 엄마에게

공평한 자식 사랑

결혼 전 지혜로웠던 리브가는 쌍둥이 아들을 낳아 키우면서 편애를 하게 돼요. 에서와 야곱은 엄마 뱃속에서부터 서로 먼저 나오려고 싸울 정도로 경쟁이 심했는데, 리브가는 형 에서보다 조용한 동생 야곱을 더 사랑했어요. 반면 이삭은 육식을 좋아해 사냥을 잘하는 에서를 사랑했어요. 부모가 자기 성향에 따라 자녀들을 사랑한 거예요. 그런 데다 리브가의 경우 임신했을 때, 작은 자 야곱이 큰 민족을 일으킬 것이라는 하나님의 예언을 들어서 그런지 야곱에게 더 마음이 갔던 모양이에요. 원래 쌍둥이들은 태어날 때부터 경쟁이 심해 쌍둥이 엄마가 중재자 역할을 잘해 줘야 한대요. 그런데 야곱에 대한 리브가의 특별한 마음은 편애로 이어지고, 아버지와 형을 속이고 도망자 신세가 되게 만들었어요. 두 형제는 오랜 세월 만나지도 않았어요. 리브가와 이삭이 좀 더 지혜로웠다면 이렇게 아들들이 오랫동안 반목하게 두지는 않았겠죠. 물론 아이들을 키우다 보면 편애를 할 때가 있어요. 저도 첫째 아이는 첫째대로 성숙하고 친구 같아 좋고, 둘째 아이는 둘째대로 애교 많고 귀여워서 좋아해요. 둘 중 하나를 안고 칭찬하면 다른 쪽이 삐쳐요. 그래도 엄마는 형제가 싸우면 더 약한 아이 편을 들게 돼요. 동생이 잘못해 형한테 맞고 울면 나이가 더 어린 동생 편을 들어 "형이 참아야지" 하면 첫째 아이가 많이 서운해 해요. 형제가 싸우면 엄마는 옳고 그름을 따져 잘못을 공평하게 차분한 어조로 지적해 줘야지, 엄마 마음에 드는 아이 편에 서서 윽박지르면 다른 쪽 아이가 상처를 받아요. 엄마의 공평한 사랑이 형제자매간의 우애를 돈독히 하는 데도 큰 역할을 한답니다.

3

사르밧으로 가서 떡 한 조각을 내게로 가져오라

"그가 일어나 사르밧으로 가서 성문에 이를 때에 한 과부가
그곳에서 나뭇가지를 줍는지라 이에 불러 이르되 청하건대 그릇에 물을 조금 가져다가
내가 마시게 하라 그가 가지러 갈 때에 엘리야가 그를 불러 이르되 청하건대
네 손의 떡 한 조각을 내게로 가져오라"(열왕기상 17:10~11)

:::: 엄마가 아이에게 ::::

하나님께서는 엘리야에게 시돈 땅 사르밧으로 가서 한 과부를 만나라고
하세요. 엘리야는 성문 앞에서 나뭇가지를 줍고 있는 한 과부를 만나, 물을
달라고 해요. 그런데 사르밧 과부가 물을 뜨러 갈 때, 떡도 가져오라고 부탁
해요. 이에 가난한 사르밧 과부는 집에 가루와 기름이 조금뿐이라, 떡을 만
들고 나면 아들과 함께 굶어 죽게 된다고 말해요. 그러자 엘리야는 걱정하지
말고 작은 떡 한 개를 가져오고, 남은 것은 과부와 아들에게 먹으라고 말해
요. 그렇게 순종하면 2년 반 동안 사르밧 과부의 통 안의 가루와 병의 기름
이 떨어지지 않을 것이라고 약속해줘요. 우리 아이는 가난이 뭔지 아나요?
엄마와 아빠는 우리 아이와 함께 먹고 살기 위해 열심히 일하세요. 우리 가
정이 어려울 때도 있지만, 항상 공급해 주시는 하나님의 약속을 믿고, 믿음
으로 순종해요. 우리 아이도 출근하는 아빠와 돌봐 주시는 엄마의 헌신에
감사하는 마음을 항상 가져야 해요.

 기도 하나님, 우리 아이(   )를 양육하는 데 필요한 물질을 공급해 주시고, 어떤 상황
에서도 주님께 믿음으로 순종하게 하소서.

엄마니까 할 수 있는 최선

성경에는 가난 가운데서도 열심히 아이를 키운 사르밧 과부라는 어머니가 나와요. 남편을 잃고 홀로 아들을 키우던 사르밧 과부는 땔감 살 돈도 없어 길거리에서 나뭇가지까지 주울 정도로 가난했어요. 그런데 엘리야 선지자가 가난한 사르밧 과부에게 떡을 달라고 해요. 엘리야에게 작은 떡을 만들어 주고 나면 자신과 아들은 굶어 죽게 될 상황인데도, 엘리야는 그것마저 달라고 해요. 때론 우리 가정도 물질적인 어려움이 닥칠 때가 있어요. 그럴 때는 사르밧 과부의 심정을 이해할 수 있을 거예요. 그런데 하나님은 엘리야를 통해 떡을 만들어오면 통의 밀가루와 병의 기름이 떨어지지 않게 해 주시겠다고 약속하세요. 그 축복의 약속을 사르밧 과부는 믿었고, 2년 반 동안 밀가루와 기름이 떨어지지 않는 축복을 받아요. 넉넉한 가운데 드린 게 아니라, 정말 최악의 상황 가운데서도 하나님께 드리고 하나님이 복 주실 것을 믿으며 순종했어요. 결혼을 하고 9년이 지난 어느 날 친정엄마와 식사를 하면서 물은 적이 있어요. "엄마, 아빠가 일을 안 하시고 쉬셨을 때 우리 어떻게 먹고 살았어?" 그러자 엄마는 "엄마니까 어떻게든 내 새끼들 굶기면 안 된다는 생각에 이 일 저 일 다 했지. 그런데 지금은 너희가 다 잘 커서 그때 고생한 게 생각이 잘 안 나" 하고 말하세요. 우리 가정도 경제적으로 어려울 때가 언제 올지 몰라요. 그럴 때 사르밧 과부는 길에 나가 나뭇가지도 줍고, 엄마로서 할 수 있는 최선의 노력을 다해요. 우리 가정도 사르밧 과부처럼 축복의 약속을 믿고, 하나님께 순종하는 믿음을 우리 자녀에게 가르치도록 해요.

4
그(사라)가 네게 아들(이삭)을 낳아 주게 하며

"하나님이 또 아브라함에게 이르시되 네 아내 사래는 이름을 사래라 하지 말고
사라라 하라 내가 그에게 복을 주어 그가 네게 아들을 낳아 주게 하며
내가 그에게 복을 주어 그를 여러 민족의 어머니가 되게 하리니
민족의 여러 왕이 그에게서 나리라"(창세기 17:15~16)

엄마가 아이에게

하나님께서는 아브라함이 백 세에, 사라가 구십 세에 아들을 낳을 것이라
고 하셨어요. 그러나 아브라함과 사라는 자신들이 아이를 낳기에는 나이가
너무 많다며 웃어버려요. 하나님의 말씀을 믿지 못했던 것이에요. 그러나 하
나님은 아브라함에게 땅의 티끌처럼 셀 수 없을 만큼의 자손과 물질의 복을
주시겠다고 약속하세요. 또 아브람은 아브라함으로, 사래는 사라라는 새 이
름도 주세요. 사라는 모든 사람으로부터 존경과 사랑을 받게 될 것이라는 의
미예요. 사라는 이삭을 낳음으로써 한 남자의 아내가 아닌 '민족의 어머니'
가 되는 축복을 받아요. 사람들이 엄마를 뭐라고 부르던가요? 누구누구 엄
마야, 누구누구 애미야 등 엄마의 실제 이름보다 우리 아이의 이름을 넣어서
많이 부르지 않나요? 그만큼 우리 아이의 존재는 곧 엄마의 존재를 나타내
기도 해요. 이삭이 태어남으로써 엄마 사라는 민족의 어머니가 되었어요. 아
마 우리 아이가 어떻게 성장하고 크느냐에 따라 엄마의 이름은 훗날 또 달
라질지 몰아요. 그러니 잘 커 줘야 해요.

 하나님, 우리 아이(   )가 하나님의 전적인 은혜로 얻은 자녀임을 인정하며, 항상
믿음으로 순종하게 하소서.

민족의 어머니, 민족의 지도자

아이가 어릴 적에는 아이 이름이 곧 엄마 이름이 되기도 해요. 하윤이 엄마 또는 하윤이 아줌마, 시댁 어른들은 저를 아예 '하윤아'라고 부르기도 해요. 그런데 자녀가 잘 크면 세계적인 성악가 조수미의 어머니, 세계적인 피겨 스케이터 김연아의 어머니 등으로 불리기도 해요. 지금 사라는 이삭을 낳기만 했는데도 '민족의 어머니'로 불려요. 사실 사라는 성경에 나오는 대표적인 불임여성 중 한 명이었어요. 나이가 구십 세가 되어도 자식을 낳지 못했고, 심지어 생리까지 끊겨 의학적으로도 자녀를 낳을 수 없었어요. 사실 사라는 인간적인 모든 방법을 다 동원했어요. 여종 하갈을 통해 대를 잇게도 하고, 하나님이 자식을 주신다고 하자 믿지 못하고 비웃기도 했어요. 또 하갈의 아들 이스마엘이 이삭을 괴롭히자 내쫓아 버렸어요. 이처럼 사라는 믿음을 통해 아들을 얻었다기보다는 하나님의 은혜로 이삭을 선물 받게 돼요. 그러나 이후 아브라함과 사라의 믿음은 이삭을 번제로 하나님께 드릴 만큼 전적인 순종을 보여줘요. 저 역시 늦은 나이에 결혼해서 하나님의 은혜로 귀한 아들 둘을 얻었어요. 첫째 아이가 돌이 되자 축복을 받고 싶은 엄마 마음에 아이를 안고 故 옥한흠 목사님의 방으로 갔어요. 그때 옥 목사님께서 해 주신 기도 말씀 중 아직도 기억나는 한 가지 말씀이 있어요. 그것은 "이 아이가 민족의 지도자가 되게 해 달라"는 말씀이었어요. 당시 악한 세상에 대한 고민이 많으셨던 목사님의 생각이 기도에 묻어 나왔던 것 같아요. 이 아이에게는 부담되는 기도였지만, 정말 아이가 커서 어떤 모습으로 성장할지 기대가 돼요. 하나님께 받은 축복을 잘 키워 갈 수 있었으면 싶어요.

5

바로의 공주의 아들이라 칭함 받기를 거절하고

"믿음으로 모세는 장성하여 바로의 공주의 아들이라
칭함 받기를 거절하고"(히브리서 11:24)

엄마가 아이에게

애굽 왕 바로는 이스라엘 사람들을 노예로 삼고, 이스라엘 사람이 사내아이를 낳으면 그 아이를 모두 죽이라고 명령해요. 그때 이스라엘인 요게벳은 아름다운 아들을 낳아요. 3개월 동안 숨겼지만 더 이상 아들을 숨길 수 없게 되자, 누나 미리암을 통해 바구니 안에 아기를 넣고 나일 강 갈대숲에 숨겨요. 그런데 마침 애굽의 공주가 강가에 목욕하러 왔다가 아기를 발견하고 양자로 삼으며, '물에서 건져내었다'라는 의미로 모세라는 이름을 지어 줘요. 모세의 친엄마 요게벳은 모세의 유모로 젖을 먹이는 일을 하게 돼요. 모세는 점점 바로의 공주 아들로서 자라지만, 자신과 같은 민족이 고통당하는 것을 알게 되자 괴로워하고, 끝내 애굽 사람을 살해하게 돼요. 이후 모세는 바로 공주의 아들이라 불리는 것을 거절하고 광야로 도망가서 이스라엘의 지도자로서 하나님의 훈련을 받게 돼요. 우리 아이는 가난하지만 믿음을 지닌 요게벳 엄마와, 애굽 왕의 손주로서 재물과 권력까지 가졌지만 믿음이 없었던 애굽 공주 엄마 중 어떤 엄마가 더 좋은가요? 당연히 믿음을 지닌 친엄마 요게벳이겠지요? 우리 아이를 낳아 주시고 잘되길 바라는 엄마는 항상 기도해 주시는 분이세요. 자, 오늘은 "엄마 사랑해요"라고 말해 봐요.

 기도 하나님, 우리 아이(   )가 세상의 부귀영화를 추구하기보다는 믿음의 자녀로 자라도록 인도하소서.

자녀를 위해 기도하는 엄마

애굽 왕 바로의 공주도 분명 모세를 사랑했어요. 아버지 바로 왕이 히브리인의 사내아이들을 모두 죽이라고 명령을 했음에도 불구하고, 아버지의 명령을 어기고 히브리인 아들인 모세를 양자로 삼아요. 그만큼 모세를 사랑했나 봐요. 바로의 공주는 그가 가진 부와 명예를 가지고 양아들 모세에게 좋은 교육을 하고, 가장 맛있는 음식과 멋진 의복으로 꾸며 줘요. 모세는 애굽의 왕자로서 최고의 환경에서 자랐어요. 아마 미래가 보장된 애굽의 왕자로 살았으면 부귀영화를 누렸을 텐데, 모세는 핍박받는 자기 민족을 생각하며 히브리인으로 돌아가요. 그리고 자신을 키워 준 애굽의 왕자, 바로 공주의 아들이라 불리는 것을 거절해요. 이때 바로 공주의 마음도 많이 아팠을 거예요. 여러 번 모세를 설득해 애굽의 왕자로서 훗날 애굽의 왕이 될 수도 있다고 설득했을지도 모르지요. 그러나 바로의 공주는 믿음이 없었던 어머니였어요. 반면 낳자마자 3개월간 숨겼다가 바구니에 담아 강가에 핏덩이 같은 아들을 떠나보내고, 젖을 뗄 때까지 남몰래 유모 역할을 했던 모세의 친어머니 요게벳은 믿음으로 아이를 낳고, 믿음으로 젖을 먹이며, 믿음으로 멀리서 아들이 성장하는 것을 기도하며 지켜봐야 했던 믿음의 어머니였어요. 아마 아기 모세에게 젖을 먹이며, 훗날 커서 다시 이스라엘 민족에게로 돌아오라는 말을 속삭였을 수도 있어요. 아들을 보고도 자신의 아들이라 부르지 못하고, 멀리서 아들의 성장을 지켜봐야 했던 모세 친어머니의 심정은 어땠을까요? 아마 하루도 빠짐없이 아들인 모세를 위해 기도했을 거예요. 우리 아이에게도 믿음의 자녀로 잘 성장하도록 기도해 주는 엄마가 더 필요하다는 사실을 잊지 마세요.

6

한나가 아들을 낳아 사무엘이라 이름하였으니

"한나가 임신하고 때가 이르매 아들을 낳아 사무엘이라 이름하였으니
이는 내가 여호와께 그를 구하였다 함이더라"(사무엘상 1:20)

엘가나에게는 한나와 브닌나라는 두 아내가 있었어요. 브닌나에게는 두 아들이 있었지만, 한나에게는 자녀가 없었어요. 그런데도 남편 엘가나가 한나를 사랑했어요. 이에 브닌나가 한나를 질투해서 괴롭혔어요. 그러자 마음이 괴로운 한나는 하나님께서 자신의 고통을 보시고 아들을 주시면 평생 그를 여호와께 드리며, 아들의 머리에 칼을 대지 않겠다고 서원기도 해요. 얼마나 고통스럽게 기도했으면 제사장 엘리가 한나의 기도하는 모습을 보고, 마치 술 취한 줄로 착각했을 정도였어요. 엘리는 한나에게 "하나님께서 네가 기도한 것을 허락하셨다"고 말해 줘요. 그러자 한나의 얼굴에 근심하는 빛이 사라져요. 그리고 한나는 임신을 하고 아들을 낳아 이름을 사무엘이라고 지어요. 그것은 한나가 여호와께 사무엘을 낳기를 기도했다는 의미예요. 이처럼 한나는 기도로 아들을 얻고, 또 아들을 낳은 후 잊지 않고 서원기도 한 대로 나이 어린 사무엘을 엘리 제사장에게 맡겨요. 우리 아이는 엄마 아빠가 우리 아이를 낳기 전에 얼마나 열심히 기도했는지 아나요? 우리 아이가 건강하게 태어나기를, 우리 아이가 하나님을 사랑하는 아이로 자라도록 지금도 하나님께 기도한다는 사실을 잊지 말아요.

 기도 하나님, 우리 아이(   )가 기도한 대로 건강하고, 지혜롭게 잘 자라도록 항상 함께 동행해 주세요.

한나의 서원기도

청년 시절 결혼을 했는데 아이가 생기지 않아 새벽기도회에 나와 기도를 열심히 하는 한 언니의 모습을 본 적이 있어요. 그 언니는 임신을 위해 얼마나 열심히 기도했는지 몰라요. 결혼기도도 참 열심히 하더니, 임신을 위한 기도도 참 열심히 했어요. 결혼한 지 5년이 지났는데도, 자녀가 안 생겨 얼굴에 근심이 가득했거든요. 오죽하면 결혼기도보다 임신기도가 더 힘들다고 말할 정도였어요. 그런데 임신하고 출산을 하더니 이번에는 자녀축복기도를 열심히 하는 거예요. 감사헌금 봉투의 적는 난에는 '우리 아이가 인물사전에 나오는 훌륭한 사람으로 성장하게 해 주세요'라고 적기까지 했어요. 나중에 "언니, 욕심이 과한 거 아니에요? 건강하게 잘 자라면 됐지, 인물사전에까지 꼭 나와야 해요?" 하고 웃으며 말한 적이 있는데, 막상 제가 아이를 낳아 키워 보니, 그 언니의 기도가 얼마나 자녀를 생각하며 드린 기도였는지 짐작이 되더군요. 사실 어느 시기를 지나면 감사함도 잊고, 자녀기도도 안 하며 일상에 묻혀 살아가는 엄마들도 많거든요. 그런데 그 언니는 늦은 결혼과 늦은 출산에 대한 서원기도를 잊지 않고, 한나처럼 서원기도를 드린 대로 실천하고 있는 거예요. 우리 역시 부족한 우리에게 엄마라는 이름을 붙여주고, 소중한 아이를 주신 주님께 드렸던 첫 기도를 잊지 말아야 해요. 그리고 우리가 기도했던 대로 우리 자녀들을 잘 양육할 수 있도록 노력해요. 우리에게 자녀를 주시면 하나님께 어떻게 하겠다고 서원했던 기도제목들이 있다면 다시 떠올려 보고, 그 은혜를 잊지 않는 부모가 되도록 노력해요.

7

하나님이 라헬을 생각하신지라 이름을 요셉이라

"하나님이 라헬을 생각하신지라 하나님이 그의 소원을 들으시고
그의 태를 여셨으므로 그가 임신하여 아들을 낳고 이르되
하나님이 내 부끄러움을 씻으셨다 하고 그 이름을 요셉이라 하니
여호와는 다시 다른 아들을 내게 더하시기를 원하노라 하였더라" (창세기 30:22~24)

엄마가 아이에게

　　라헬은 야곱이 가장 사랑했던 아내였어요. 그러나 야곱의 첫 번째 아내이자 친언니인 레아가 여섯 명의 아들을 낳자, 라헬은 언니를 시기해요. 라헬은 오랫동안 자녀가 없자, 하나님께서 자신에게 아들을 주셔서 부끄러움을 씻게 해 달라는 기도를 드려요. 그리고 라헬은 요셉이라는 아들을 낳게 돼요. 그런데 다시 아들을 더 낳게 해 달라고 간청해요. 그 아들이 바로 베냐민이에요. 그러나 라헬은 베냐민을 낳다가 해산의 고통으로 죽어요. 라헬이 죽자 야곱은 생전 라헬을 사랑했던 만큼, 요셉을 끔찍이 사랑해요. 이처럼 요셉은 어린 시절, 그리고 베냐민은 태어나자마자 엄마를 잃는 슬픔을 당했어요. 우리 아이는 엄마가 우리 아이를 낳을 때 힘들게 낳은 사실을 알고 있나요? 그러나 엄마는 그 고통을 지금은 모두 잊었어요. 그건 우리 아이가 자라는 모습이 너무 사랑스러워 엄마의 출산 고통쯤은 잊게 만들었기 때문이에요. 생일이 되면, '엄마가 참 고생해서 나를 낳았구나' 생각하며 감사의 뽀뽀를 꼭 해 드려요.

 기도　　하나님, 우리 아이(　　　　)를 너무 사랑한 나머지 자기만 아는 이기적인 사람으로 키우지 않게 하시고, 항상 언제 어디서나 겸손한 사람이 되게 하소서.

너무 과한 사랑

야곱은 라헬을 사랑했지만 정작 그녀는 행복하지만은 않았어요. 아버지의 속임수로 사랑하는 야곱과 7년 만에 결혼을 했고, 야곱의 첫 번째 부인 자리도 언니 라헬에게 빼앗겼어요. 또 언니는 자신보다 아들도 먼저 많이 낳았지만, 라헬은 하나님께서 임신하지 못하게 하셨어요. 결국 자신의 여종 빌하를 야곱에게 줘서 아들을 낳았고, 레아 역시 자신의 여종 실바를 아내로 줘서 아들을 낳는 등 자매지간에 아들 낳기 경쟁까지 벌였어요. 아무리 야곱이 남편으로서 사랑을 많이 줬어도, 채워지지 않았던 문제였어요. 라헬은 정성을 다해 기도했고, 마침내 꿈에 그리던 아들 요셉을 낳았어요. 그런데 라헬은 요셉으로는 불안했는지, 하나님께 한 번 더 아들을 낳게 해 달라고 간구해요. 언니 라헬은 여섯 명, 실바는 두 명 총 여덟 명의 아들이 있었기 때문이죠. 그래서 라헬은 베냐민을 낳았지만 결국 젖 한 번 물려보지 못하고 죽고 말아요. 그러나 라헬은 베냐민을 낳기 전까지는 늦게 얻은 요셉을 금지옥엽처럼 길렀을 거예요. 좋은 말씀도 들려주고 좋은 옷도 입혀 주며, 열두 명의 아들 중 아버지 야곱의 사랑을 독차지하게 만들었어요. 실제로 야곱은 요셉에게만 채색 옷을 입힐 정도로 가장 편애했어요. 아마 라헬은 늦게 얻은 아들 요셉을 너무 사랑한 나머지, 겸손보다는 어디 가서든지 주목받고 사랑받는 법을 가르치지 않았나 싶어요. 실제로 요셉은 어디를 가나 주목받았고, 심지어 감옥에서도 인정받는 사람이 돼요. 때로는 엄마의 자라온 환경이나 현재 가정의 상황이 아이에게 나쁜 영향을 미칠 수도 있고 좋은 영향을 미칠 때도 있는데, 우리 아이가 부모의 좋은 것만 영향 받도록 지혜로운 엄마가 되도록 해요.

8

그(밧세바)가 아들을 낳으매 그의 이름을 솔로몬이라

"그가 아들을 낳으매 그의 이름을 솔로몬이라 하니라
여호와께서 그를 사랑하사"(사무엘하 12:24b)

엄마가 아이에게

다윗은 모든 게 뛰어난 왕이었어요. 하지만 부하 우리아의 아내를 사랑하고, 그것을 속이고자 부하를 전쟁터로 내보내 죽게 하는 죄를 지었어요. 이에 하나님께서 나단 선지자를 다윗에게 보내 잘못을 지적하고 회개하게 하세요. 또한 징벌도 내리시는데, 밧세바가 낳은 첫 번째 아들이 병이 들어서 아파요. 이에 다윗은 아들을 살려달라고 금식 기도를 하지만 아이가 죽었다는 말에 자신의 죄를 깨끗이 인정해요. 이후 밧세바가 다시 두 번째 아들을 낳았는데, 그 이름이 바로 솔로몬이에요. 하나님께서는 솔로몬을 무척 사랑하셨어요. 밧세바 역시 첫 번째 아이가 한 번 죽고 난 후 얻은 두 번째 아들이라 그런지 솔로몬을 무척 사랑했어요. 그래서 솔로몬을 제치고 이복형제 아도니야가 왕이 되려고 할 때, 나단 선지자의 도움 받아 다윗 왕에게 지혜를 발휘해 아들 솔로몬이 왕위에 오르도록 설득해요. 엄마로서 지혜를 톡톡히 발휘한 것이에요. 우리 아이에게 어려운 일이 닥치면 엄마가 제일 먼저 우리 아이 편이 되어 도와준 경험이 있나요? 항상 엄마는 우리 아이 편인 것을 잊지 마세요.

 기도 하나님, 우리 아이(   )가 어려움에 부딪힐 때 엄마로서 지혜를 발휘하도록 하시고, 늘 하나님 중심으로 살아가도록 어린 시절부터 자녀를 교육하게 하소서.

엄마의 선한 치맛바람

솔로몬은 하나님의 사랑과 축복을 가장 많이 받은 지혜의 왕이에요. 일천번제를 드리고 하나님께서 무엇을 줄까 했을 때, 솔로몬은 기특하게도 지혜를 달라고 말해요. 이에 하나님께서는 자신의 마음에 꼭 맞는 답변을 한 솔로몬에게 구하지 않은 부와 명예까지도 주시고, "왕들 중에 너와 같은 왕이 없을 것"이라는 축복도 해 주세요. 솔로몬이 이렇게 많은 축복을 받은 데에는 어머니 밧세바의 영향이 컸어요. 밧세바는 전 남편 우리아에 대한 죄책감도 있었을 것이고, 첫 번째 아들이 일주일 만에 병으로 죽자 하나님에 대한 두려움이 컸을 거예요. 그래서 두 번째 아들인 솔로몬이 아프지 않을까 걱정하며 오직 하나님의 말씀만이 살 길이라고 여겨 솔로몬에게 신앙 교육을 철저히 했을 것 같아요. 물론 아버지 다윗의 역할도 한몫했을 것 같아요. 부모의 영향 아래 신앙 교육을 철저히 받은 솔로몬이 일천번제를 드리고, 아버지 대에 이루지 못한 성전 건축까지 완공한 것만 봐도 얼마나 하나님 중심으로 살았는지 짐작할 수 있어요. 이복형 아도니야가 왕이 되려고 할 때는 나단 선지자의 도움을 받기는 했지만, 엄마 밧세바는 다윗 왕에게 가서 솔로몬이 왕위에 올라야 한다고 지혜롭게 이야기해요. 역시 엄마의 지혜로운 치맛바람은 어떤 폭풍우보다 센가 봐요. 밧세바의 지혜가 솔로몬에게 이어진 것 같아요. 밧세바의 기지가 아니었으면 솔로몬은 왕의 자리에 오르지 못했을지도 모르고, 지혜의 왕이란 소리도 못 들었을지도 몰라요. 자녀가 어려움에 처할 때는 어머니의 지혜가 필요하고, 그 지혜가 우리 아이의 장래도 바꿀 수 있다는 사실을 명심하도록 해요.

9

내 아들(미가)이 여호와께 복 받기를 원하노라

"그의 어머니에게 이르되 어머니께서 은 천백을 잃어버리셨으므로 저주하시고
내 귀에도 말씀하셨더니 보소서 그 은이 내게 있나이다 내가 그것을 가졌나이다 하니
그의 어머니가 이르되 내 아들이 여호와께 복 받기를 원하노라 하니라"(사사기 17:2)

엄마가 아이에게

　미가는 엄마가 돈을 잃어버린 적이 있었는데, 그 돈을 자기가 훔쳤다고 말해요. 그러자 엄마는 하나님께서 아들의 도둑질한 잘못을 복으로 바꿔주시기를 기도해요. 그러자 미가는 훔친 돈을 엄마에게 주고, 미가의 엄마는 그 돈으로 우상을 만들어 미가의 집에 두게 해요. 미가의 엄마는 미가가 도둑질을 했는데도 나무라지 않았고, 오히려 우상을 만들어 집안에 두는 실수를 저지르고 말아요. 미가 엄마의 잘못된 신앙과 열심이 아들 미가를 바른길로 인도하지 못하고, 더 나쁜 길로 인도하고 말았어요. 우리 아이는 엄마의 지갑에서 돈을 훔치거나 남의 물건을 도둑질을 한 적이 있나요? 도둑질은 몹시 나쁜 행동이에요. 그런 일은 절대 하면 안 되고, 설사 그런 실수를 했다면 빨리 회개하고 돈을 돌려 줘야 해요. 그리고 하나님께 다시는 똑같은 잘못을 범하지 않도록 기도해야 해요. 또 잘못한 일이 있어서 엄마가 꾸중하실 때는 달게 받아야 해요. 엄마가 꾸중하셨다고 미워하거나 원망하면 안 돼요. 엄마가 야단치신 것도 우리 아이가 잘되길 바라시기 때문에 하시는 거니까요.

 하나님, 우리 아이(　　　　)가 잘못한 일이 있으면 엄하게 꾸짖게 하시고, 나쁜 길로 가지 않게 인도하소서.

엄마의 균형잡힌 신앙

미가의 엄마는 아들을 사랑했지만 잘못된 신앙관으로 아들을 그릇된 길로 인도하게 돼요. 교회에 다니는 부모 중에는 단순히 자녀가 잘되고 복 받기만을 바라는 사람도 많아요. 자녀가 성공하고 잘되기만 한다면 방법은 좀 잘못 되어도 괜찮다고 생각해요. 월요일이 시험이면 주일날 한 번 정도는 예배에 빠져도 된다고 생각하는 부모도 있어요. 그런데 이 한 번을 허락하면 엄마도 아이도 계속 주일을 지키지 않는 실수를 범하게 돼요. 미가의 엄마는 아들이 도둑질 했는데도 나무라지 않았어요. 그럼에도 불구하고 행여 아들의 잘못으로 저주라도 받을까 봐 하나님께 '내 아들이 여호와께 복 받기를 원한다'고 기도해요. 지극히 이기적인 엄마의 기도에요. 우리 역시 엄마로서 이런 기도를 하나님께 드린 적은 없는지 되돌아봐야 해요. 우리 아이만 잘된다면 하나님께 말도 안 되는 떼를 쓴 적은 없었는지, 아이가 잘못해도 꾸짖기보다 감싸기만 하지는 않았는지 돌아봐야 할 부분이에요. 미가의 엄마는 아들의 잘못을 꾸짖지도 않았을 뿐만 아니라 아예 집안에 우상을 들여놓게 돼요. 미가 엄마는 하나님을 믿기는 했지만 잘못된 신앙지식을 갖고 있었고, 잘못된 열심이 우상을 숭배하는 결과로 이어졌던 거예요. 미가의 아들은 미가 엄마의 기도대로 복을 받았을까요? 그렇지 못했을 거예요. 엄마가 우리 아이를 위해 교회에 나와 기도해도, 방향이 잘못되어 있으면 우리 아이에게 되려 화를 입힐 수도 있음을 명심해야 해요. 엄마의 균형 잡힌 신앙이 내 자녀의 인생에 영향을 미칠 수 있음을 깨닫고, 말씀을 더욱더 사모하고 제대로 알기를 힘써야 할 것 같아요.

10
그(디모데) 어머니는 믿는 유대 여자요

"바울이 더베와 루스드라에도 이르매 거기 디모데라 하는 제자가 있으니
그 어머니는 믿는 유대 여자요 아버지는 헬라인이라" (사도행전 16:1)

엄마가 아이에게

　　디모데는 사도 바울이 가장 아끼는 제자였어요. 이처럼 바울이 디모데를
아끼게 된 배경에는 바로 디모데가 어린 시절부터 믿는 어머니 유니게의 영
향력을 많이 받고 자랐기 때문이에요. 디모데는 어렸을 때부터 어머니 유니
게로부터 하나님의 말씀을 들었고, 하나님의 말씀에 순종해야 한다는 교육
을 철저히 받고 자랐어요. 어린 시절 부모에게서 들은 성경은 잘 잊혀지질 않
는다고 해요. 그래서 성경 말씀을 듣고 자란 디모데는 바울을 처음 만났을
때부터 제자라는 호칭을 받게 될 정도로 믿음이 뛰어났어요. 우리 아이도 엄
마로부터 하나님의 말씀을 듣고 있나요? 교회에서 전도사님이나 선생님에게
듣는 말씀도 중요하지만, 집에서 엄마 아빠에게 듣고 배우는 성경 말씀은 더
욱 중요해요. 가정 안에서 신앙 교육을 받는 것은 오랜 시간이 지나도 잊히
지 않으며, 신앙이 대를 이어 계승된다는 점에서도 더욱 중요하지요. 엄마가
말씀 암송을 하자거나 성경을 읽어 주시고, 큐티를 하자고 하시면 귀찮아하
지 말고 잘 들어서 디모데처럼 훌륭한 신앙의 거인이 되어요.

기도 하나님, 우리 아이(　　　)에게 어린 시절부터 엄마가 말씀을 먹여 주는 일을 게을리
하거나 소홀하지 않도록 해 주시고, 아이가 말씀을 사모하도록 인도하소서.

말씀을 들려 주는 엄마

바울은 1차 전도여행 중 루스드라를 방문해 디모데를 처음 만났을 때부터 그를 제자라고 불러요. 이는 디모데의 신앙이 유아적 수준이 아닌 웬만큼 경지에 오른 성숙한 신앙을 소유하고 있었다는 것을 의미해요. 우리 아이가 참된 영적 스승을 만나려면 믿음이 어느 정도 쌓여 있어야 그 스승과 말이 통하게 돼요. 이같이 바울이 첫눈에 알아본 디모데는 정작 성격은 매우 내성적이고 소극적이었다고 해요. 건강도 그리 좋지 못해 바울을 따라다니며 초대 교회를 세우는 사역을 하기에는 벅찼을 거예요. 그럼에도 담대한 바울의 요청에 디모데가 매번 순종할 수 있었던 것은 어린 시절부터 말씀으로 잘 양육이 됐기 때문이에요. 디모데의 믿음은 거짓이 없었대요. 이런 디모데의 믿음은 외할머니 로이스와 어머니 유니게에게 있던 믿음이 디모데에게 그대로 전수된 것이지요. 디모데는 어머니와 외할머니의 영향력 아래에서 어린 시절부터 성경을 많이 듣고 자라, 어느덧 그의 신앙이 삶의 기초가 됐던 거예요. 어린 시절 배운 구구단은 평생에 유용하게 사용되고, 어린 시절에 들은 옛날 이야기는 결혼해 낳은 자녀들에게 다시 들려줄 만큼 귀에 쏙 박히곤 해요. 그러니 살아 계신 성경 말씀을 어린 시절부터 아이들에게 엄마가 들려 주고 암송시킨다면 그 말씀은 아이가 성장한 다음에도 잊히지 않고 삶의 중심이 될 거예요. 엄마는 아이에게 가장 큰 영향력을 미치는 사람이에요. 사실 저학년 시기의 아이 공부는 엄마가 옆에서 시간을 투자하고 봐 주지 않으면 아이의 성적은 오르지 않아요. 어린 시절부터 말씀이 재미있다는 훈련을 엄마가 아이에게 시키면 더 없이 좋겠지요.

여러 버전의 어린이 성경
베드타임 스토리가 나오길

《아홉 살 성경》이라는 책을 내면서 여러 가지 보이지 않는 하나님의 은혜와 선하신 인도하심을 경험하였다. 우선 연초부터 《아홉 살 성경》에 쓰일 성경 구절을 찾기 위해 신구약 성경을 억지로라도 일독하는 은혜가 있었고, 동시에 각 9장의 주제별로 90가지의 말씀을 찾아내는 보물찾기 재미도 있었다. 또 매달 〈디사이플〉, 〈날마다 솟는 샘물〉, 〈큐틴〉, 〈큐티프렌즈〉, 〈큐티하니〉 등의 잡지를 만들면서도 좋은 말씀을 찾으며 영감을 받곤 했다.

책을 다 쓰고는 '이 책은 일러스트가 관건이겠다' 싶어서 눈이 벌게지도록 좋은 일러스트 작가를 찾아 헤매었다. 그런데 이미지 사이트에 있는 작가들이 크리스천인지 아닌지 분간하기 어려웠다. 그러다 색감이 좋은 시월(가명)이라는 일러스트 작가를 발견하곤 《아홉 살 성경》의 각 9장에 들어가는 그림을 급하게 부탁했다.

당연히 믿지 않는 작가라 여겨 예수님과 아이로 써놨던 일러스트 설명을 엄마와 아이로 콘셉트를 바꿔 전달했다. 그런데 알고 보니, 이 작가도 기독교 단행본에 자신의 일러스트를 넣고 싶어 기도 중이었다고 말하는 게 아닌가? 비록 《아홉 살 성경》에 들어간 그림의 예수님은 엄마의 모습으로 바뀌었지만, 9개의 일러스트를 받는 순간 그림에서 받았던 감동은 아직도 생생하다. 심지어 약간 통통한 엄마의 모습은 사진을 준 적도 없는데 실제 내 모습과 많이 닮기도 했다. 지금도 9개의 일러스트를 보고 있으면 참 예뻐서 하나님의 협력하심에 그저 감사드릴 따름이다.

또 하나, 《아홉 살 성경》에 추천사를 써 주신 분들께 너무 감사하다. 보통 요즘 추천사는 그 책과 관련된 분야의 전문가 두세 명에게만 부탁한다. 전처럼 추천사가 큰 위력을 발휘하는 시대는 지났기 때문이다. 그런데 《아홉 살 성경》에는 열 명이 넘는 추천인의 추천사가 대거 게재됐다. 처음에는 이 책의 색깔에 맞는 크리스천 작장 맘들의 추천사를 받으려 했다. 그런데 인지도가 있는 크리스천 직장 맘을 찾기가 좀 힘들었다. 삼사십 대 엄마들이 직장생활을 하기가 녹녹지 않은 우리나라의 환경을 대변해 주는 부분이었다.

그래서 다음에는 저자와 가깝고 그동안 직장생활을 하며 알게 되고, 영향을 받은 지인들만 추천사를 받자고 생각했는데, 그게 한 명 두 명 늘어나다가 열 분 넘게 증가하게 됐다. 그래서 분량이 많아지게 됐다. 그러나 추천사를 여러 번 읽으며 자녀들을 위한 말씀 책이 지금 우리에게 필요함을 다시 한 번 느낄 수 있었다. 솔직히 내겐 모두 고마운 분들이다. 그분들이 써 준 추천사 한 구절 한 구절이 너무 감사한 내용으로 가득 찼고, 어떤 분은 아예 《아홉 살 성경》의 교리적인 부분에 대해서 감수를 해주시거나 교정까지 봐서 보내주셨다.

특히 몇 분의 추천사는 작은 깨달음까지 줬다. 하늘평안교회 오생락 목사님께서 《아홉 살 성경》이 '엄마표 집밥'이라고 표현하신 말씀이나 더나음교육연구소 심정섭 소장님의 '베드타임 스토리'가 그것이다. 책을 쓰면서 정말 '말씀은 밥이다'라는 표현을 자주 쓰긴 하지만 우리 아이들에게도 엄마가 먼저 은혜받고 체화된 말씀이 아이에게 들려져야 설득력이 있다는 사실을 알게 됐다. 밥도 엄마가 직접 여러 번 지어 봐야 진밥, 무른 밥, 잘된 밥 등을 알 수 있고, 우리 아이가 어떤 밥을 좋아하는지도 알 수 있듯이, 말씀도 엄마가 먼저 자기 안에서 체화되고 은혜 받아야 아이에게 맛있게 떠먹여 주는 요령도 생기는 것이다. 앞으로 엄마들이 부지런히 성경을 보았으면 좋겠다. 누구를 위해서라고 묻는다면 바로 엄마 자신과 금쪽 같은 내 아이의 미래를 위해서라고 자신 있게 대답해 주고 싶다.

또한 《아홉 살 성경》이 베드타임 스토리가 됐으면 좋겠다는 추천사는 우리나라에 가장 필요한 말씀이 아닌가 싶다. 그동안 성경이 개역개정, 개역한글, 쉬운 성경 등 여러 개 버전으로 시중에 나와 있는데, 우리나라와 한국 교회, 그리고 우리 가정의 다음 세대를 세우기 위해서는 아이들을 위한 콘텐츠의 버전 확대가 꼭 필요하다는 생각이 이 책을 만들면서 절실히 들었다. 시중에 나와 있는 어린이 그림 성경책을 제외하곤 기독교 어린이 동화나 에세이, 소설 등이 아이들은 물론 엄마들에게도 외면 받는 것을 보면 이를 반증한다. 심정섭 소장님의 말씀처럼 유대인이 성경을 기초로 여러 개 버전의 어린이 콘텐츠와 매뉴얼을 갖고 어린 시절부터 아이들의 눈높이에서 다양한 콘텐츠를 읽어 주는 데 반해, 우리에게는 그런 콘텐츠가 거의 없기 때문이다. 그나마 시중에 나와 있는 기독교 어린이 콘텐츠들은 세상의 화려하고 감동적인 내용으로 가득 찬 책들에 비해 너무 식상하지 않나 싶다.

그렇다고《아홉 살 성경》이 그 대안이라고 말할 정도는 아니다. 정말 원고를 쓰고 나니 부족한 게 많이 보이고, 더 넣고 싶은 성경 구절도 많았다. 이렇게 우리 아이에게 들려 줄 좋은 말씀이 많다는 사실에 새삼 놀라움을 느꼈다. 처음 가볍게 책을 쓴 의도와는 달리, '아, 내가 큰일을 겁도 없이 저질렀구나' 하는 생각이 시간이 지날수록 새록새록 들게 됐다. 더 준비하고 공부하며 도전했어야 했는데, 하는 아쉬움과 좀 더 쉽게 썼어야 했는데 하는 안타까움이 책을 인쇄하기 전 이곳저곳에서 자꾸 보였다.

　　교회에서 아이 엄마들과 이야기를 하다 보면 참 훌륭한 엄마들이 많다. 앞으로 그런 믿음을 지닌 엄마들에 의해《아홉 살 성경》보다 더 좋은, 살아 있는 양질의 기독교 어린이 책들이 베드타임 스토리로 출판되었으면 싶다. 우리의 소중한 아이들에게 성경을 많이 읽혀서, 말씀으로 세상의 군대와 맞서 싸워도 자신감을 잃지 않고 승리할 수 있도록 내면이 강한 아이들이 말씀을 통해 길러졌으면 하고 기도해 본다.

하윤이 그림

아홉 살 하윤

일곱 살 하진

아홉 살 하윤이가 엄마 아빠와 함께 여행 다닌 곳과 가고 싶은 곳을 연필로 그린 그림들

1장 · 성장

"아들을 낳으리니 이름을 예수라 하라 이는 그가 자기 백성을 그들의 죄에서
구원할 자이심이라 하니라" (마태복음 1:21)

"이르시되 너희는 나를 누구라 하느냐 시몬 베드로가 대답하여 이르되 주는
그리스도시요 살아 계신 하나님의 아들이시니이다" (마태복음 16:15~16)

"너희는 그 은혜에 의하여 믿음으로 말미암아 구원을 받았으니 이것은
너희에게서 난 것이 아니요 하나님의 선물이라" (에베소서 2:8)

"이때에 마리아가 일어나 빨리 산골로 가서 유대 한 동네에 이르러 사가랴의
집에 들어가 엘리사벳에게 문안하니 엘리사벳이 마리아가 문안함을
들으매 아이가 복중에서 뛰노는지라 엘리사벳이 성령의 충만함을 받아 큰
소리로 불러 이르되 여자 중에 네가 복이 있으며 네 태중의 아이도 복이
있도다" (누가복음 1: 39~42)

"오늘 다윗의 동네에 너희를 위하여 구주가 나셨으니 곧 그리스도 주시니라
너희가 가서 강보에 싸여 구유에 뉘어 있는 아기를 보리니 이것이 너희에게
표적이니라 하더니" (누가복음 2:11~12)

"아이가 자라매 젖을 떼고 이삭이 젖을 떼는 날에 아브라함이 큰 잔치를
　베풀었더라" (창세기 21:8)

"우리가 주목하는 것은 보이는 것이 아니요 보이지 않는 것이니 보이는 것은
　잠깐이요 보이지 않는 것은 영원함이라" (고린도후서 4:18)

"아이 사무엘이 점점 자라매 여호와와 사람들에게 은총을 더욱 받더라"
　(사무엘상 2:26)

"예수께서 그 어린아이들을 불러 가까이 하시고 이르시되 어린아이들이
　내게 오는 것을 용납하고 금하지 말라 하나님의 나라가 이런 자의
　것이니라" (누가복음 18:16)

"여호와의 사자가 마노아에게 이르되 내가 여인에게 말한 것들을 그가
　다 삼가서 포도나무의 소산을 먹지 말며 포도주와 독주를 마시지 말며
　어떤 부정한 것도 먹지 말고 내가 그에게 명령한 것은 다 지킬 것이니라
　하니라" (사사기 13:13~14)

2장 · 성품

"여호와는 나의 목자시니 내게 부족함이 없으리로다 그가 나를 푸른 풀밭에
누이시며 쉴 만한 물가로 인도하시는도다" (시편 23:1~2)

"그러므로 너희가 더욱 힘써 너희 믿음에 덕을, 덕에 지식을, 지식에 절제를,
절제에 인내를, 인내에 경건을, 경건에 형제 우애를, 형제 우애에 사랑을
더하라" (베드로후서 1:5~7)

"항상 기뻐하라 쉬지 말고 기도하라 범사에 감사하라 이것이 그리스도 예수
안에서 너희를 향하신 하나님의 뜻이니라" (데살로니가전서 5:16~18)

"말이 많으면 허물을 면하기 어려우나 그 입술을 제어하는 자는 지혜가
있느니라" (잠언 10:19)

"그런즉 믿음, 소망, 사랑, 이 세 가지는 항상 있을 것인데 그중의 제일은
사랑이라" (고린도전서 13:13)

"손을 게으르게 놀리는 자는 가난하게 되고 손이 부지런한 자는 부하게 되느니라 여름에 거두는 자는 지혜로운 아들이나 추수 때에 자는 자는 부끄러움을 끼치는 아들이니라"(잠언 10:4~5)

"나의 하나님이여 주께서 마음을 감찰하시고 정직을 기뻐하시는 줄을 내가 아나이다 내가 정직한 마음으로 이 모든 것을 즐거이 드렸사오며 이제 내가 또 여기 있는 주의 백성이 주께 자원하여 드리는 것을 보오니 심히 기쁘도소이다"(역대상 29:17)

"아무 일에든지 다툼이나 허영으로 하지 말고 오직 겸손한 마음으로 각각 자기보다 남을 낫게 여기고"(빌립보서 2:3)

"어떤 사마리아 사람은 여행하는 중 거기 이르러 그를 보고 불쌍히 여겨 가까이 가서 기름과 포도주를 그 상처에 붓고 싸매고 자기 짐승에 태워 주막으로 데리고 가서 돌보아 주니라"(누가복음 10:33~34)

"또 그 집에 들어가면서 평안하기를 빌라 그 집이 이에 합당하면 너희 빈 평안이 거기 임할 것이요 만일 합당하지 아니하면 그 평안이 너희에게 돌아올 것이니라"(마태복음 10:12~13)

3장 · 꿈과 비전

"요셉이 그들에게 이르되 청하건대 내가 꾼 꿈을 들으시오 우리가 밭에서
곡식 단을 묶더니 내 단은 일어서고 당신들의 단은 내 단을 둘러서서
절하더이다" (창세기 37:6~7)

"예수께서 각 성 각 마을로 다니사 가르치시며 예루살렘으로
여행하시더니" (누가복음 13:22)

"다윗이 칼을 군복 위에 차고는 익숙하지 못하므로 시험적으로 걸어 보다가
사울에게 말하되 익숙하지 못하니 이것을 입고 가지 못하겠나이다 하고
곧 벗고 손에 막대기를 가지고 시내에서 매끄러운 돌 다섯을 골라서 자기
목자의 제구 곧 주머니에 넣고 손에 물매를 가지고 블레셋 사람에게로
나아가니라" (사무엘상 17:39~40)

"죽은 자가 살아난다는 것을 말할진대 너희가 모세의 책 중 가시나무
떨기에 관한 글에 하나님께서 모세에게 이르시되 나는 아브라함의
하나님이요 이삭의 하나님이요 야곱의 하나님이로라 하신 말씀을 읽어 보지
못하였느냐" (마가복음 12:26)

"오직 여호와의 율법을 즐거워하여 그의 율법을 주야로 묵상하는도다 그는
시냇가에 심은 나무가 철을 따라 열매를 맺으며 그 잎사귀가 마르지 아니함
같으니 그가 하는 모든 일이 다 형통하리로다" (시편 1:2~3)

"나는 비천에 처할 줄도 알고 풍부에 처할 줄도 알아 모든 일 곧 배부름과
배고픔과 풍부와 궁핍에도 처할 줄 아는 일체의 비결을 배웠노라 내게 능력
주시는 자 안에서 내가 모든 것을 할 수 있느니라"(빌립보서 4:12~13)

"어떤 사람에게는 능력 행함을, 어떤 사람에게는 예언함을, 어떤 사람에게는
영들 분별함을, 다른 사람에게는 각종 방언 말함을, 어떤 사람에게는 방언들
통역함을 주시나니 이 모든 일은 같은 한 성령이 행하사 그의 뜻대로 각
사람에게 나누어 주시는 것이니라"(고린도전서 12:10~11)

"다섯 달란트 받았던 자는 다섯 달란트를 더 가지고 와서 이르되 주인이여
내게 다섯 달란트를 주셨는데 보소서 내가 또 다섯 달란트를 남겼나이다 그
주인이 이르되 잘하였도다 착하고 충성된 종아 네가 적은 일에 충성하였으매
내가 많은 것을 네게 맡기리니 네 주인의 즐거움에 참여할지어다
하고"(마태복음 25:20~21)

"원하건대 주께서 오네시보로의 집에 긍휼을 베푸시옵소서 그가 나를 자주
격려해 주고 내가 사슬에 매인 것을 부끄러워하지 아니하고"
(디모데후서 1:16)

"그러므로 누구든지 이런 것에서 자기를 깨끗하게 하면 귀히 쓰는 그릇이 되어
거룩하고 주인의 쓰심에 합당하며 모든 선한 일에 준비함이 되리라"
(디모데후서 2:21)

4장 · 건강

"예수는 지혜와 키가 자라가며 하나님과 사람에게 더욱 사랑스러워
가시더라"(누가복음 2:52)

"예수께서 온 갈릴리에 두루 다니사 그들의 회당에서 가르치시며 천국 복음을
전파하시며 백성 중의 모든 병과 모든 악한 것을 고치시니"
(마태복음 4:23)

"아기가 자라며 강하여지고 지혜가 충만하며 하나님의 은혜가 그의 위에
있더라 그의 부모가 해마다 유월절이 되면 예루살렘으로 가더니 예수께서
열두 살 되었을 때에 그들이 이 절기의 관례를 따라 올라갔다가"
(누가복음 2:40~42)

"네 아버지와 어머니를 공경하라 이것은 약속이 있는 첫 계명이니 이로써 네가
잘되고 땅에서 장수하리라"(에베소서 6:2~3)

"보라 하나님의 뜻대로 하게 된 이 근심이 너희로 얼마나 간절하게 하며
얼마나 변증하게 하며 얼마나 분하게 하며 얼마나 두렵게 하며 얼마나
사모하게 하며 얼마나 열심 있게 하며 얼마나 벌하게 하였는가 너희가 그
일에 대하여 일체 너희 자신의 깨끗함을 나타내었느니라"(고린도후서 7:11)

"네 집 안방에 있는 네 아내는 결실한 포도나무 같으며 네 식탁에 둘러앉은
자식들은 어린 감람나무 같으리로다" (시편 128:3)

"그것은 얻는 자에게 생명이 되며 그의 온 육체의 건강이 됨이니라 모든 지킬
만한 것 중에 더욱 네 마음을 지키라 생명의 근원이 이에서 남이니라"
(잠언 4:22~23)

"예수께서 이르시되 어찌하여 두려워하며 어찌하여 마음에 의심이 일어나느냐
내 손과 발을 보고 나인 줄 알라 또 나를 만져 보라 영은 살과 뼈가 없으되
너희 보는 바와 같이 나는 있느니라 이 말씀을 하시고 손과 발을 보이시나
그들이 너무 기쁘므로 아직도 믿지 못하고 놀랍게 여길 때에 이르시되 여기
무슨 먹을 것이 있느냐 하시니 이에 구운 생선 한 토막을 드리니 받으사 그
앞에서 잡수시더라" (누가복음 24:38~43)

"해 질 때에 목욕하고 해 진 후에 진에 들어올 것이요" (신명기 23:11)

"여호와께서 집을 세우지 아니하시면 세우는 자의 수고가 헛되며 여호와께서
성을 지키지 아니하시면 파수꾼의 깨어 있음이 헛되도다 너희가 일찍이
일어나고 늦게 누우며 수고의 떡을 먹음이 헛되도다 그러므로 여호와께서
그의 사랑하시는 자에게는 잠을 주시는도다" (시편 127:1~2)

5장 · 영성

"그러므로 너희는 이렇게 기도하라 하늘에 계신 우리 아버지여 이름이 거룩히
여김을 받으시오며 나라가 임하시오며 뜻이 하늘에서 이루어진 것같이
땅에서도 이루어지이다 오늘 우리에게 일용할 양식을 주시옵고 우리가
우리에게 죄 지은 자를 사하여 준 것같이 우리 죄를 사하여 주시옵고 우리를
시험에 들게 하지 마시옵고 다만 악에서 구하시옵소서 나라와 권세와 영광이
아버지께 영원히 있사옵나이다 아멘" (마태복음 6:9~13)

"주의 말씀은 내 발에 등이요 내 길에 빛이니이다" (시편 119:105)

"이것이 곧 적게 심는 자는 적게 거두고 많이 심는 자는 많이 거둔다 하는
말이로다 각각 그 마음에 정한 대로 할 것이요 인색함으로나 억지로 하지
말지니 하나님은 즐겨 내는 자를 사랑하시느니라" (고린도후서 9:6~7)

"세 번째 이르시되 요한의 아들 시몬아 네가 나를 사랑하느냐 하시니 주께서
세 번째 네가 나를 사랑하느냐 하시므로 베드로가 근심하여 이르되 주님 모든
것을 아시오매 내가 주님을 사랑하는 줄을 주님께서 아시나이다 예수께서
이르시되 내 양을 먹이라" (요한복음 21:17)

"말씀을 마치시고 시몬에게 이르시되 깊은 데로 가서 그물을 내려 고기를
잡으라 시몬이 대답하여 이르되 선생님 우리들이 밤이 새도록 수고하였으되
잡은 것이 없지마는 말씀에 의지하여 내가 그물을 내리리이다 하고"
  (누가복음 5:4~5)

"낮에와 같이 단정히 행하고 방탕하거나 술 취하지 말며 음란하거나 호색하지 말며 다투거나 시기하지 말고" (로마서 13:13)

"사람이 마땅히 우리를 그리스도의 일꾼이요 하나님의 비밀을 맡은 자로 여길지어다 그리고 맡은 자들에게 구할 것은 충성이니라" (고린도전서 4:1~2)

"그중에 십 분의 일이 아직 남아 있을지라도 이것도 황폐하게 될 것이나 밤나무와 상수리나무가 베임을 당하여도 그 그루터기는 남아 있는 것같이 거룩한 씨가 이 땅의 그루터기니라 하시더라" (이사야 6:13)

"하나님이 우리를 구원하사 거룩하신 소명으로 부르심은 우리의 행위대로 하심이 아니요 오직 자기의 뜻과 영원 전부터 그리스도 예수 안에서 우리에게 주신 은혜대로 하심이라" (디모데후서 1:9)

"그러므로 염려하여 이르기를 무엇을 먹을까 무엇을 마실까 무엇을 입을까 하지 말라 이는 다 이방인들이 구하는 것이라 너희 하늘 아버지께서 이 모든 것이 너희에게 있어야 할 줄을 아시느니라 그런즉 너희는 먼저 그의 나라와 그의 의를 구하라 그리하면 이 모든 것을 너희에게 더하시리라 그러므로 내일 일을 위하여 염려하지 말라 내일 일은 내일이 염려할 것이요 한 날의 괴로움은 그날로 족하니라" (마태복음 6:31~34)

6장 · 가정

"그들을 데리고 자기 집에 올라가서 음식을 차려 주고 그와 온 집안이
  하나님을 믿으므로 크게 기뻐하니라" (사도행전 16:34)

"그러므로 사랑을 받는 자녀같이 너희는 하나님을 본받는 자가 되고"
  (에베소서 5:1)

"자녀들아 모든 일에 부모에게 순종하라 이는 주 안에서 기쁘게 하는
  것이니라" (골로새서 3:20)

"그러므로 아브람의 가축의 목자와 롯의 가축의 목자가 서로 다투고 또 가나안
  사람과 브리스 사람도 그 땅에 거주하였는지라 아브람이 롯에게 이르되
  우리는 한 친족이라 나나 너나 내 목자나 네 목자나 서로 다투게 하지 말자
  네 앞에 온 땅이 있지 아니하냐 나를 떠나가라 네가 좌하면 나는 우하고 네가
  우하면 나는 좌하리라" (창세기 13:7~9)

"가산이 적어도 여호와를 경외하는 것이 크게 부하고 번뇌하는 것보다
  나으니라 채소를 먹으며 서로 사랑하는 것이 살진 소를 먹으며 서로 미워하는
  것보다 나으니라" (잠언 15:16~17)

"의인의 아비는 크게 즐거울 것이요 지혜로운 자식을 낳은 자는 그로 말미암아
즐거울 것이니라 네 부모를 즐겁게 하며 너를 낳은 어미를 기쁘게 하라"
(잠언 23:24~25)

"또 아셀 지파 바누엘의 딸 안나라 하는 선지자가 있어 나이가 매우 많았더라
그가 결혼한 후 일곱 해 동안 남편과 함께 살다가 과부가 되고 팔십사 세가
되었더라 이 사람이 성전을 떠나지 아니하고 주야로 금식하며 기도함으로
섬기더니 마침 이때에 나아와서 하나님께 감사하고 예루살렘의 속량을
바라는 모든 사람에게 그에 대하여 말하니라"(누가복음 2:36~38)

"믿음으로 기생 라합은 정탐꾼을 평안히 영접하였으므로 순종하지 아니한
자와 함께 멸망하지 아니하였도다"(히브리서 11:31)

"이에 일어나서 아버지께로 돌아가니라 아직도 거리가 먼데 아버지가 그를
보고 측은히 여겨 달려가 목을 안고 입을 맞추니 아들이 이르되 아버지 내가
하늘과 아버지께 죄를 지었사오니 지금부터는 아버지의 아들이라 일컬음을
감당하지 못하겠나이다 하나"(누가복음 15: 20~21)

"네 자녀에게 부지런히 가르치며 집에 앉았을 때에든지 길을 갈 때에든지 누워
있을 때에든지 일어날 때에든지 이 말씀을 강론할 것이며 너는 또 그것을
네 손목에 매어 기호를 삼으며 네 미간에 붙여 표로 삼고 또 네 집 문설주와
바깥 문에 기록할지니라"(신명기 6:7~9)

7장 · 만남

"두 사람이 한 사람보다 나음은 그들이 수고함으로 좋은 상을 얻을 것임이라
혹시 그들이 넘어지면 하나가 그 동무를 붙들어 일으키려니와 홀로 있어
넘어지고 붙들어 일으킬 자가 없는 자에게는 화가 있으리라 또 두 사람이
함께 누우면 따뜻하거니와 한 사람이면 어찌 따뜻하랴 한 사람이면
패하겠거니와 두 사람이면 맞설 수 있나니 세 겹 줄은 쉽게 끊어지지
아니하느니라" (전도서 4: 9~12)

"아들 디모데야 내가 네게 이 교훈으로써 명하노니 전에 너를 지도한 예언을
따라 그것으로 선한 싸움을 싸우며 믿음과 착한 양심을 가지라 어떤 이들은
이 양심을 버렸고 그 믿음에 관하여는 파선하였느니라" (디모데전서 1:18~19)

"왕이 그들과 말하여 보매 무리 중에 다니엘과 하나냐와 미사엘과 아사랴와
같은 자가 없으므로 그들을 왕 앞에 서게 하고 왕이 그들에게 모든 일을
묻는 중에 그 지혜와 총명이 온 나라 박수와 술객보다 십 배나 나은 줄을
아니라" (다니엘 1:19~20)

"또 사무엘이 이새에게 이르되 네 아들들이 다 여기 있느냐 이새가 이르되
아직 막내가 남았는데 그는 양을 지키나이다 사무엘이 이새에게 이르되
사람을 보내어 그를 데려오라 그가 여기 오기까지는 우리가 식사 자리에 앉지
아니하겠노라" (사무엘상 16:11)

"여호와 하나님이 이르시되 사람이 혼자 사는 것이 좋지 아니하니 내가 그를
위하여 돕는 배필을 지으리라 하시니라"(창세기 2:18)

"지혜로운 사람의 책망을 듣는 것이 우매한 자들의 노래를 듣는 것보다
나으니라"(전도서 7:5)

"할 수 있거든 너희로서는 모든 사람과 더불어 화목하라 내 사랑하는 자들아
너희가 친히 원수를 갚지 말고 하나님의 진노하심에 맡기라 기록되었으되
원수 갚는 것이 내게 있으니 내가 갚으리라고 주께서 말씀하시니라 네 원수가
주리거든 먹이고 목마르거든 마시게 하라 그리함으로 네가 숯불을 그 머리에
쌓아 놓으리라 악에게 지지 말고 선으로 악을 이기라"(로마서 12:18~21)

"요셉이 그의 주인에게 은혜를 입어 섬기매 그가 요셉을 가정 총무로 삼고
자기의 소유를 다 그의 손에 위탁하니"(창세기 39:4)

"우리 각 사람이 이웃을 기쁘게 하되 선을 이루고 덕을 세우도록 할지니라"
(로마서 15:2)

"다윗이 사울에게 말하기를 마치매 요나단의 마음이 다윗의 마음과 하나가
되어 요나단이 그를 자기 생명 같이 사랑하니라"(사무엘상 18:1)

8장 · 엄마 잠언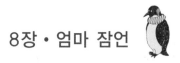

"사람이 마음으로 자기의 길을 계획할지라도 그의 걸음을 인도하시는 이는
여호와시니라" (잠언 16:9)

"야곱이 그 아들들을 불러 이르되 너희는 모이라 너희가 후일에 당할 일을
내가 너희에게 이르리라" (창세기 49:1)

"범사에 기한이 있고 천하만사가 다 때가 있나니 날 때가 있고 죽을 때가
있으며 심을 때가 있고 심은 것을 뽑을 때가 있으며 죽일 때가 있고 치료할
때가 있으며 헐 때가 있고 세울 때가 있으며 울 때가 있고 웃을 때가 있으며
슬퍼할 때가 있고 춤출 때가 있으며 돌을 던져 버릴 때가 있고 돌을 거둘
때가 있으며 안을 때가 있고 안는 일을 멀리 할 때가 있으며 찾을 때가 있고
잃을 때가 있으며 지킬 때가 있고 버릴 때가 있으며 찢을 때가 있고 꿰맬
때가 있으며 잠잠할 때가 있고 말할 때가 있으며 사랑할 때가 있고 미워할
때가 있으며 전쟁할 때가 있고 평화할 때가 있느니라" (전도서 3:1~8)

"사람의 마음에 있는 모략은 깊은 물 같으니라 그럴지라도 명철한 사람은
그것을 길어 내느니라" (잠언 20:5)

"사랑하는 자여 네 영혼이 잘됨같이 네가 범사에 잘되고 강건하기를 내가
간구하노라" (요한삼서 1:2)

"주께서 너희 마음을 인도하여 하나님의 사랑과 그리스도의 인내에 들어가게
하시기를 원하노라" (데살로니가후서 3:5)

"구하라 그리하면 너희에게 주실 것이요 찾으라 그리하면 찾아낼 것이요 문을
두드리라 그리하면 너희에게 열릴 것이니 구하는 이마다 받을 것이요 찾는
이는 찾아낼 것이요 두드리는 이에게는 열릴 것이니라 " (마태복음 7:7~8)

"그러나 자족하는 마음이 있으면 경건은 큰 이익이 되느니라 우리가 세상에
아무것도 가지고 온 것이 없으매 또한 아무것도 가지고 가지 못하리니 우리가
먹을 것과 입을 것이 있은즉 족한 줄로 알 것이니라" (디모데전서 6:6~8)

"형통한 날에는 기뻐하고 곤고한 날에는 되돌아 보아라 이 두 가지를
하나님이 병행하게 하사 사람이 그의 장래 일을 능히 헤아려 알지 못하게
하셨느니라" (전도서 7:14)

"오직 강하고 극히 담대하여 나의 종 모세가 네게 명령한 그 율법을 다 지켜
행하고 우로나 좌로나 치우치지 말라 그리하면 어디로 가든지 형통하리니
이 율법책을 네 입에서 떠나지 말게 하며 주야로 그것을 묵상하여 그 안에
기록된 대로 다 지켜 행하라 그리하면 네 길이 평탄하게 될 것이며 네가
형통하리라" (여호수아 1:7~8)

9장 · 좋은 엄마

"예수께서 자기의 어머니와 사랑하시는 제자가 곁에 서 있는 것을 보시고
자기 어머니께 말씀하시되 여자여 보소서 아들이니이다 하시고 또 그
제자에게 이르시되 보라 네 어머니라 하신대 그때부터 그 제자가 자기 집에
모시니라" (요한복음 19:26~27)

"이삭은 에서가 사냥한 고기를 좋아하므로 그를 사랑하고 리브가는 야곱을
사랑하였더라" (창세기 25:28)

"그가 일어나 사르밧으로 가서 성문에 이를 때에 한 과부가 그곳에서
나뭇가지를 줍는지라 이에 불러 이르되 청하건대 그릇에 물을 조금 가져다가
내가 마시게 하라 그가 가지러 갈 때에 엘리야가 그를 불러 이르되 청하건대
네 손의 떡 한 조각을 내게로 가져오라"
　(열왕기상 17:10~11)

"하나님이 또 아브라함에게 이르시되 네 아내 사래는 이름을 사래라 하지 말고
사라라 하라 내가 그에게 복을 주어 그가 네게 아들을 낳아 주게 하며 내가
그에게 복을 주어 그를 여러 민족의 어머니가 되게 하리니 민족의 여러 왕이
그에게서 나리라" (창세기 17: 15~16)

"믿음으로 모세는 장성하여 바로의 공주의 아들이라 칭함 받기를
거절하고" (히브리서 11:24)

"한나가 임신하고 때가 이르매 아들을 낳아 사무엘이라 이름하였으니 이는
내가 여호와께 그를 구하였다 함이더라" (사무엘상 1:20)

"하나님이 라헬을 생각하신지라 하나님이 그의 소원을 들으시고 그의 태를
여셨으므로 그가 임신하여 아들을 낳고 이르되 하나님이 내 부끄러움을
씻으셨다 하고 그 이름을 요셉이라 하니 여호와는 다시 다른 아들을 내게
더하시기를 원하노라 하였더라" (창세기 30:22~24)

"그가 아들을 낳으매 그의 이름을 솔로몬이라 하니라 여호와께서 그를
사랑하사" (사무엘하 12:24b)

"그의 어머니에게 이르되 어머니께서 은 천백을 잃어버리셨으므로 저주하시고
내 귀에도 말씀하셨더니 보소서 그 은이 내게 있나이다 내가 그것을
가졌나이다 하니 그의 어머니가 이르되 내 아들이 여호와께 복 받기를
원하노라 하니라" (사사기 17:2)

"바울이 더베와 루스드라에도 이르매 거기 디모데라 하는 제자가 있으니 그
어머니는 믿는 유대 여자요 아버지는 헬라인이라" (사도행전 16:1)

필로는 사랑 주는 책, 사랑받는 책을 만듭니다.

아이와 엄마에게 들려주는 90가지 잠언

아홉 살 성경

초판 1쇄 인쇄 2015년 9월 11일
초판 1쇄 발행 2015년 9월 17일

지 은 이 우은진
펴 낸 이 고경원
펴 낸 곳 (주)필로

감　　수 길기정
교정교열 조혜진
일러스트 시월
디 자 인 design BREATH

등　　록 제2013-000233호(2013년 12월 6일)
주　　소 서울시 서초구 반포대로 14길 27, 611호
전　　화 02-3489-4300 **팩스** 02-3489-4329
E-mail bookphilo@naver.com

Printed in Korea.
ISBN 979-11-951855-4-2 03230